교육학개론

조규판 · 홍애순 · 송윤정 · 우수희 · 길상

창지사

머리말

『교육학개론』은 대학에서 교직과정을 이수하고 있는 예비교사들이 교육학 전반에 대한 기본적인 내용 및 이론과 교육현장을 이해하는 데 도움이 되는 교육학 개론서이다. 예비교사들이 교육의 본질을 이해하고 교육현상을 보다 다양한 관점에서 바라보기 위해서는 전문적인 지식과 소양을 갖추는 것이 기본이 되어야 할 것이다. 저자들은 본 교재가 교육학에 대한 단순한 지식이나 이론을 전달하는 수단이 아니라 교직을 이수하는 예비교사들이 지녀야 할 필수적인 교직관을 기르기 위해 그들의 기초적인 능력을 길러주는 데 중점을 두었다. 이를 위해 쉽게 이해할 수 있으면서 동시에 교육학에 대해 흥미를 느끼고 교육 실제를 실감 나게 맛볼 수 있도록 교육학에 대한 개념 탐색과 더불어 교육사, 교육철학, 교육심리, 교육공학, 교육과정, 교육평가, 교사론, 생활지도와 상담, 교육행정, 교육사회, 평생교육 등 교육학의 다양한 분야의 가장 기초적인 내용들을 담으려고 노력하였다. 『교육학개론』을 통해 예비교사들이 필요한 지식을 갖추고 이론을 습득하며 교육학을 큰 그림에서 바라보는 역량을 키워나갈 수 있을 것이다.

교육학의 영역이 넓고 다양하여, 제한된 지면에 모든 교육학 이론 교과목의 기본적인 개요를 담으려고 하니 예비교사의 다양한 욕구를 모두 충족시킬 수가 없는 게 사실이다. 그럼에도 불구하고, 교육학 각 이론 교과의 가장 중요한 부분들을 담으려고 최대한 노력하였다. 본 교재가 예비교사들의 교직과목 강의교재로 널리 활용되어 지식 정보화 사회의 교사로서의 직무역량을 함양하는 데 유용하게 쓰이기를 바란다.

본 교재는 크게 12개의 챕터로 구성되어 있다. 먼저 챕터 1은 전반적인 교육을 이해하기 위해 필요한 기본적인 개념과 관련된 교육의 개념적 기초를 제시하였다. 챕터 2와 3의 교육의 역사 및 교육철학에서는 동서양의 교육사에 대한 내용 및 교육의 근간을 이루고 있는 교육철학에 대한 내용을 담았다. 챕터 4의 교육심리학에서는 심리학적 이론과 원리를 교육학에 적용한 인간의 인지적, 정의적 특성과 관련된 교육심리학의 이론과 원리를 제시하였다. 챕터 5와 6의 교육공학 및 교수-학습에서는 교육의 효율성을 최대한 이끌어 내기 위한 교수-학습 이론 및 교육공학적 방법과 이론들을 제시하고 있다. 챕터 7과 8에서는 교육목표를 달성하기 위해 교육내용과 활동을 편성하고 조직하는 학문인 교육과정과 이를 통해 교육의 목적이나 목표의 달성 정도를 평가하는 교육평가의 방법과 이론을 제시하였다. 챕터 9의 교직과 교사론에서는 교사의 윤리, 철학, 책무성 등에 대한 내용을, 챕터 10의 생활지도와 상담에서는 생활지도의 의미와 상담이론에 대해서 기술하였다. 챕터 11의 교육행정에서는 학교 및 학급경영, 교육 기획 및 정책 등에 대한 내용을 담았으며 마지막으로 챕터 12에서는 평생교육의 의미와 특성, 이론에 대해 기술하였다.

이 책을 집필하면서 한 권의 책을 집필한다는 것이 얼마나 어려운 일인지와 교육학 전반에 걸친 내용을 담으려고 하니 학문적으로 부족함을 많이 느꼈다. 향후 부족한 부분은 지속적으로 수정해 나갈 것을 약속드리며, 독자 여러분의 많은 질정(叱正)과 조언(助言)을 부탁드린다.

이 책이 나오기까지 격려와 지지를 아끼지 않은 동료 교수들에게 감사드린다. 또한 이 책의 출판을 흔쾌히 허락하시고 좋은 책이 될 수 있도록 애써 주신 창지사 김기섭 대표님과 이상대 상무님, 그리고 편집부 관계자 여러분께 감사드리며 귀사의 무궁한 발전을 기원한다.

2018. 08.

저자 일동

목차

‖ 학습목표 ‖

1. 교육의 어원에 기초하여 교육의 구성 요소를 이해한다.
2. 교육의 개념과 기능을 이해하고 교육의 중요성을 인식한다.
3. 교육의 형태를 구분하고 전반적인 교육학의 성격을 이해한다.

01

CHAPTER

교육의 개념적 기초

Ⅰ. 교육의 기초

1. 교육의 어원
2. 교육의 정의

Ⅱ. 교육의 중요성

1. 교육의 정의 방식
2. 교육의 구성 요소
3. 교육의 기능
4. 교육의 목적
5. 교육의 형태

Ⅲ. 교육학

1. 교육학의 이해
2. 교육학의 성격

I 교육의 기초

교육은 모든 사람들에게 그들의 다양한 특성에 맞게 그리고 전인적 성장과 발달을 위해 제공되는 전인교육인 동시에 평생교육의 일환으로 볼 수 있다. 하지만 교육은 시대상황이나 교육이 이루어지는 사회 또는 국가의 체제나 이념과 밀접한 관련이 있기 때문에 교육을 바라보는 관점에서도 다양한 견해가 존재할 수 있어 한마디로 표현하기는 어렵다. 따라서 다양한 분야의 학문적 지식과 체계 및 교육적 어원과 의미를 통해 교육의 기초를 살펴보도록 한다.

1. 교육의 어원

1) 동양의 교육

동양에서 '교육'의 어원으로 중국과 우리나라의 교육의 어원을 살펴보면 다음과 같다.

첫째, 중국에서 '교육'이라는 단어가 처음 나오는 곳은 맹자(孟子)의 진심장(盡心章) 상편(上篇)이다. 맹자는 진심장에서 군자의 세 가지 즐거움 즉 '군자삼락(君子三樂)'에 대해 이야기하였다. '부모가 살아계시고 형제들이 탈 없이 사는 것이 첫 번째 즐거움이요(父母俱存 兄弟無故 一樂也), 하늘에 우러러 부끄럽지 않고 굽어보아도 사람들에게 부끄럽지 않은 것이 두 번째 즐거움이요(仰不愧於天 俯不怍於人 二樂也), 천하의 영재를 얻어 교육하는 것이 세 번째 즐거움이라(得天下英才 而教育之 三樂也)'는 것이다. 이 중 세 번째 즐거움을 이야기하면서 처음으로 '교육'이 언급되었다. 여기에서 교육은 맹자가 교육적 이상인 군자의 즐거움을 자기가 가지고 있는 것을 남에게 베푸는 즐거움으로, 즐거움을 혼자 영위할 것이 아니라 다른 사람들과 함께 가지기를 바라는 기본적인 사람이 되라는 맹자의 질책이다.

한자어에서 교육(敎育)은 가르치고(敎) 기르는 일(育)로 구성되어 있다. 교(敎)는 '본받을 효(爻)', '아들 자(子)', '칠 복(攴)'으로 구성되어 있으며, '윗사람은 베풀고, 아랫사람은 본받는다.'라는 의미를 갖고 있다. '기를 육(育)'자는 '아들 자(子)'와 '고기 육(肉)'으로 구성되어 있으며, 부모가 자식을 낳아 기르는 것을 의미한다. 즉 '교(敎)'가 성숙한 사람인 부모나 교사가 미성숙한 자녀나 학생에게 착하게 살도록 바른길로 이끌어 간다는 훈육의 의미를 가지고 있다면, '육(育)'은 부모가 자식을 사랑과 관심으로 키우듯이 배우는 사람의 속성을 잘 길러준다는 양육의 의미를 가지고 있다. 이처럼 교육은 성숙한 사람이 미성숙한 사람에게 지도와 모범을 통해 가르쳐서 바람직한 행동변화를 이끌도록 도와주는 과정이며, 미성숙한 사람은 이를 본받고 배우는 것으로 이해할 수 있다.

둘째, 우리나라 말에서는 '교육'을 뜻하는 것으로 '가르치다'라는 말이 있다. '가르치다'라는 말은 '가르다'와 '치다'라는 말의 합성어이다. '가르치다'는 '그르치다'에서 유래된 말로 선별하다, '분별하다', '연마하다', '교체하다' 등의 교훈의 의미를 갖고 있으며, '치다'는 식물을 재배하다, 동물을 사육하다 등의 양육 혹은 보호의 의미를 갖고 있다. 즉 '가르치다'가 성숙한 사람이 미성숙한 사람을 갈고 닦아 단련시켜 바람직한 방향으로 만든다는 의미를 가지고 있다면, '치다'는 성숙한 사람이 미성숙한 사람의 잠재능력을 바람직한 방향으로 이끌어 성장시킨다는 의미로 이해할 수 있다. 따라서 교육은 성숙한 사람이 미성숙한 사람에게 필요한 지식이나 기술 및 바람직한 인성과 체력을 갖도록 가르치는 체계적인 활동을 통해 사물이나 현상을 분별할 수 있게 하는 것이다.

2) 서양의 교육

서양에서 '교육'을 뜻하는 단어로 영어와 독일어에서 교육의 어원을 살펴볼 필요성이 있다.

첫째, 영어에서 교육을 뜻하는 단어로는 '페다고지(pedagogy)'와 '에듀케이션(education)'이 있다. '페다고지'는 그리스어의 '파이다고고스(paidagogos)' 즉 고대 그리스시대와 로마시대에 귀족 자녀를 당시 학교나 체육관으로 데리고 다니면서 가르치는 가정교사의 역할을 담당하던 노예인 '교복(校僕)'에서 유래된 말이다. 파이다고고스는 '아동(paidos)'과 '이끌다(agogos)'라는 말의 합성어로 교육이 미성숙한 사람을 가치 있고 유능한 방향으로 이끈다는 의미를 가지고 있다. '에듀케이션'은 라틴어의 '에듀카레(educare)'와 '에듀케레(educere)'에서 유래한 것이다. '에듀카레'는 '양육하다(bring up)'라는 의미를 가지고 있고, '에듀케레'는 '이끌어 내다(lead out, draw out)'라는 의미를 가지고 있다. '에듀카레'는 '밖으로(e)'와 '양육하다(ducare)'의 합성어로 미성숙한 사람이 선천적으로 지니고 있는 잠재능력을 성숙한 사람이 이끌어 내어 잘 키워 주는 것을 의미한다. 에듀카레는 교육에서 성숙한 사람이 미성숙한 사람에게 주도적인 역할을 한다는 의미로 볼 수 있다. 반면에 '에듀케레'는 '밖으로(e)'와 '이끌어 내다(ducere)'의 합성어로 성숙한 사람이 미성숙한 사람이 가지고 있는 지식, 기술, 행동방식 등 내면적 잠재능력을 발휘할 수 있도록 잠재적 특성을 이끌어 내는 것을 의미한다. 이는 교육에서 성숙한 사람보다 미성숙한 사람의 역할이 중요하다는 것을 함의하고 있다.

둘째, 독일에서 교육을 뜻하는 단어로는 '에르치훙(erziehung)'이 있다. '에르치훙'이란 '에르지헨(erziehen)'의 명사형으로 '밖으로(er)'와 '이끌다(ziehen)'의 합성어이다. 이는 성숙한 사람이 미성숙한 사람이 지니고 있는 잠재능력을 밖으로 이끌어 내는 것을 의미한다. 여기에서 동양에서 사용되는 교육이라는 말이나 서양에서 사용되는 교육이라는 말은 중요한 공통점을 가진다. 이렇게 볼 때 교육의 어원적 의미는 조화된 교육의 과정을 통해 미성숙한 사람이 가지고 있는 선천적인 소질이나 잠재능력이 행동으로 표출되도록 계발하고 신장시켜서 보다 바람직한 방향으로 변화시켜 가는 과정이라는 의미를 내포하고 있다.

2. 교육의 정의

교육에 대한 정의는 여러 학자들의 관점과 접근방식에 따라 매우 다양하게 정의되어 왔다. 교육의 개념을 정범모(2000)와 피터스(Peters, 1966)를 중심으로 살펴보도록 한다.

1) 정범모가 추구하는 교육의 개념

정범모는 인간 행동의 계획적인 변화를 교육이라고 정의하였다. 그는 교육현상에서 구체적으로 포함하고 있다는 관찰자 측면에서 교육을 조작적·기술적으로 정의하고 있다. 간단명료하게 교육의 개념적 준거는 '인간행동'으로 범위를 정해 '변화'를 지향하고 '계획'을 세우는 것이다.

(1) 인간행동

'인간행동'은 교육이 갖는 구체적 대상의 범위를 한정하고 있다. 여기서 인간행동은 단순히 행동주의에서 말하는 자극에 대한 외재적 행동뿐만 아니라 성격, 지식, 사고력, 태도, 가치관, 동기, 자아개념 등과 같은 내재적 행동이나 특성을 포함한다. 즉 교육은 인간을 대상으로 한다고 할 때 '인간행동'으로 구체화되어야 하고, 기존의 일상적·행동주의적 방식으로 '행동'이 규정되기보다는 새롭게 과학적으로 규정되어야 된다.

(2) 변화

'변화'는 교육의 일차적 관심으로, '변화'가 교육학과 다른 학문을 구별하는 가장 중심이 되는 준거라고 한다. 이는 교육학이 학문의 문제의식의 '변화'에서 출발한 것이라면 나머지 다른 사회과학은 대상을 '설명'하는 데 중점을 두고 있기 때문이다. 즉 학문의 일차적 목표가 '변화'라는 것이다.

(3) 계획

'계획'은 경로를 의미한다. 즉 인간의 변화가 교육이냐 아니냐를 판단할 때 중요한 것은 사전에 계획되었느냐의 여부이다. 만약 계획되지 않았으면 성숙이라고 할 수 있고, 계획되었으면 교육이라고 할 수 있다. 이때 '계획'이 성립되려면 교육목표, 교육이론, 교육과정이라는 세 가지 준거를 가지고 있어야 '계획'이라고 할 수 있다. 즉 '변화'를 위한 교육목표, 교육이론, 교육과정을 수립해 행동변화를 의도하는 것만 교육이라고 할 수 있다.

(4) 정범모의 교육의 개념에 대한 평가

정범모의 교육에 대한 정의는 세 가지 측면에서 평가받는다(성태제 외, 2015).

① 개념 자체의 정의에 대한 평가의 측면
② 교육 실제에서 가져온 결과의 측면
③ 정의에 들어 있는 전제의 측면

일반적으로 교육은 사회에 따라 변화의 방향에 대한 가치관이 달라질 수 있기 때문에 가치를 규정할 수 없으며, 중립적인 관점에서 정의할 수밖에 없다는 것이다(김대현 외, 2015).

2) 피터스가 추구하는 교육의 개념

사람다운 사람을 만들어 이성에 따라 사고하면서 지혜를 가꾸고, 사회를 유지·발전시키는 역할을 하며, 행동하는 존재를 만드는 일이 곧 교육일 것이다. 피터스(Peters)는 교육에 대해 '모종의 가치 있는 것이 도덕적으로 올바른 방식으로 의도적으로 전달되고 있거나 전달된 상태' 또는 '사고와 행동의 양식으로 사람을 입문시키는 성년식'이라고 정의하였다. 즉 미성숙한 사람을 문명화된 삶의 형식으로 입문시키는 과정이 교육이라는 것이다. 이러한 피터스의 교육에 대한 정의 방식이 '교육이란 무엇인가?'를 밝히는 데 집중하였기 때문에 교육에 대한 개념을 다양하게 서술하고 있다. 그의 교육을 바라보는 '관점'에 따라 교육의 개념을 인지적 준거, 규범적 준거, 과정적 준거로 말할 수 있다.

(1) 교육의 '인지적 준거'

교육은 이해와 지식 그리고 모종의 인지적 안목을 키워 주어야 한다. 이것은 우리가 배우는 지식, 정보, 사실 등 다방면의 지식을 깊이 있는 성찰을 통해 이해하고, 실제 상황과 문제에 이것을 적용할 수 있는 통합적 안목을 길러야 한다는 것이다. 예를 들어 단순히 잡다한 정보를 암기하는 것은 교육이 아니다. 여러 가지 정보가 상호 어떠한 관련이 있으며 현실의 문제에서 어떻게 적용될 수 있는지를 볼 수 있는 통합적 안목과 감수성이 있어야 한다. 교육은 신념체계 전체를 변화시키는 전인적 교육이어야 하며, 제한된 기술이나 사고를 길러 주는 훈련이 되어서는 안 된다. 자신이 하고 있는 일을 제한된 일이 아닌 삶의 정연한 패턴 속에서 전체적으로 멀리 바라볼 수 있어야 하며, 그에 따라 나오는 헌신을 포함하고 있어야 한다는 것이다. 즉 실용적이고 부분적인 지식을 습득하는 것이 교육이 아니라 전체를 포괄적으로 멀리 바라볼 줄 아는 인지적 안목을 가지는 것이 교육이다.

(2) 교육의 '규범적 준거'

교육은 '교육' 그 단어 자체만으로도 내재적 가치(intrinsic value)를 지니고 있다. 교육에서의 가치는 '바람직하다', '좋다', '가치 있다'라는 규범이 들어 있기 때문에 내재적 가치를 추구해야 한다는 것이다. 이러한 교육의 내재적 가치가 '수단적 가치' 혹은 '도구적 가치'와 같은 외재적 가치 규정되어서는 곤란하다. 예를 들어 출세를 위한 요령을 배우는 것은 교육이라 할 수 없다. 그것은 출세를 위한 수단적인 행위로서 교육 그 자체에서 오는 내재적 가치를 지향하지 않기 때문이다. 즉 교육의 규범적 측면을 제외하고 교육을 출세를 위한 수단으로 보는 것은 교육의 본질을 왜곡할 수 있어 곤란하다는 것이다. 다시 말해 피터스는 교육을 행위자의 관점에서 규범적으로 정의하면서 교육을 '마음의 획득 혹은 마음의 계발'로 규정하고 '교육의 내재적 가치' 실현에 중점을 두었다. 따라서 규범적 준거는 교육의 모종의 가치를 추구하는 활동이며, 그 가치는 내재적 가치를 추구하는 개념인 것이다. 그러므로 규범적 준거로서 교육은 교육에 전념하는 사람들에게 가치 있는 것을 전달해야 하고, 가치를 포함하는 혹은 가치가 내재된 활동이기에 그 자체의 바람직한 가치를 지향해야 함을 의미한다.

(3) 교육의 '과정적 준거'

교육이 과정이 되기 위해서 피터스는 외부의 필요에 의해 실시되는 것이 아니라 최소한 아동의 의식 및 자발성이 요구되고 아동의 흥미가 있어야 한다고 보았다. 어떤 사상이나 주의 및 신념 등을 머릿속에 주입하거나 또는 받아들이도록 설득하여 본래 가지고 있던 생각이나 행동을 개조하는 세뇌(brainwashing)나 조건화(conditioning)는 교육이 아니라는 것이다. 예를 들어 아동을 단지 상과 벌에 의하여 조건화시키거나 강화시킨다면 이는 교육이라 할 수 없다. 진정한 의미의 교육이 되려면 아동이 배우는 내용이 무엇이고 왜 배워야 하는지 충분히 의식하고 있어야 하며 이를 자발적인 의지로 학습하여야 한다.

(4) 피터스의 교육의 개념에 대한 평가

피터스의 교육에 대한 정의는 세 가지 측면에서 평가받는다(김대현 외, 2015).

① 교육개념 자체에 대한 평가 측면
② 교육개념에 전제된 교육관에 대한 평가 측면
③ 교육에 주는 영향에 대한 평가 측면

피터스는 교육을 정의하는 데 있어서 교육의 내재적인 측면을 강조하면서 교육의 개념을 명료하게 밝혔지만 교육의 내재적 가치에 대한 비판 문제, 교육의 개념과 교육받은 사람에 대한 혼동 문제, 준거의 타당성 문제가 제기된다. 예를 들어 교육의 내재적 가치가 외재적 가치와 뚜렷하게 구분되는가, 교육의 내재적 가치가 지식의 이해와 인지적 안목에 한정되어 있는가 하는 비판이다. 피터스는 지식의 이해와 인지적 안목의 개념에서 교육을 파악해 정서적인 면보다는 지식의 추구와 관련해 생각하고 인간의 정서, 태도, 행위, 욕구 등을 무시함으로써 지나치게 주지주의적, 엘리트주의적이라는 비판을 받았다. 이에 따라 지식의 이해와 인지적 안목이 형성된 상태는 '교육'이라기보다 '교육받은 사람(educated man)' 혹은 '아는 사람(knowledgeable man)'으로 규정되어야 한다는 비판이 제기된 것이다. 따라서 피터스의 관점은 교육과 실제 삶이 따로 떨어져 있는 결과를 초래하여 교육의 가치를 적극적으로 제시하지 못했다는 비판을 받고 있다.

Ⅱ 교육의 중요성

인간 성장 및 발달에 대한 중요성의 인식과 사회여건의 변화로 인한 양적인 변화와 질적인 변화의 과정을 통해 교육의 중요성이 커짐에 따라 교육이 무엇인가를 보다 명확하게 파악하기 위해서는 교육의 정의 방식, 구성 요소, 기능, 목적, 형태에 대해서 구체적으로 분석할 필요가 있다.

1. 교육의 정의 방식

교육에 대한 개념 정의는 교육을 어떤 관점에서 접근하느냐에 따라 정의 방식이 달라지기 때문에 교육이 가지고 있는 의미를 보다 심도 있게 알아볼 필요가 있다.

1) 규범적 정의

규범적 정의는 가치 있는 어떤 특성과 상태를 추구하는 과정이며 계발하는 과정으로 어떤 궁극적 목적과 연관된 정의로서 규범 혹은 강령이 들어 있는 정의를 의미한다. 예를 들어 '교육은 인간과 세상을 보는 안목을 밝혀 주는 것이다.'라는 측면에서 볼 때 교육은 '볼 수 없는 상태'에서 '볼 수 있는 상태'로 나아가게 하여 무지에서 해방시켜 주는 것으로 보는 견해이다. 이처럼 규범적 정의는 그 속에 들어 있는 규범 또는 행동강령이 올바른가를 묻는 도덕적 질문과 교육적 목적을 내포하고 있기 때문에 교육의 내용 선택과 목표 설정에 있어서 기본적인 규칙으로서의 역할을 하므로 나아가야 할 방향을 보여 줄 수는 있으나 교육이 실제 어떤 상황에 있는지는 정확히 설명하지 못하는 단점도 있다.

2) 기술적 정의

기술적 정의는 하나의 새로운 개념을 이미 알고 있는 다른 말로 설명함으로써 그 개념이 무엇인지 알려 주는 정의를 의미하며, '서술적 정의'라고도 한다. 이러한 정의는 교육의 가치를 제시하기보다 교육의 현상을 면밀히 관찰하여 객관적이며 정확하게 파악하는 것에 초점을 둔다. 예를 들어 '교육은 문화의 전승과 개조의 과정이다.'라는 측면에서 이 정의 방식은 가치중립적이며, 객관성이 확보되고 정확하게 파악하는 데 용이하기 때문에 교육학자들이 선호하는 방식인 반면에, 교육이 추구할 가치 혹은 목적이 배제되어 있기 때문에 수단적 가치나 외재적 가치가 개입되는 단점도 있다.

3) 조작적 정의

조작적 정의는 그 개념에 대한 경험적 해석이 가능해야 하며, 관찰 또는 실험의 절차에 적용될 수 있는 기준이 되도록 정의하는 것을 말한다. 이러한 정의는 될 수 있는 한 실행 가능하고 관찰 가능한 조작을 좀 더 명확하게 표현한 용어로 구성된 것이며, 확인이 가능한 정의에 불과하다. 예를 들어 '지능이란 웩슬러(Wechsler)의 지능검사를 통하여 측정된 지능점수를 의미한다.'라는 측면에서 지능이란 추상적인 개념을 조작적 정의인 아이큐 테스트(IQ Test)를 통해 이론 수준의 지능을 경험적으로 지표화된 지능지수로 전환할 수 있는 것이다. 이 정의 방식은 관찰할 수 없는 것을 관찰 가능한 상태로 변환하고 정의의 한 부분으로 포함해 관찰이나 측정이 가능하게 한 것이다. 조작적 정의는 교육활동의 전개 과정을 포괄적이고 합리적이며 과학적으로 잘 설명할 수 있다. 하지만 이 역시 교육이 추구해야 할 가치 혹은 목적이 배제되어 교육활동의 지침이나 목적을 제시하는 데 한계가 있다.

4) 기능적 정의

기능적 정의는 교육의 도구적 가치를 강조하는 관점이다. 개인, 사회, 국가 등 다양한 관점에 따라 교육에 대한 세분화된 다양한 기능적 정의가 가능하다. 예를 들어 '교육은 생활 그 자체이고, 성장이며, 사회적 과정이다.'라는 측면에서 기능적 정의는 교육을 교육을 사회의 문화를 유지하고 발전시키는 수단이라고 보는 입장이다. 이런 정의에 치중하게 되면 가능성과 당위성은 인정되지만 교육 본래의 가치 실현을 등한시하게 되고, 교육을 개인 혹은 외재적 목적을 위한 수단으로 봄으로써 부조리 현상을 초래할 수도 있다.

5) 약정적 정의

약정적 정의는 의사소통을 위해 복잡한 현상을 무엇이라 부르자고 약속하는 정의이다. 예를 들어 '교육은 훈련과 구별되는 개념이라고 하자'라는 측면에서 이 정의는 교육 개념에 대한 합의가 어려울 때 경제성과 논의의 편의성을 보장해 주지만 이런 목적으로는 교육의 방향을 제시해 주기에 한계가 있다.

2. 교육의 구성 요소

교육의 의미, 교육의 내용이나 형식, 교육방법 등은 시간과 환경의 변화에 따라 끊임없이 변화할 수밖에 없다. 그래도 교육과 관련하여 변하지 않고 지속되는 무엇인가가 있다면 그것은 교육현상의 성립 조건들 즉 교육현상에서 공통적으로 확인할 수 있는 교육을 구성하는 요소들일 것이다. 이들 구성 요소의 상호작용에 따라 교육의 내용과 방법이 달라진다. 교육의 구성 요소란 형식적 교육이 성립되기 위해 필요로 하는 최소한의 구성 요소를 의미한다. 일반적으로 교육학에서는 교육의 주체인 교수자, 교육의 객체로서의 학습자 그리고 교수-학습의 매체로서 교육이 성립되기 위한 교육내용을 교육구성의 3요소라 한다. 또한 교육구성의 3요소와 더불어 가정, 학교, 사회와 같이 교육활동을 할 수 있는 공간 즉 교실과 같은 장소까지를 일컬어 교육구성의 4요소라고 이야기하며, 교육구성의 4요소와 더불어 교육의 성과까지 일컬어 교육구성의 5요소라 한다. 특히 교육에 있어 바람직한 행동변화를 위한 계획적인 교육활동이 이루어지기 위한 필요조건으로 요구되는 교수자, 학습자, 교육내용의 3요소는 가장 중요한 교육구성의 핵심 요소로서 하나라도 빠지면 교육은 성립하지 않는다. 이러한 교육의 구성 요소에 대하여 좀 더 구체적으로 살펴보도록 한다.

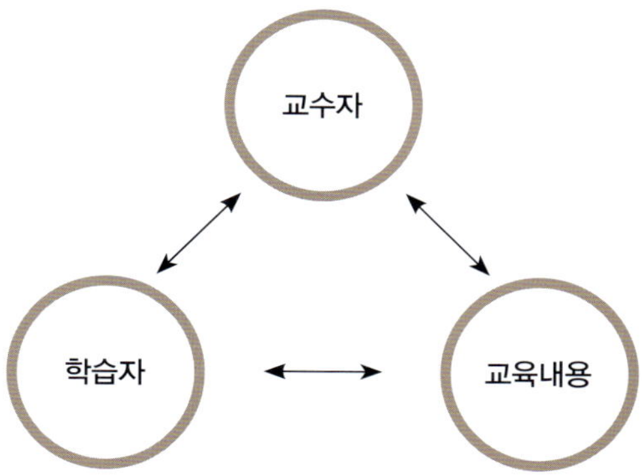

[그림 1-1] 교육구성의 3요소

1) 교수자

교육은 불완전한 상태의 미성숙자를 성숙한 상태로 변화시키려고 노력하는 일련의 과정으로 가르치는 사람 즉 교수자가 교육의 중요한 주체가 되는 것은 당연한 일이다. 예를 들어 학습자들이 이해하기 쉽도록 지식을 잘 정리해서 가르치는 교사를 좋은 선생님(good teacher)이라고 한다면, 학습자들에게 적절한 질문을 유도하여 답을 이끌어 내는 교사를 최고의 선생님(best teacher)이라 할 수 있다. 좋은 선생님은 교수자가 학습자들에게 교육내용의 의미를 추출하고 학습한 내용을 세상에 널리 알릴 수 있도록 교육활동을 처음부터 끝까지 이끌어 가는 중요한 주체라는 것을 보여 준다면 최고의 선생님은 학습자들에게 교육내용의 의미를 추출하고 학습한 내용을 세상에 알릴 수 있도록 적극 활용할 기회를 부여해 줄 수 있는 조력자나 안내자로서의 주체라는 것을 보여 준다.

2) 학습자

교육활동은 미성숙하여 가르침을 필요로 하는 학습자를 대상으로 이루어진다. 진정한 교육은 학습자가 단순히 교수자의 지식을 받아들이는 수동적인 대상이 아니라 학습자가 지닌 잠재적인 능력을 발견하여 계발시키는 활동이므로 성장 가능성을 가지고 자기 주도적으로 배우는 변화하는 과정으로서의 교육이 절실히 필요하다. 이러한 측면에서 학습자는 자신의 독자적인 존엄성을 지니고 있지만 아직은 미성숙한 존재로서 완전성을 향해 발달하는 과정에 있는 존재인 것이다. 학습자는 새로운 미래의 세계를 향하여 적극적으로 성장하여야 하며, 모든 잠재 가능성에 대해 능동적으로 배우고자 하는 강한 의지를 가지고 있어야 한다. 현대의 교육이 지향하는 바는 바로 이러한 특성을 지닌 학습자를 교육활동의 핵심적인 위치에 있는 교육의 객체로 조성하는 것이다.

3) 교육내용

교육내용은 교육의 장(場)에서 생성된다. 교육내용은 교육활동에서 교수자와 학습자를 연결하는 매개체이며, 교육의 핵심이다. 교육내용이 학습자에게 효과적으로 전달되기 위해서는 주제문을 뒷받침하는 문장들이 자연스럽고 긴밀하게 연결되어야 하고 적절한 지시어와 접속어를 사용하여 하나의 주제를 향해 내용이 논리적인 질서를 유지하도록 하며, 서로 비슷한 내용을 선별하여 모으는 응집성이 있어야 한다. 그리고 교육내용을 조직할 때 어느 것을 먼저 가르치고 어느 것을 나중에 가르치는가를 의미하는 계열성이 있어야 하며, 서로 다른 내용들 간의 관련성이 잘 설명되는 총체적 제시로 이루어져야 한다.

학습자에게 전달해야 할 가치 있는 교육내용의 두 가지 측면은 다음과 같다(노영희 외, 2011).

첫째, 인류가 역사 이래로 축적하여 온 지식, 기술, 가치, 행위적 규범, 물질적 산물 등이다. 이들 내용은 문화를 구성하는 모든 요소로서 현재의 삶과 관련하여 의미 있고, 가치가 있어 다음 세대에 전달할 필요가 있는 것이다.

둘째, 학습자중심에서 교육활동의 핵심적인 내용이 학습자에게 의미 있고 바람직한 것이어야 한다는 것이다. 따라서 학습자의 관심과 수준을 고려하여 교육목적의 설정, 교육내용의 선정과 구성, 교육방법의 적용, 학습결과의 평가 등이 이루어져야 한다.

4) 교육환경

교수자, 학습자, 교육내용을 제외하고 교육에 영향을 미치는 모든 요인이 교육환경이다. 교육환경은 인터넷과 정보통신기술의 발달로 학교뿐만 아니라 가정과 사회를 포함한다. 이들 교육의 장을 따로 보지 않고 상호 유기적으로 작용하도록 하여 교육적 가치로서 충분한 역할을 하도록 하여야 한다. 학습자의 잠재력을 계발하여 자아실현을 이끌어 주기 위해 교수자는 물리적인 교육환경뿐만 아니라 심리적으로도 적절한 교육환경을 조성하도록 노력하는 것이 필요하다.

5) 교육성과

교육성과는 교육을 실시하고 그 결과로 나타나는 학습자 개인 또는 교육의 현황 및 조직의 성과를 판단할 수 있는 수치적인 자료의 기록을 말한다. 이러한 교육성과를 통해 학생의 교육현황이나 그로 인한 효과는 객관적으로 표현이 가능하다. 따라서 교육성과는 교육내용 및 방식에 대한 적절성을 판단하는 자료로 활용되기도 한다.

3. 교육의 기능

교육의 기능을 분류하면 본질적 기능과 수단적 기능으로 나눌 수 있다(이돈희, 1984).

1) 본질적 기능

듀이(Dewey, 1944)와 피터스(Peters, 1977)는 교육이 다른 무엇의 수단이기 이전에 그 자체의 목적을 가진다고 주장한다. 교육에 의한 지식이나 규범의 획득은 다른 무엇의 수단적 행위라고 할 수도 있지만 그것은 세계를 이해하고 자신을 성찰하는 일로서 그 자체가 가치 있는 일이다. 인간에게는 배움과 깨달음의 욕구가 있다. 이러한 욕구의 충족은 그 자체로서 삶의 질을 결정하는 기준이 되거나 자신의 본성과 인격을 형성하는 과정 그 자체이다. 그러므로 교육은 인간이 추구하는 모든 가치들을 통합하여 그것의 정체와 인격을 특정 짓게 하는 본연의 기능을 한다고 볼 수 있다.

2) 수단적 기능

교육의 수단적 기능은 교육과 경제 성장의 관계처럼 교육이라는 활동의 의미 속에 내포되어 있지는 않으나 교육이 수단이 되어 일어나는 어떤 현상이나 사건을 가능하게 하는 기능이다. 이것은 우리의 생활과정에서 교육을 다른 행위와 관련시킬 때 성립될 수 있는 교육의 우연적 기능으로서, 교육을 도덕적·경제적·심미적·사회적·지적·정서적·종교적 가치들을 실현하기 위한 수단으로 생각할 때 성립된다. 따라서 교육의 본질적 기능의 중요성을 일차적으로 내세우는 교육관에서는 수단적 기능이 교육의 본질을 왜곡한다고 주장하기도 하지만 오늘날의 교육은 다른 사회적 과정의 관련 속에서 이루어지는 것이므로 수단적 기능의 가치를 외면할 수는 없다.

4. 교육의 목적

교육으로 실현하려고 하는 일이나 나아가는 방향을 교육의 목적이라고 볼 수 있다. 이것은 결과가 불분명한 추상적이고 포괄적인 규정이라 할 수 있어 목적 아래에 목표가 구체적으로 따라붙지만 목표를 세우기 위해서는 이전의 목적이 비교적 명확해야 하므로 올바른 방향성을 가진 목적을 세울 필요가 있다. 우리나라의 경우 교육의 모든 분야에 관한 기본 원칙을 명시한 「교육기본법」 제2조에서

"교육은 홍익인간(弘益人間)의 이념 아래 모든 국민으로 하여금 인격을 도야하고 자주적 생활능력과 민주시민으로서 필요한 자질을 갖추게 함으로써 인간다운 삶을 영위하게 하고 민주국가의 발전과 인류공영의 이상을 실현하는 데 이바지하게 함을 목적으로 한다."고 규정하고 있다. 그 이유는 교육이라는 활동이 오늘날 개인의 삶에 있어서뿐만 아니라 사회적인 차원에 있어서도 수많은 현실적이고 실제적인 필요와 동기에 의해 추구되기 때문이다. 교육의 목적을 규명하기 위해서 교육 자체의 내재적 목적과 외재적 목적으로 구분하여 살펴보도록 한다.

1) 내재적 목적

내재적 목적은 교육 그 자체의 본질에 그 목적을 둔다. 이는 교육과정이 중시되는 관점으로 일차적으로 교육을 받는 인간에게 그 결과가 도달할 수밖에 없다는 것을 전제한 것으로서 교육이라는 개념 자체에 담긴 목적을 의미한 개인적 측면으로 일차적 목적이라고 할 수 있다. 이는 교육의 결과를 중시하는 것이 아니라 교육이 행해지는 과정에서 얻어지는 무언가가 있을 것이라는 근거하에 논지를 전개한다.

듀이(Dewey)는 교육의 목적이 교육과정 그 자체에 내재한다고 보고 교육은 다른 어떤 것의 수단으로서의 가치를 가지기 이전에 그 자체로서 가치로운 것이라고 하였다. 즉 교육활동 밖에서 부여되는 것이 아니라 경험해서 얻어진 지식임을 중시하면서 계속적 재구성의 성장을 교육과 동일시하였고 성장이 교육이라면 교육활동 그 자체가 교육의 목적이라고 보았다.

피터스(Peters) 어떤 것의 수단이 아닌 그 자체의 기준 혹은 규범적 · 인지적 · 과정적 준거를 실천하는 일을 교육의 목적으로 삼았다. 즉 교육은 다른 어떤 것의 수단이 아니며 교육의 목적은 그 자체 속에 내재한다는 것이다.

이들은 교육 그 자체가 목적이 되어야 하며, 교육이 어떤 것의 도구나 수단이 될 수 없음을 분명히 하고 있다.

2) 외재적 목적

외재적 목적은 교육이 다른 활동의 목적을 위한 수단으로 사용되는 것을 의미한다. 이는 교육을 통해서 성취하고자 하는 목적이 분명하고 개인과 사회의 이익에 부합하기 때문에 결국 교육은 개인의 필요와 사회의 현실을 잘 반영하는 데 관심을 두어야 하며, 또한 결과물이 드러나는 성취에 관심을 두어 교육이 사회와 현실의 필요를 적극적으로 수용해야 한다는 것이다. 이것은 교육이 인간을 대상으로 해서 인간의 변화와 형성을 추구해 이뤄지는 활동이므로 교육의 성공과 실패는 교육받은 인간의 행동을 통해서 평가될 수 있기 때문이다. 물론 교육의 목적을 사회적이고 경제적인 것으로 규정할 수도 있겠지만 그러한 것들도 결국 인간을 통해서만이 성취될 수 있다.

5. 교육의 형태

듀이(Dewey)는 교육기관에 의해 교육이 실시되는지 여부의 기준에 따라 교육의 형태를 형식적 교육과 비형식적 교육으로 분류하고, 형식적 교육은 협의의 교육이며, 형식적 교육과 비형식적 교육을 총괄하여 광의의 교육이라 하였다(김희수 외, 2014). 교육을 형식적 교육과 비형식적 교육으로 분류하는 기준은 일관성, 방향성, 계획성, 체계성, 조직성, 목적성, 계속성에 따라 의도적으로 이루어졌는지 혹은 무의도적으로 이루어졌는지에 따라 분류할 수 있다. 여기에서는 교육적 형식과 절차의 유무에 따라 형식적 교육과 비형식적 교육으로 나누어 살펴보도록 한다.

1) 형식적 교육

형식적 교육(formal education)은 교육의 과정이 계획적이고 의도적인 교육기관에 의해서 이뤄지는 교육을 의미하는 것으로 인간형성을 위해 계획적이고 의도적으로 이루어지는 교육이나 정규교육 등으로 불리기도 한다. 의도적으로 행하는 교육이 이뤄지는 기관으로는 학교나 강습소 및 훈련소 등이 있다. 예를 들어 장기간에 걸쳐 체계적이고 표준화된 교육과정에 따라 교육이 이루어지고 있는 공식제도를 통해 학교에서 이루어지던 전형적인 형태의 교육이 있다. 이러한 형식적 교육은 국가가 모든 국민에게 일정한 교육의 기회를 제공할 의무를 갖게 됨으로써 근대 공교육에서 이루어지던 교육이라 할 수 있다. 또한 교육구성의 3요소가 모두 포함된 교육이 이루어지는 특징이 있고, 교육이 일관성이 있고 계속적으로 이루어지며, 교육의 주체에 의하여 교육목적, 교육내용, 교육방법 등이 계획적이고 의도적으로 결정되고 실행된다.

2) 비형식적 교육

비형식적 교육(nonformal education)은 형식적 교육과는 달리 교육의 방식에 따른 구분으로 교육대상에 대한 규정은 내포되어 있지 않고 교육기관에 의하지 않은 교육으로 제도와 형식이 없으며 자연, 사물, 사회, 인간관계에 의하여 자연발생적으로 이루어지는 교육이다. 이러한 비형식적 교육은 조직적이거나 의도적이지 않고 체계성, 일관성, 목적성의 가능성이 매우 적은 상태에서 이루어지는 교육의 형태를 의미한다. 또한 교사나 교재 없이도 교육이 이루어지므로 교육구성의 3요소가 필요하지 않다는 특징이 있다. 예를 들어 가정이나 사회에서의 교육을 들 수 있는데 고대 피지배층 교육에서 비공식제도를 통해 이루어지던 전형적인 형태의 교육이나 오늘날의 대중매체에 의한 무의식적인 교육이 그 예이다.

형식적 교육과 비형식적 교육이 모두 중요하므로 가정, 학교, 사회가 서로 유기적 관계를 가지고 교육을 수행해 나갈 때 교육의 효과를 높일 수 있을 것이다.

〈표 1-1〉 형식적 교육과 비형식적 교육의 비교

구분	형식적 교육	비형식적 교육
기준	의도적인 교육	무의도적인 교육
교육의 정의	협의의 교육	광의의 교육
주체	교사	사회구성원, 부모 등
교육대상	획일적(학습자)	다원적(모든 미성숙자)
매체	교과중심의 교재	교육내용의 제한 없음

Ⅲ 교육학

우리의 사고는 우리가 생각하고 가정하는 것만큼 합리적으로 작동하지 않기 때문에 문제해결에 필요한 정확한 절차와 지식이 필요하다. 따라서 교육학의 전반적인 이해와 성격에 대해 알아보도록 한다.

1. 교육학의 이해

교육학은 교육에 응용될 수 있는 어떤 원리나 방법에 대하여 이론적으로 체계화해서 규명하거나 제시해 주는 학문의 한 영역이다. 즉 교육학은 다양한 교육현상의 학문적 성격을 탐색하고 이를 어떻게 실제교육에 적용할 것인가를 연구함으로써 교육의 본질, 제도, 목적, 방법, 행정 등에 대하여 과학적이고 이론적으로 체계화한 것이다.

17세기 이후 라트케(Ratke), 코메니우스(Comenius), 페스탈로치(Pestalozzi), 프뢰벨(Fröbel) 등에 의해 교육의 이론적 탐구가 전개되어 왔다. 교육의 과학적 정립은 19세기 초반에 헤르바르트(Herbart)의 『일반교육학』에 의해 이루어졌다. 그는 교육의 목적론은 철학을, 교육의 과정과 방법론은 교육심리학을 근거로 교육학을 체계적으로 발전시켜 19세기 후반에 이르기까지 큰 영향을 미쳤다. 하지만 헤르바르트의 교육학은 뒤르켐(Durkheim)에 의해 아직 철학적 관점에서 벗어나지 못했다고 비판을 받게 되었다. 뒤르켐은 교육을 하나의 사회적 현상으로 파악하고 실증주의 철학과 경험과학을 조사하고 연구하려는 입장에서 사회과학의 각 분야에서 실증적 경험과학으로 발전시키기도 하였다(김대현 외, 2015).

이러한 동향과 함께 교육학도 일종의 사회과학으로 분류된다. 그 대표적인 것이 바로 오코너(O'Connor)의 주장과 정범모의 교육학이다. 오코너(1973)는 교육이 가치를 실현하려는 활동임에는 틀림이 없으나 가치는 객관적 인식이 불가능하므로 객관성을 지향하는 '과학으로서의 교육학'에서는 가치의 문제를 토의할 대상의 범위 밖으로 하려는 입장을 취한다. 정범모(2000)도 가치의 논리와 사실의 논리는 서로 다르다고 하면서 교육학은 교육의 힘 즉 인간의 행동변화를 능률적으로 가능하게 하는 힘의 과학적 체제를 개발하는 것이라고 보았다.

이러한 교육의 과학적인 접근은 교육의 실천현장에 종사하고 있는 모든 사람이 교육에 대한 신념을 가지고 그것에 적극 가담하고 있다고 보면 교육학적인 가설과 이론의 발전에는 유용하나 이 가설과 이론들은 체계적인 검증과정을 거치기 전까지 과학적인 지식으로 인정받기에는 어려움이 있을 것이다.

2. 교육학의 성격

교육학의 학문적 관점에 대한 논점은 국내외적으로 지속되어 왔다. 일반적으로 이루어지고 있는 쟁점의 주요사항을 살펴보면 다음과 같다.

첫째, '가치 인식은 참으로 객관화될 수 없는가'이다(이돈희, 1984). 하나의 문화체제를 공유하고 있는 사회는 그 구성원들이 지향하는 가치관과 가치 판단의 기준을 소유하고 있으나 그것은 문화적 상대성에 의해서 정당화될 수 있을지는 모르지만 가치 기준의 객관적 인식에 기초하고 있는 것이라고 보기는 어렵다. 그러므로 가치에 대한 객관적 인식과 가치 실현의 원리는 어떤 차원의 것이든지 간에 공유된 문화체제의 범위 내에서 우선 가능하다고밖에 할 수가 없다. 그렇지 않고서는 가치에 관한 논의는 마땅히 해야 하는 가치에 대한 것이 아니라 사실로서의 가치에 대한 것일 뿐이다.

둘째, '사회과학이 자연과학의 방법론으로 타당하게 탐구될 수 있는가'이다(이돈희, 1984). 이에 대해 과학자와 철학자들 간에 인간 세계에 관한 심리적, 역사적, 사회적 설명의 가능성 문제를 두고 매우 복잡한 논쟁이 있어 왔다. 그 논쟁들은 주로 인간의 행위와 행동, 역사를 지배하는 문화 보편성의 유무에 관한 의견의 대립에서 발생하는 것이었다. 사회화 과정에서의 문화는 바로 인간 생활에서의 규칙성과 문화 보편성을 일컫는 것이라고 할 수 있다. 이러한 규칙성과 문화 보편성을 상정하지 않으면 사회과학은 가능하지가 않다. 물론 인간의 행동과 생활을 지배하는 규칙성과 문화 보편성에 대한 전제조건이 자연 과학적 탐구의 것과 동일한 종류의 것인가의 의문을 제기할 수도 있다. 그러나 교육은 바로 그런 전반적인 상호작용의 전형적인 형태이기 때문에 그 동적인 전체 구조를 파악하는 통찰력 즉 사회과학의 새로운 방법론적인 안목 이외에도 교육현상을 밝히는 고유한 안목이 추가적으로 논의되어야 할 것이다(장상호, 1984).

셋째, '교육학이 사회학, 심리학, 경제학 등 사회과학과 같은 다른 학문과 구분되는 독립성을 갖고 있느냐'이다(김대현 외, 2015). 일반적으로 독립적인 학문이 되기 위해서는 최소한 독자적인 연구방법과 독자적인 연구대상을 가지고 있어야 하는데 그들 간에 거리를 유지하는 것이 객관성을 보장해 주리라는 가정이나 접근방법은 사회현상의 의미해석에서 적절하지 못하다. 이러한 논의들은 아직도 그 해결방안을 찾지 못하고 있다. 예를 들어 철학이나 심리학과 같은 학문으로부터 완전히 분리되지 못했다는 비판도 있다. 말하자면 교육행위의 원리를 탐구하는 학문과 교육현상의 설명을 가하려는 학문은 그 과제에 있어서 각기 다르다는 것이다. 이에 교육학이 어느 한 입장을 옳다고 보기보다는 이러한 교육학 자체를 다의적으로 해석된 새로운 과학적 패러다임으로 제시되어야 할 것이다.

‖ 학습목표 ‖

1. 교육사의 필요성을 이해한다.
2. 한국교육사 전개과정과 그 특징을 이해한다.
3. 서양교육사 전개과정과 그 특징을 이해한다

02 CHAPTER 교육의 역사

I 교육사의 필요성

교육사를 공부하면서 누구나 한 번쯤은 한국교육사도 쉽지 않은데 남의 나라의 교육사에 대해서 배워야 할 이유에 의문을 제기할 수도 있을 것이다. 그러나 교육사는 동시대에 여러 나라에서 일어난 일들에 대한 과거의 교육현상을 규명하고 안목을 길러 현재의 교육실천을 풍부하게 하고 미래를 전망할 수 있도록 해주는 연구 분야이다. 그러므로 교육사 연구는 교육역사를 연구하거나 편찬하는 데 있어서 소재가 되는 문헌이나 유물의 객관성을 충분히 음미하여 과거의 교육현상을 밝혀야 하며, 특정한 교육현상이 발생할 수밖에 없었던 과정과 그 현상의 변화과정을 고찰하여 교육현상의 역사적 구조를 파악해 내야 한다. 따라서 교육사를 통해 고대부터 오늘날에 이르기까지의 교육사상과 교육제도의 변천을 중심으로 교육제도의 성립과 교육사 인식에 나타난 시대의식 혹은 주관적 관심이 무엇인지를 비판적으로 검토하고 미래의 지식 정보화 사회에 맞도록 새로운 문제의식으로부터 새로운 교육사 인식의 필요성을 탐색해 보고자 한다.

첫째, 교육사의 지식을 체계적으로 이해해야 한다. 교육사적 사실의 객관적 인식이 곧 교육사의 전부일 수는 없다. 하나하나의 객관적 사실이 과거 인간이 보여 준 삶을 충실히 밝혀 주지는 않기 때문이다. 그러나 교육사적 사실은 교육사 연구의 바탕이기 때문에 사실을 정확히 확인하는 것이 우선적으로 요구된다. 더군다나 현재 이 순간까지 무수한 사실이 밝혀지고 있어 인간의 삶을 충실히 복원하기 위해서는 교육사적 이론을 분석하고 정리하여 체계 있게 배열함으로써 교육사의 참된 의미를 부여해야 한다. 의미부여는 사람마다 다를 수 있다. 그러나 교육학자들이 민중성과 실천성을 고양한다 해도 교육사학의 본질은 사실에 있다. 그것은 합리적으로 설명되어야 하며 증거의 사실성과 논지의 타당성 및 서술의 논리성이 전제되어 있어야 할 것이다.

둘째, 과거 교육사가 현재에 미치는 영향에 대한 분석이다. 과거 교육사 전체에서 볼 때 지배 및 피지배 질서의 상호관계를 인정하는 속에서 교육의 역할이 강조되어 왔다. 거기에는 국왕, 귀족, 학자, 예술가 등 수많은 위인들이 존재하고 대립과 갈등, 불신과 항쟁 속에서 바람직한 교육사 인식의 배양은 기대할 수 없기에 그들의 사상이나 역할이 교육사 전개의 중요한 변수로 작용함을 알 수 있다. 이에 진보적 교육사가 차세대의 역사 인식론으로 올바르게 자리하기 위해서는 보다 확고한 토대와 현재성이 함께 조화되어 작용함으로써 교육사가 어떻게 달라지는지를 비판적으로 받아들여야 할 것이다.

셋째, 교육사를 토대로 우리가 안고 있는 교육에 대한 당면 과제를 가장 바람직하게 해결해야 한다. 교육사에 대한 시각을 어떻게 바라보느냐에 따라서 민족의 삶을 이해하는 문제나 민족의 삶에 이바지하는 자세가 달라진다. 지난날 동·서양의 민족은 오랜 역사의 전개 속에서 다양한 교육적 삶을 보여 주었다. 그 과정에는 많은 문제가 일어났다. 그 문제들 가운데에는 예로부터 되풀이되는 해묵은 문제도 있고 새 시대를 맞아 새로운 여건에서 제기된 낯선 문제들도 있다. 세대 간의 갈등이나 계급 간의 갈등이 특히 고조되고 있는 오늘의 급격한 사회변화 속에서 그 같은 교육사를 바라보는 입장이 다른 사람들로 하여금 교육사의 이해에 있어서 커다란 시각의 차이를 가져오게 한다. 그러나 교육사의 문제들은 그것을 발견하고 검토하기 이전에 엄연히 존재한 사실들이다. 따라서 우리는 교육사에 대해 해석을 내리고 관점을 보이기에 앞서 우리가 추구해야 할 기본적인 과제를 먼저 파악하고 그 해결의 방안을 제시할 수 있는 시각으로 정립해야 할 것이다.

Ⅱ 한국의 교육사

1. 한국 고대의 교육

원시사회는 문명사회 이전의 사회를 말하는 것으로 인간이 구성한 조직이 단순하고 개인이 집단의식 안에 강하게 귀속되어 독립적 성격을 지니지 못한 애니미즘(정령숭배신앙), 샤머니즘(무속신앙), 토테미즘(토템숭배신앙)의 주술이나 종교가 생활에서 큰 비중을 차지했던 사회이다. 이러한 사회에서는 집단생활을 영위하기 위하여 집단 내의 관습이나 원시 종교의 제례 등 개인의 안전을 도모하기 위한 신체적 훈련과 생존을 위한 교육활동이 이루어졌을 것이다. 따라서 원시사회에는 의도적인 교육보다는 생활 자체가 교육으로 연결되는 자연발생적 형태로 이루어졌다고 볼 수 있어 교육내용과 교육방법은 전해 오는 설화나 풍속을 통하여 그 일면을 고찰할 수 있다(한국역사연구회 고대사분과, 2004).

현대 우리 민족의 정신적 기반의 상징인 고조선이 갖는 교육적 의미는 매우 크다고 할 수 있다. 이 시기의 교육활동에 대해 정확히 알 수는 없지만 고조선에서 교육활동이 행해졌다는 것을 추측해 볼 수 있다. 단군의 건국신화는 우리 민족의 시조신화로 알려져 있다. 건국신화가 소개되어 있는 『삼국유사』의 이야기 내용은 다음과 같다.

> "위서(魏書)에 말하기를 지금으로부터 2천 년 전에 단군왕검이 계셔 아사달에 도읍을 정하고 새로 나라를 세워 조선이라 불렀는데 고(高)와 같은 때였다고 한다. 「고기(古記)」에 이런 말이 있다. 옛날에 환인의 서자 환웅이 있었는데, 자주 천하에 뜻을 두고 인간 세상을 매우 갈구하였다. 아버지가 아들의 뜻을 알고 삼위태백을 내려다보니 인간세계를 널리 이롭게 할 만하였다. 이에 천부인(天符印) 3개를 주어 세상에 내려 보내서 세상 사람을 다스리게 하였다. 환웅이 무리 3천을 데리고 태백산 꼭대기의 신단수 밑에 내

려와서 여기를 신시라 이르니, 이가 곧 환웅천왕이다. 그는 풍백, 우사, 운사를 거느리고 곡식, 수명, 질병, 형벌, 선악 등 무릇 인간의 360여 가지 일을 맡아서 세상을 다스리고 교화하였다. 그때 곰 한 마리와 범 한 마리가 있어 같은 굴속에 살며, 항상 환웅에게 사람 되기를 빌었다. 이에 환웅이 신령스러운 쑥 1자루와 마늘 20통을 주면서 '너희가 이것을 먹고 100일 동안 햇빛을 보지 아니하면 곧 사람이 되리라' 하였다. 곰과 범이 이것을 받아서 먹고 근신하기 삼칠일만에 곰은 여자 몸이 되었으나, 범은 삼가지 못하여 사람이 되지 못하였다. 웅녀(熊女)는 그와 혼인해 주는 이가 없으므로 항상 신단 아래에 아기 갖기를 빌었다. 환웅이 잠깐 변하여 결혼해서 아들을 낳았으니 이를 단군왕검이라 하였다. 단군왕검이 요임금의 즉위 후 50년인 경인년에 평양성에 도읍을 정하고, 비로소 조선이라 일컬었다."

이러한 단군왕검 이야기는 당시의 시대상을 알 수 있는 여러 가지 역사적 의미를 지니고 있다. 예를 들어 환웅과 웅녀의 결합은 하늘을 믿는 환웅부족과 곰을 토템으로 하는 부족 사이의 결합으로 볼 수 있다. 건국 시조인 단군왕검은 제사장을 의미하는 '단군'과 정치적 지배자를 의미하는 '왕검'을 합친 칭호로 제정일치(祭政一致)의 군장(족장)으로 주변 부족을 지배하기 위하여 하늘과의 유대를 가지는 신앙 즉 선민사상(選民思想)을 지니고 있다. 단군의 건국기록은 고조선의 성립을 뜻하는 역사적 사실과 널리 인간을 이롭게 한다는 홍익인간(弘益人間)의 이념이 반영된 것이다. 이러한 이념은 곧 교육적 이념이기도 하다. 이에 따라 단군은 몽고 침입 시 민족의 공동 조상으로 부각되었고, 조선 초와 일제의 식민통치 등 외적의 침입이 있을 때 민족의 자주성과 주체성 고취에 도움을 주었다.

2. 삼국시대의 교육

삼국시대는 고구려, 백제, 신라가 경쟁을 했던 중앙집권 시기로서 이러한 상황은 그대로 교육에 반영된다. 삼국시대의 교육은 무의식적이며 비조직적인 원시시대의 교육에서 벗어나 국가에 의한 학교교육이 시작되고 그 배경으로 유교와 불교가 절대적인 영향을 준다. 특히 문무(文武)균형의 교육을 이루려고 대책과 방법을 지녔음을 알 수 있다.

1) 고구려의 교육

삼국 중에서 가장 먼저 발달한 고구려의 교육기관은 관학(官學)과 사학(私學)으로 구분할 수 있다. 관학으로는 태학(太學)이 있었고, 사학으로는 경당(扃堂)을 두었다. 태학은 소수림왕 때에 관리를 양성하기 위한 목적으로 설립된 유학교육기관이다. 여기에서는 중국의 경학과 문학 및 무예를 교육하였으며, 오경(「예기」, 「춘추」, 「시전」, 「서전」, 「주역」)과 삼사(「한서」, 「사기」, 「후한」)를 중심으로 교육하였다. 고구려 후기에 설치된 경당은 우리나라 최초의 사학으로 알려져 있다. 여기에서는 경전(經典)과 궁술(弓術)을 교육하였고 문무를 겸비한 인재를 양성하였다. 한편 태학이 상류층의 자제를 모아 유학을 중심으로 교육하는 관학인 반면에 경당은 일반 평민층이 그들의 자제를 교육하기 위하여 설립하였다.

2) 백제의 교육

백제의 교육기관에 대해서 전해지는 역사적 자료가 없으나 삼국사기 등에 나타난 기록을 통해 오경박사, 의박사, 역박사 등의 제도가 있었던 것을 알 수 있다. 이러한 박사제도에 의해 교육이 이루어진 것으로 추정되며, 백제와 유대가 강한 일본에게도 아직기와 왕인 등의 박사를 보내고 불교사찰의 기술 등을 전해줌으로써 아스카문화에 영향을 주었다.

3) 신라의 교육

신라는 선덕여왕 때에 당나라에 유학생을 파견하기도 하고 화랑도를 통해 무술연마와 정서를 함양하여 호연지기(浩然之氣)를 기르도록 하였다. 화랑도의 일상 생활신조로서는 진평왕 때에 원광(圓光)법사가 설정한 세속오계(世俗五戒)가 있다. 그 내용은 임금을 섬기되 충성으로써 하고(事君以忠), 부모를 섬기되 효로써 하고(事親以孝), 친구를 사귀되 믿음으로써 하며(交友以信), 싸움에 나아가 물러나지 말며(臨戰無退), 생물을 죽이되 가려야 한다(殺生有擇)는 것이었다. 이는 유불선(儒佛仙)의 조화를 이룬 교육활동으로 화랑도의 정신임과 동시에 당시 일반 청년들의 지도이념이었다고 할 수 있다. 삼국을 통일한 이래로 신문왕 때에는 관리 양성을 위해 유학 이념을 연구하는 교육기관인 국학이 설립되었다. 그 이후 원성왕 때에 도입된 독서삼품과(讀書三品科)라는 제도를 통해 귀족의 자제들 가운데 유능한 인재를 선정하기 위해 시험을 거쳐 관리로 등용하기도 하였다.

3. 고려시대의 교육

고려를 건국한 왕건이 삼국시대의 교육전통을 계승하면서 초기의 집권정책과 결부된 정치적·사회적 변혁에 따라 교육정책 역시 변화가 거듭된다. 국책으로 불교를 장려하여 불교가 사상적 지주로 커다란 세력을 가지고 있었다. 그럼에도 불구하고 새로운 정치체제를 모색하는 동시에 왕권을 강화하기 위해 국가통치이념이 필요했던 광종은 유교적 이념에 입각한 교육제도를 반영하여 지배질서를 확립하고 쌍기의 건의로 과거제도를 실시하여 관직 진출의 기회를 모든 지배계층에 개방함으로써 유교식 교육이 구체화되었다. 성종 때에는 중앙교육의 강화에도 불구하고 과거에서 지방호족의 자제들이 더 많이 진출한 것으로 보아 유교 이념이 현실적 교육정책으로 정착되었음을 알 수 있다.

일반적으로 고려의 교육기관은 관학과 사학으로 구분할 수 있다. 관학으로는 중앙에 국자감(國子監)과 학당(學堂)이 있었고 지방에는 향교(鄕校)가 있었으며, 사학으로는 십이도(十二徒)와 서당(書堂)이 있었다. 성종 때에 설립된 국자감은 국가의 유교적 이념과 결부하여 교육의 핵심적 역할을 담당하게 되었다. 여기에는 6학(국자학, 태학, 사문학, 율학, 서학, 산학)이 있는데 각각의 입학자격은 계급과 신분에 따라 규정하였다. 교육내용은 「주역」, 「상서」, 「주례」, 「예기」,

「모시」, 「춘추」, 「효경」, 「논어」 등의 과목으로 귀족자제의 관리 양성인 동시에 유교적 학문연구에 교육의 목적이 있었다고 볼 수 있다. 또한 지방호족의 자제를 수도로 귀향시켜 공부하게 하였으며, 전국의 12목(牧)에 박사를 파견하여 지방교육을 육성하였다. 이로 인해 지방호족들에 의해 운영되어 오던 지방교육을 중앙의 규제로 끌어들임과 동시에 교육을 전국적으로 확산하는 중요한 계기가 마련되었다.

사학교육기관인 십이도는 십이공도(十二公徒)라고도 하며, 국가의 통제를 받아 교육을 실시하고, 교육을 장려하기 위해 비서원(秘書院), 수서원(修書院)과 같은 일종의 도서관과 장학재단으로 양현고(養賢庫)를 설치하였다. 12개의 사학으로 되어 있는 십이도의 교육내용은 구경(「주역」, 「상서」, 「예기」, 「춘추」, 「시경」, 「효경」, 「논어」, 「맹자」, 「주례」)과 삼사(「사기」, 「한서」, 「후한서」) 등과 같이 주로 유교경전을 가르친 관학과 비슷한 비중을 가진 교육기관이었으나 비교적 자유로운 편이었다. 특히 최충(崔冲)의 십이도는 사설 교육기관이었으나 국자감을 비롯한 관학이 쇠퇴해 가고 있는 시대에 설립되어 강습회 실시와 과거시험 준비에 매진함으로써 고려교육에 커다란 공헌을 하였다.

한편 고려의 향교(鄕校)는 지방에 설립된 중등수준의 교육기관이라 할 수 있다. 향교는 공자와 선현(先賢)을 제례하는 문묘와 교육을 실시하였다. 향교의 학생 중 성적이 우수한 자는 선발되어 국자감에서 공부할 수 있는 기회를 주었는데 이는 지방 백성들의 교화와 지방 문화발전에 큰 영향을 끼쳤다. 지방의 향교와 같은 수준의 교육기관으로 중앙에는 오부학당(五部學堂)을 설치하였는데 이는 고려의 원종 때 설립되었던 동서학당(東西學堂)을 계승한 것으로 동, 서, 남, 북과 중앙의 다섯 곳의 부(部)에 세워 오부학당이라 하였다. 학당은 교육 정도에 있어서 향교와 유사하지만 문묘 없이 교육만 담당한 교육기관이었다. 그리고 서당은 고려시대 민간차원으로 운영된 초등수준의 교육기관으로 지방의 백성들을 교화하는 데 많은 영향을 주었다(민족문화추진회, 2005).

4. 조선시대의 교육

조선시대는 성리학적 교육이념으로 유교적 교육내용이 채택되어 사용되었지만 역사에 나타나 있는 사실의 주류를 형성해 온 것은 불교이다. 이성계는 조선 건국과 더불어 사회를 바로잡고 질서를 세우기 위한 강력한 사상이 필요하다고 여겨 성리학(性理學)을 통한 유교를 통치이념으로 채택하여 크게 장려하였다. 성리학은 도덕성을 갖춘 성인을 양성하는 데 목적을 두고 실천도덕과 인격 및 학문성취의 개인적 수양을 위한 교육에 치중하였다. 이에 기초한 유교교육은 일반 백성들을 위한 교육이라기보다는 정치적 이상실현을 위한 것으로 등장하였고 그 대상은 양반계급으로 관직진출에 치중되었다.

조선후기에는 성리학에 대한 비판으로 실학사상이 대두되어 세상을 다스리는 데 실제로 도움이 되는 학문과 사상은 사회의 현실적 문제를 개혁하는 데 쓰여야 한다는 경세치용(經世致用), 백성이 생활에 이용되는 모든 도구를 편리하게 사용하고 생활을 여유롭게 한다는 이용후생(利用厚生), 사실에 바탕을 두어 진리를 탐구하는 실사구시(實事求是)의 새로운 학풍이 등장하였으나, 깊은 전통적 유교사상으로 인해 교육의 방향제시가 구체화되지는 못하였다. 그러나 실학사상의 본질적인 정신은 개화기의 사상에 영향을 주었다.

한편 조선의 교육은 성리학적 지식을 갖춘 관료를 길러내는 데 중점을 두었기 때문에 지방의 향교와 중앙의 사학에서 유교경전을 가르쳤고, 향교 및 사학출신, 그리고 소과 합격자는 성균관에 입학하여 높은 수준의 유교교육을 받았다. 조선은 관리를 등용하는 제도로 과거제도, 음서제도, 천거제도 등을 운영하였다. 과거제도에는 과거시험을 3년마다 시행하는 정기시험과 수시로 시행하는 특별시험이 있었다. 문관을 선발하는 문과, 무관을 선발하는 무과, 기술관을 선발하는 잡과로 나누었고 양인 이상이면 과거에 응시할 수 있었다. 문과에는 주로 양반자제가, 무관에는 주로 상민이나 향리의 자제가, 잡과에는 주로 기술관이나 향리의 자제가 응시하였다.

실력을 중시하는 사회기풍이 확대됨에 따라서 나라에 공을 세운 신하나 지위가 높은 관리의 자손이라면 과거시험을 치르지 아니하고도 관리로 채용하는 음서제도와 능력과 품행이 뛰어난 사람을 관리로 추천하는 천거제도의 혜택을 받는 대상이 있었으나 고려시대보다는 크게 줄었다. 조선시대의 교육을 교육기관 중심으로 좀 더 구체적으로 살펴보도록 한다.

1) 성균관(成均館)

조선시대의 최고 고등교육기관인 성균관은 고구려의 태학, 신라의 국학, 고려의 국자감을 계승한 것으로 주로 유학교육을 실시하였다. 성균관에서는 성선과 성현에 대한 문묘제사와 인재 양성과 고급관리배출의 교육활동을 포함하고 있었다. 성균관의 교육이념은 교화였으며, 주로 사서오경과 역사서를 공부하였는데 학칙이 매우 엄격하였다. 성균관 유생들의 평가방법으로는 논술시험에 해당하는 제술(製述)과 구두시험에 해당하는 강경(講經)이 있었다. 또한 성균관에는 유생들의 식량과 물품 공급을 담당한 양현고(養賢庫)라는 장학기관과 유생들의 학문 연구에 필요한 서적을 둔 오늘날 도서관에 해당하는 존경각(尊經閣)이 있었다.

2) 향교(鄕校)

향교는 고려시대의 지방교육을 계승한 중등수준의 국립교육기관으로 문묘기능과 교육기능을 가지고 있었으며 과거시험을 위한 교육기관이기도 하였다. 향교는 성균관의 축소판이라고 할 수 있어 동재와 서재, 동무와 서무의 구조를 갖추었고, 양로연(養老宴), 향음주례(鄕飮酒禮), 향사례(鄕射禮) 등 성현에 대한 향례와 유생교육 및 지방백성의 교화 등의 기능을 담당하였다.

3) 사학(四學)

사학은 성균관에 예속된 중등수준의 교육기관으로 고려의 동서학당 혹은 오부학당을 계승하여, 태종 때에 국도(國都) 북부에 중학(中學)을 세우고 동학, 남학, 서학을 세웠다. 성균관에 비해 규모가 작고 문묘를 두지 않은 점을 제외하고는 성균관과 유사한 학제나 교육방침과 교육내용, 그리고 교육방법을 가지고 있다. 사학은 양반자제와 서민의 자제 중에서 선발된 자가 입학할 수 있었고, 그들 중에서 성적이 우수한 자는 성균관에 입학하기도 하였다.

4) 서원(書院)

서원은 지방에 세워진 중등수준의 사설교육기관이다. 중종 때에 주세붕(周世鵬)이 안향(安珦)의 학문과 덕행을 추모하기 위해 설립하여, 향례를 지내는 동시에 인재 양성을 위해 노력하였다. 이것이 백운동서원(白雲洞書院)의 시초가 되었다. 명종 때에는 이황(李滉)이 백운동서원의 교화사업을 왕에게 청하여 왕이 소수서원(紹修書院)이라는 액(額)을 내리고 노비와 서적 등을 하사하게 되어 사액서원(賜額書院)의 시초가 되었다. 서원의 설립 목적은 선례후학(先禮後學) 즉 명유·공신을 숭배하고 그 덕행을 추모함으로써 교화에 공헌하는 것으로 나라에서도 이를 장려하게 되어 전국 각처에 많은 서원이 설립되었다. 그러나 차차 서원 유생의 학문적 태도가 나태해지고 향교의 유생이 서원으로 옮겨가는 경향이 많았으며, 군역을 도피하기 위한 수단으로 사용하는 등 폐단이 이어졌다. 그 이후에는 서원 본래의 목적에서 벗어나 당파를 형성하여 질서를 어지럽히기에 이르렀다.

5) 서당(書堂)

서당은 지방에 세워진 초등수준의 사설교육기관이다. 선비와 평민의 자제로서 사학이나 향교에 입학하지 못한 동몽(童蒙)들의 유학도장으로 중요시되었다. 훈장, 접장, 학도로 구성된 서당이 비록 사설기관이라고 하나 지방의 교육기관으로 백성의 교화기능을 담당하였으며, 대중의 문자 교육을 통한 유학의 학풍과 도덕적 규범 확립 등 국가문화에 큰 영향을 끼쳤다. 교육내용은 「천자문」, 「동몽선습」, 「통감」, 「소학」, 「시경」, 「서경」, 「역경」, 「사기」등 향교의 예비교육이라고 할 수 있는 것들을 가르쳤다. 서당에서는 주로 암기 위주의 학습방법을 통해 강독(講讀), 제술(製述), 습자(習字)를 가르쳤고 학생들의 능력에 따라 수업내용을 조절할 수 있었다. 해방 이후 서당은 의무교육의 실시로 인하여 사라지게 된다.

5. 근대의 교육

19세기에 이르러 삼정(三政)문란이 극심해지고 서구열강의 개항과 함께 문호개방이 시작되면서 서양의 발달된 문물에 자극을 받은 정부와 선각자들은 신학교 설립에 앞장서는 등 새로운 교육체제 확립을 위한 신교육이 실시되었다. 이와 더불어 천주교가 확산되자 '서학'에 대항한다는 의미를 담아 최제우가 '동학'을 창시하였다. 동학사상은 유불선의 교리에 민간신앙의 요소를 융합한 종교로 인내천(人乃天)을 바탕으로 평등사상을 강조하였다. 이는 신분이나 계급을 초월해 모든 인간이 평등해야 한다는 것을 뜻한다. 그리고 서양세력에 맞서 나라를 돕고 백성을 편안하게 하자는 보국안민(輔國安民)과 새로운 세상이 열린다는 후천개벽(後天開闢) 사상을 내세웠다. 동학의 이러한 사상은 천인합일(天人合一) 사상을 통해 인간의 존엄성과 민족적 자긍심을 고취시켜 개화기에 영향을 주었다.

개화기에 이르러 고종은 '교육입국조서(1895)'를 통해 오륜(五倫)의 행실을 닦는 덕양(德養), 체력을 기르는 체양(體養), 격물치지(格物致知)의 지양(智養)을 교육의 3대 강령으로 제시하고 사회개조를 위한 새로운 교육의 지평을 열었다. 갑오개혁(1894)의 영향으로 정부는 군국기무처라는 기관을 설치하고 경제, 정치, 사회 등 여러 부문에 걸친 개혁안을 결정함으로써 우리나라가 근대적인 제도를 갖춘 나라로 변화할 수 있도록 교육제도상으로 신교육 실시의 계기가 되었다.

근대학교의 성립과정은 영어교육을 위한 통역관 양성소로서 동문학(同文學, 1883)과 양반자제를 대상으로 신교육을 실시한 육영공원(育英公院, 1886) 등 관학설립에서 비롯된다. 그러나 여러 가지 한계점이 있어 정부는 종래의 문교행정을 담당하던 예조를 폐지시키고 학무아문(學務衙門)을 두면서 과거제를 폐지하였다. 사학설립은 크게 기독교 계통의 학교와 민간인 사학으로 나눌 수 있다. 기독교 계통의 학교들은 배재학당(培材學堂, 1885), 경신학교(儆新學校, 1886), 이화학당(梨花學堂, 1886), 정신학교(貞信學校, 1887) 등이 있다. 배재학당은 중등교육기관으로 기독교인 양성과 국가의 인재 양성에 교육의 목적이 있었고, 우리나라 신교육의 개척자적 역할을 하였다. 이화학당은 중등교육기관으로 우리나라 최초의 여성교육기관이었다. 또한 경신학교는 연희전문학교의 전신으로 현재의 연세대학교로 발전하였다.

한편 민간인에 의해 설립된 사학은 원산학사(元山學舍, 1883)로 우리나라 최초의 근대학교였다. 민영환에 의해 흥화학교(興化學校, 1898)가 설립되었고, 그 이후 안창호에 의해 최초의 남녀공학인 점진학교(漸進學校, 1897)가 설립되었다. 정부는 우리나라 최초의 근대식 학교법규라 할 수 있는 교사 양성을 위해 학교관제에 의하여 한성사범학교(漢城師範學校, 1895)와 각종 외국어학교, 법관양성소 등을 설립하였다. 시급한 교육의 근대화 과정에서 다소 문제가 있었지만 교육체제와 기본학제의 확립, 남·녀 모두 평등하게 교육을 받을 권리와 의무교육, 외국어 교육, 교원 양성, 실업교육의 필요성을 고취시키는 기본적인 틀을 마련하였다는 데 의의가 있다.

6. 일제강점기 교육

일제강점기에서는 조선총독부를 중심으로 한 어문정책이 중점적으로 다루어졌다. 조선총독부의 어문정책은 '일본어 보급 정책'을 최우선 과제로 하였다. 이는 통감시대부터 점진적으로 추진해 온 정책으로 식민지배 상황과 목표에 따라 강도가 달라진다. 식민지 초기의 교육방침은 1911년 8월에 「조선교육령」이 반포되면서부터 시작되었다. 조선교육령에서 "교육은 「교육에 관한 칙어」의 취지에 기초하여 충량한 국민을 육성하는 것을 본의로 한다."라고 제시하였는데 여기에는 민족말살 정책과 우민화(愚民化) 정책으로 일본제국에 절대 복종하고 순종하도록 만들어 식민지화하겠다는 뜻이 내포되어 있다.

1911년 제1차 조선교육령시기에는 우리 민족의 우민화 정책에 중점을 두었고, 1922년 제2차 조선교육령시기에는 문화적 회유책을 취하였으나 피지배 민족화로서의 교육정책을 취하였으며, 1938년 제3차 조선교육령시기에는 우리 민족의 인적·물적 자원을 중일 전쟁과 태평양 전쟁의 침략 전쟁에 이용하려는 목적으로 교육기회를 사용하였다. 1943년 제4차 조선교육령시기에는 본격적인 민족말살을 위한 황국신민화 및 내선일체의 동화 교육정책이 실시되었다. 이것은 일본이 우리 민족을 식민교육으로 심화시키기 위해 일본어의 보급을 목적으로 '조선어 말살정책'과 관련성을 지닌 보통교육, 초보적 실업교육, 기회를 제도적으로 제안한 전문적인 교육을 실시하는 데 주안점을 두기 위한 것이었다. 이를 통해 일제는 우리 민족의 정신을 빼앗기 위하여 식민지화 교육을 실시하였고, 이 시기의 우리 선각자들은 우리 민족의 주권회복을 위하여 민족교육을 주창하였다.

7. 현대사회의 교육

8·15 광복과 함께 일제의 통치하에서 벗어난 우리나라의 교육은 새로운 민주국가의 교육정책과 이념을 설립하기 위하여 많은 협의와 연구가 거듭되었다. 일제의 잔재를 청산하고 새로운 교육이념 수립의 염원에 따라 부각된 것이 민주교육 사상이었다. 이 새로운 민주교육의 이념을 기초로 하여 미군정에 의해 실시된 교육정책은 교육제도의 민주화로서 종래의 복선형 학제를 6-3-3-4제를 기본 학제로 하는 단선형구조로 개편하였다. 초등교육에서 실시되었던 의무교육이 현재는 중학교까지 확대되었고, 국가수준 교육과정의 영향으로 1954년 제1차 교육과정을 제정한 이래 창의·인성 교육과정(2009개정 교육과정), 창의·융합 인재 교육과정(2015개정 교육과정)을 통해 인문, 사회, 과학, 기술에 대한 기초 소양을 함양하여 인문학적 상상력과 과학 기술력을 갖춘 창의·융합 인재로서의 육성

으로 거듭나고 있다.

Ⅲ 서양의 교육사

1. 고대국가의 교육

서양 고대의 교육은 그리스와 로마의 교육으로 대표된다. 초기 그리스 시대의 교육은 귀족적인 영웅무사의 교육으로 아름다움과 선함이 조화롭게 균형을 이룬 미선성(kalokagathia)을 이념으로 삼았다. 이후 시간이 흐르면서 미선성은 고대 그리스 전체의 교육을 기본적으로 규정하는 이념으로 되었다. 이러한 고대 그리스의 교육은 조화로운 인간성을 목표로 한 교육으로 인본주의 교육의 원형이 되었다.

1) 스파르타 교육

스파르타에서는 전 시민이 전쟁에서 싸우는 군사에 입각한 군국주의적 제도를 수립하여 국가가 시민의 교육을 관장하였고 정치지도자는 형식적 훈련을 관리하였다. 스파르타에서의 어린 아이는 집단에 봉사하기 위하여 태어났으며, 봉사할 수 있도록 양육되었다. 교육의 목적은 근본적으로 전쟁기술을 훈련시키기 위해 용감하고 체력이 강인한 시민 양성에 있었다. 다시 말해 강건한 신체와 투철한 애국심을 갖고 조국을 위해 목숨을 버릴 수 있는 병사를 만드는 데 그 목적을 두고 있었던 것이다. 이 사회에서는 신생아가 태어나면 엄격한 신체검사를 통해 삶과 죽음이 결정되었다. 약하고 장애가 있는 신생아는 버려졌고 오직 강하고 건강한 아이만 생존하였다. 남아의 경우에는 7세 전까지는 가정에서 양육되다가 7

세가 되면 부모의 품을 떠나 국가가 관리하는 병사(兵舍)에서 단체생활을 하며, 오직 훌륭한 군인으로 자라기 위해 군사 훈련을 이수하였다. 17~18세부터 20세 사이의 젊은이를 에페비(ephebi)라고 불렀는데 이들은 국가에 충성할 것을 맹세하고 실제 무기를 사용하며 고등군사훈련을 받았다. 20세가 되면 시민권을 획득하고 완전한 군인이 되었다. 그 이후에도 이들은 계속 훈련을 받았으며 병사에서 젊은이들을 지도하는 것은 이들의 중요한 임무 중 하나였다. 이처럼 스파르타에서는 개인의 사적인 이익보다는 공공의 덕을 추구하고 그것을 위해 봉사하도록 강인한 군사문화와 규율을 강조하는 군사교육이 실시되었던 반면에 읽기나 쓰기, 문학 등에 대한 교육은 등한시하였다. 비록 여아의 경우에는 남아의 경우처럼 단체생활을 하지 않았지만 남자처럼 행동하고 함께 운동하고 노는 것을 권장하였다.

2) 아테네 교육

원주민들의 자발적인 공동체인 초기의 아테네는 스파르타와 마찬가지로 건강하지 못한 신생아를 내다 버리는 관습이 있었지만 스파르타와는 달리 아테네에서는 국가가 아니라 부모가 자녀의 삶과 죽음을 결정하였다. 초기 아테네의 자유민은 7세가 되면 파이다고고스의 지도를 받으며 학교를 다니기 시작하였고, 체조학교에서 체육을, 음악학교에서 음악을 배웠다. 신체교육은 체계적인 신체훈련이면서 동시에 도덕적 교화로서의 의미를 지니고 있었다. 음악교육은 인간에게 정서적 조화와 리듬을 주어서 아름다움과 선함을 받아들이기에 적합한 능력을 갖도록 하는 데 의미가 있었다. 또한 음악교사에게는 음악의 기예를 습득하게 하는 교육과 더불어 3R's 즉 읽기(Reading), 쓰기(wRiting), 셈하기(aRithmetic) 등의 교육을 실시하였으나 이러한 교육방법은 법률로 제정되어 강요되거나 국가적으로 통제되지는 않았다. 15~18세의 청소년은 성인체육관(김나지움: Gymnasium)으로 진학하여 보다 높은 수준의 신체훈련을 받았고, 18세에 입단식을 거쳐 에페보스(ephebos)가 된 후, 20세에 완전한 시민권을 얻었다.

5세기 초 페르시아 전쟁에서 승리한 아테네는 경제적으로 부유해지자 중산층이 정치권력을 획득하게 됨에 따라 귀족주의가 무너지고 솔론(solon)의 경제력이 있는 계층에 의해 지배되는 정치와 헌법제정으로 페이시스트라토스(Peisistratos)의 참주정에 이어 6세기 말 클라이스테네스(Cleisthnes)를 중심으로 정치적 민주주의의 기틀이 마련되었다. 한편 아테네에서는 시민들이 공공생활에 참여할 기회를 많이 갖게 되면서 웅변술과 토론술의 발달로 자신의 지적 욕구를 정치적으로 표현하려 하였고 이러한 변화를 계기로 소피스트(sophist)들이 출현하였다. 이들은 교육의 목적을 생활환경에서 효과적이고 유능하게 서로 의논하고 절충하는 능력을 확보하는 것이라고 적시하면서 실천적인 것에 중점을 두었다. 소피스트들은 교양교육으로 7자유교과(3학: 문법·논리학(변증법)·수사학, 4과: 대수·기하학·천문학·음악)를 포함하여 학생들을 개별적으로 지도하거나 토론과 시범을 통해 교수하고, 그 대가로 학생들에게 보수를 받았다. 이 시기 이후 소크라테스(Socrates)는 대화를 통하여 인간의 기능의 훌륭함인 '덕(arete)은 곧 앎, 지식(episteme)이다.'라고 하면서 '진정한 앎'에 도달하기 위한 토론과 논증을 통하여 옳고 그름의 구별은 지식에서 나온다고 주장하였다.

플라톤(Platon)은 국가가 타락한 정치체제에 빠지지 않도록 국가를 제대로 다스릴 수 있는 전문가를 양성하기 위해 철인정치를 위한 교육을 내세웠다. 그는 '국가론'에서 이상국가의 실현을 주장하였다. 이상국가의 세 계급의 덕은 절제, 용기, 지혜이며, 이 세 계급이 각각 그 덕을 실천하여 국가 전체의 조화가 이루어졌을 때 비로소 '정의'의 덕을 실현할 수 있다고 보았다. 이러한 절제, 용기, 지혜, 정의를 4주덕이라고 하며 이는 완성된 인격을 갖춘 사람이 지녀야 할 덕이라고 할 수 있다(박승찬·노성숙, 2013). 이처럼 아테네의 교육은 사회적 변동으로 전통적 체계가 문란해지고 국가가 혼란에 빠졌을 때 플라톤의 등장으로 인해 초등교육에서는 미학적이고 신체적인 요소의 비중이 줄어들었으며, 3R's와 당대에 위대한 시인으로 칭송받던 자들의 시를 암송하는 문자와 문학이 강조되었다.

〈표 2-1〉 스파르타와 아테네의 교육관 비교

구분	스파르타	아테네
교육의 목적	군인 양성	시민 양성(교양인)
교육의 내용	체육, 군사기술, 인내력 배양	7자유교과
교육의 방법	훈련	도야, 학습
교사의 역할	군사교관	멘토, 선지자
0~7세의 교육	무릎학교	무릎학교
7~18세의 교육	군대식 병영 체험	체육, 음악교육
18~20세의 교육	예비사관(준군사체계)	군사훈련
20세기 이후의 교육	실제 전투에 참가	철인이 되기 위한 준비교육: 수학, 변증법
35세 이후의 고등교육	국가에서 부여한 역할 수행	철학, 수사학, 정치학
법령	리쿠르고스법	솔론법

출처: 김희태 · 정석환(2017). 유아교육철학 및 교육사. 방송통신대학교.

2. 로마시대의 교육

로마는 라틴민족을 중심으로 건국되었으며 왕정시대 및 공화정시대를 거쳐 지중해를 통일하고 주변지역을 정복하여 대제국을 이루었다. 로마인은 정복자와 피정복자를 한 사회로 통합하는 데 유능성을 보였고, 자신들이 정복한 헬레니즘 문명을 수용하여 지중해 주변국가 전체에 헬레니즘 문명의 기반을 마련하였다. 로마의 교육은 왕정시대, 공화정시대, 제정시대로 구분하여 설명할 수 있다. 왕정시대에는 학교교육이 없었고, 공화정시대의 교육은 순수하게 로마적이며, 제정시대의 교육에는 그리스의 영향이 뚜렷하게 나타났다. 이러한 시대별 변화는 점진적으로 일어났으며, 공화정 말기에 이미 그리스 문물이 급속히 유입되면서 사회 전반에 걸쳐 토론문화가 번성하였다.

1) 왕정시대의 교육

왕정시대 로마인의 생활은 국가와 긴밀하게 연결되어 있었으나 가정은 로마 초기의 중요한 교육기관으로 자녀들에게 올바른 행위와 사회적 의무, 책임의식 등을 가르쳤다. 어머니는 양육을 담당하고 아버지는 지적 교육을 담당하였으나 지적 교육을 강조하지는 않았고 쓰기와 셈하기를 가르쳤다. 이를 통해 로마에서는 학교교육이 체계화되지 않았음을 알 수 있다. 일반적으로 그들은 모방과 동화 능력이 상당히 강했으며, 전통에 기초한 교육과 가정교육을 중시했다는 것을 알 수 있다. 따라서 왕정시대에는 사회와 국가의 교육이 특별한 형태를 갖추지 못한 비형식적 교육이 이루어졌으며, 주로 사회의 관습을 모방하면서 습관을 형성한 생활교육 정도였다.

2) 공화정시대의 교육

공화정시대 초기에는 조상의 관습과 가부장권 그리고 평민의 권리를 자세히 기록한 로마 최초의 성문법인 12동판법(laws of twelve tables)이 주 교육내용이었다. 로마인들은 이러한 내용에 근거하여 자녀를 교육시켰다. 로마인의 교육적 이상은 강인한 인격을 의미하는 비르투스(virtus)와 순종을 의미하는 피에타스(pietas)의 합성어인 '그라비타스(gravitas)'이다. 교육의 목표는 신과 국가 그리고 가정에 대한 의무를 충실히 수행하는 데 적합한 시민 양성 즉 공적인 생활을 잘할 수 있는 능력이 있는 유능한 시민을 육성하는 것이다. 로마에서 국가가 중심이 되어 공적이고 대중을 상대로 하는 교육을 제공하지 않았다. 로마인들은 병역이나 신체적 훈련 시 육체가 정신적 도야(陶冶)나 윤리적 고귀성과 합일된 상태인 미선성(kalokagathia)의 관점에서 보지 않고 힘이 세고 쓸모 있는 강인한 신체를 추구하였다. 마찬가지로 교육에서도 실제적인 행동을 더 중요하게 생각했기 때문에 아름다운 말보다는 정당하게 옹호하는 말을 중요시하였다. 따라서 가정에서는 남자의 경우 기본적인 3R's 교육과 농사법, 병역, 공공사무 수행능력 등을 배웠고, 여자의 경우 방적, 직물법 등을 배웠다. 공화정 말기에 3R's를 교수하는 루두스(Ludus)라는 사설학교가 설립되어 가정 중심의 전통교육에 변화가 생겨났고 형식적 교육제도 기관인 사립초등학교에서 아이들을 가르쳤다.

3) 제정시대의 교육

제정시대는 평화를 유지하던 시기로 로마제국의 황금기에 해당된다. 황제의 통치권이 확대되면서 로마 전역에 학교가 설립되기 시작하였으며, 그리스 문화는 지적 발달을 중심으로 교육에 변화가 일어났다. 그리스의 영향을 받은 초등학교, 문법학교, 수사학 학교들이 설립되었고, 학교는 모두 국립과 시립으로 전환되었다. 초등교육은 기본적인 3R's 교육과 그리스식 교육이 주 내용인 반면에 중등교육을 위해 7자유교과를 교수한 그리스 문법학교와 라틴 문법학교가 생겼다. 또한 초등교육을 의무로 간주하는 자치 시도 있었고 점차적으로 황제들이 학교교육의 후원을 재정적으로 제도화하였다. 고등교육기관으로는 수사학교가 있었다. 수사학교육은 국가 공무원이나 군대장교, 상류계급의 일원이 되는 길이기도 하였다. 그리고 수사학 교사들에게는 정규적으로 봉급을 지급하고 세금을 면제해 주는 특혜도 있었다.

3. 중세시대의 교육

중세시대는 인류애에 바탕을 두고 성립된 기독교가 로마에 유입되어 국교로 확립됨에 따라 신(神)중심, 내세중심주의의 기독교적 가치가 절대적으로 지배했던 시기로 서로마 제국이 멸망한 476년부터 동로마 제국이 멸망한 1453년까지의 약 천년의 시기를 말한다. 중세 초기는 대체로 혼란과 쇠퇴의 어두운 시기인 '암흑기(the dark ages)'로 볼 수 있으며, 외세의 침입으로 지중해를 빼앗기면서 유럽 지역 속에 고립되면서 경제적인 봉건제도가 성립하게 되었다. 이 시기에는 경제적 근거인 장원제도, 힘의 근거인 기사제도, 사회적·정신적 안정과 윤리적·도덕적 통솔의 근거인 교회제도를 필요로 하였다. 서로마가 멸망하고 정치권력이 분산되면서 당시 교황은 분산된 조직에 서 있었다. 이것을 기점으로 힘을 얻어가고 있던 황제가 권력을 갖게 되는 과정을 반복하게 됨으로써 교회(교황)와 국가(황제)의 권력 다툼이 심각하였다. 기독교 자체의 타락은 중세 기독교 교육의 신중심 사상과 중세인들의 현세도피로 인하여 모든 학문의 발달을 저지하였다. 더불어 십자군 원정은 원래의 목표였던 성지회복과는 달리 비잔틴 황제의 배신으로 인해서 실패로 끝나고 말았지만 무역이 발달해서 이탈리아 여러 항구 도시들이 발달하게 되었고 교황권이 몰락하기 시작하면서 15세기 르네상스에 큰 영향을 끼쳤다.

1) 중세 전기의 교육

중세 유럽의 기독교 조직과 교육은 현대교육 속에 전체주의적 사고방식, 권위주의적 사고방식, 사회제도, 교육방법, 교육철학 등에 영향을 미치면서 잠재하고 있다.

(1) 기사 교육

기사도 정신을 바탕으로 이뤄진 기사 교육은 무사들에게 기독교 정신을 습득시키는 것과 무사들로 하여금 약자와 부녀자를 보호하게 하는 기본적인 사상을 심어 주고, 봉건제도로 인해 왕과 기사에 이르는 주종 관계를 바탕으로 교회와 영주들에게 봉사할 것을 가르치는 것에 목적을 두고 있다. 교육내용과 교육방법으로서, 제1단계는 출생~7세까지로 기본적인 내용이 가정교육에서 이루어지며, 제2단계는 7~14세경으로 시동이라고 불리는 시기로 영주의 저택이나 궁정에 들어가 궁정생활의 예법과 신체훈련 및 교양과 간단한 무기의 사용법을 배운다. 제3단계는 14~21세경으로 기사의 종자가 되어 장래기사의 경험을 쌓게 되는데, 기사로서 필요한 7예(수렵, 서양장기, 승마, 수영, 활쏘기, 검술, 시 쓰고 낭

송하기)를 배운다. 이후 21세가 되면 기사입문식을 시행하고 이때부터 한 사람의 기사로 인정받게 된다. 이러한 기사 교육은 실생활을 통해 이루어지고 있음을 알 수 있다.

(2) 기독교 교육

기독교 정신은 본래 만민평등의 사상이었으나 중세로 들어오면서 자연에 관한 내용이나 과학적 방법은 중요하게 여기지 않고 신중심의 교육을 지향하면서 봉건적 신분사회를 지지하는 계급구조를 형성하게 되었다. 교황권의 증대와 선교를 통한 이교도 야만인들의 개종과 수도원 제도 발달이 기독교 교회가 해야 할 일이었지만 실제로 교회는 중세의 지적 생활의 중심이었고 공식적 교육을 독점하였다. 기독교 교육은 인간을 순종과 기독교적 신앙으로 이끄는 것에 목적을 두고 있었다. 결국 중세교육은 기독교와 봉건제도를 보호하고 육성하려는 의도에서 시행된 것이라고 할 수 있다.

교육제도로서 문답학교(catechumenal school), 고급문답학교(catechetical school), 본산학교(cathedral school), 수도원학교(monastic school)가 있다. 문답학교는 기독교 교리에 대해 문답식으로 가르치는 교육기관으로 유일한 초등교육기관이다. 고급문답학교는 문답학교의 교사 및 교회지도자를 양성하는 것이 목적이며, 문답학교보다 수준이 높았고 과학, 철학, 문학 등을 가르쳤다. 본산학교는 사원학교 또는 감독학교라고도 하며, 교회의 지도자를 양성하는 것이 목적이며 읽기, 쓰기, 기독교 교리 등의 공통 교과를 가르친 후에 산학과 문법을 가르쳤다. 수도원학교는 수도사를 양성하는 것이 목적이며, 복종, 순결, 청빈을 3대 덕목으로 금욕적인 생활을 강조하여 아주 엄격한 분위기에서 노동, 기도, 성서 강독 등을 교육하면서, 마음과 영혼의 구제를 통해 내세를 위한 준비교육을 하였다.

2) 중세 후기의 교육

십자군 전쟁 등으로 인하여 봉건제도가 점점 붕괴하게 되고 교회(교황)와 국가(황제)의 충돌에서 교회(교황)의 권위까지도 하락하게 되었다. 이에 시민들이 실생활에서 새로운 자각을 하면서 자유롭고 창조적인 인간의 가치를 다시 찾아야겠다는 운동이 일어나기 시작하였고 주로 세속적 시민계급의 교육이 이루어졌다. 도시 경제활동의 중심자인 상공업자들은 길드(guild)라고 하는 동업자 조합에 가입하여 자율적으로 전체 규율에 복종하면서 공동의 이익을 도모하였다. 시민계급들이 종래의 교육과는 달리 자기들에게 알맞은 직업적이고 실질적인 교육을 요구함에 따라 조합학교와 도제교육제도가 생겼다. 이러한 길드의 성립은 중세 후기 도시의 시민정신과 시민문화를 형성하였고 세속적이고 현실적인 시민교육을 탄생시키면서 시민정신의 자극을 받아 대학이 생겨나게 되었다.

(1) 시민 교육

조합학교는 상공업 조합원들의 자제들을 위한 학교로서 여기에는 대학준비를 위하여 주로 부유층 자제들이 다니던 라틴어 중학교와 빈민 자녀들이 직업에 고용되기 전에 다니던 직업학교가 있었다. 형식적 교육기관을 거치지 않고 전문가에게 직업교육을 받는 개인교육의 형태인 도제교육제도는 10세 전후의 아동을 도제(徒弟)에게로 데리고 가서 맡기고 일정기관 동거하면서 기술을 배우고 마스터에게 봉사하는 도제 단계, 마스터에게 구속되지 않고 일하고 배우면서 훌륭한 마스터를 찾아 여러 곳을 여행할 수도 있는 직공 단계, 자기가 속한 조합에 작품을 내고 심사를 받은 뒤 통과하면 정식 조합원으로서 일을 하게 되는 마스터 단계로 나누어져 있다.

(2) 대학 교육

11~12세기경 상업이 번창하고 지식이 발달한 여러 도시에서 경쟁적으로 대학이 조직되었다. 중세 대학에는 교수 및 학생의 병역, 부역, 세금의 면제, 학위수여권, 치외법권(治外法權)적 특권이 부여되었고 학문에 종사하는 학자와 학생들이 외국도시에 살면서 친목과 자위(自慰)의 필요로 조합이 발달하였다. 길드를 조직하여 시민으로서 주장할 수 없는 권리를 보장받으려 하였다. 그 대표적인 형태로 이탈리아의 볼로냐(Bologna)에서 생긴 조직인 볼로냐대학과 프랑스의 파리(Paris)에서 생긴 조직인 파리대학이 있다. 볼로냐대학은 규칙 등이 정확한 법률로 유명한 대학이며, 볼로냐대학과는 달리 교수의 권한으로 열린 대학이 파리대학이다. 이곳은 신학과 철학적 사상의 흐름을 좌우하거나 업무를 총괄하는 대학이었다. 그 이후 볼로냐대학은 이탈리아와 남부 프랑스의 대학에, 파리대학은 북유럽의 대학에 영향을 미쳤다. 이외에도 옥스퍼드(Oxford) 대학, 나폴리(Napoli) 대학, 빈(Wien) 대학 등이 유럽 국가에서 급속히 발달하게 되었다. 이러한 중세 대학은 르네상스 인문주의 교육과 실제생활에 관련된 실학주의 교육에 영향을 주었다.

4. 근대의 교육

1) 르네상스의 교육

중세 말부터 봉건제도로부터 벗어나기 위하여 이탈리아를 중심으로 인간중심의 생활을 통해 인간의 본성을 부활하고자 하는 문화운동이 일어나기 시작하였다. 이것이 르네상스(Renaissance) 즉 문예부흥이다. 르네상스로 일어난 교육이 인문주의 교육이며 고전을 통해 발견한 고대의 기본정신을 도덕과 선의 이념으로 삼았다. 중세의 7개 자유교과 외에도 시, 도덕철학, 역사, 국가의 정치, 외교, 행정에 필요한 지식과 기술을 제공해 주는 교과목을 선호하면서 개인적 인문주의, 사회적 인문주의, 형식적 인문주의로 구분되었다.

첫째, 개인적 인문주의는 개인의 조화로운 개성의 발전, 풍부한 삶 즉 개인적 교양을 위한 자기완성에 목적을 두었다. 인문주의는 인문학과 자연과학, 체육, 고전을 교육내용으로 지·덕·체를 균형 있게 갖춘 자유로운 교육을 의미한다. 대표적인 학자로는 베르게리우스(Vergerius), 비토리노(Vittorino) 등이 있다.

둘째, 사회적 인문주의는 종교적 교양과 도덕적 대중적인 삶, 사회발전을 중시하였다. 교육내용으로 라틴어 중심의 고전과 성서문학을 중심으로 흥미 위주의 교육을 실시하였다. 대표적인 학자로는 에라스뮈스(Erasmus), 라블레(Rabelais), 비베스(Vives) 등이 있다.

셋째, 형식적 인문주의는 고전문학 가운데서도 키케로(Cicero)의 문장이 가장 뛰어난 것으로 보고 교육내용으로 키케로의 문장을 암송하여 고전의 형식습득에 치중하였으나 훗날 타락한 인문주의로 흐르게 되었다.

2) 종교개혁의 교육

종교개혁은 부패하고 타락한 구교를 비판하면서 그리스도교의 참된 정신으로 성경과 신앙을 중시하는 신앙회복운동이다. 16세기가 시작되면서 종교적 측면에서 교육은 가톨릭교회를 중심으로 통합되어 있었다. 그러나 개신교 즉 프로테스탄트(Protestant)가 출현하면서 인간의 종교적 변화뿐만 아니라 정치와 사회에 대한 새로운 관념을 조성시킨 서민중심의 대중적인 종교개혁운동이 일어났다. 이는 대중의 교화를 통한 종교적, 도덕적 의식을 고양함으로써 초등교육을 발달시킨 원동력이 되었고 공교육 제도가 성립되는 계기가 되었다. 특히 초등교육이 서민교육으로 발전하면서 시민계급과 빈민아동을 위한 직업교육도 실시하게 되었다. 중등교육은 공공의 이익을 도모하고, 대학준비를 위한 교육으로 주로 고전 중심의 교육이 실시되었다. 대학은 인문주의가 주목받아 학문적 발전의 원동력이 되었다. 이러한 종교개혁의 교육을 통해 대중교육에 대한 강조와 교육에 대한 국가의 책임을 부각시킴으로써 국가교육체제 수립을 위한 토대를 마련하였다. 대표적인 학자로는 칼뱅(Calvin)과 루터(Luther)가 있다.

3) 종교개혁 이후의 예수회 교육

종교개혁에 대항하여 구교에서는 반종교개혁을 벌이고 거기서의 운동핵심을 교육의 재건에 두었다. 가장 핵심적인 기관은 예수회(1540년)이다. 예수회에서의 교육은 군대식 규율과 조직을 통해 금욕과 인간의 의지를 강하게 할 것을 강조하면서 명령에 무조건 복종할 수 있는 인간을 만드는 것이었다. 교육의 목적은 기독교적 학자 양성과 기독교적 신사 양성, 가톨릭교회의 신앙심을 발달시킬 수 있는 지도자 양성이었다. 교육방법은 주로 강의와 반복을 통해 경쟁 유발과 기사도적 운동 및 유희 등을 가르쳤다. 교육제도로는 하급과 상급으로 편성되어 하급에서는 중등교육을, 상급에서는 대학교육을 실시하였다.

4) 실학주의 교육

17세기 르네상스와 종교개혁의 영향으로 인문주의 교육이 점차 형식주의로 변모되는 것을 비판하면서 실학주의가 나타났다. 실학주의는 현실을 직시하는 가운데 합리적이고 객관적인 사고가 보편화되면서 종교보다는 과학과 이성 그리고 실용성을 강조하였다. 즉 구체적인 사물에 대한 지식을 다루고 자연과학을 정규 교육과정에 포함하고 고전어 대신에 모국어를 가르치며, 여행, 관찰, 실험, 시청각 교재의 활용 등 다양한 교수방법을 활용하여 학생의 감각능력에 맞도록 교육과정을 운영할 것을 주장하였다. 실학주의는 인문적 실학주의, 사회적 실학주의, 감각적 실학주의로 구분할 수 있다.

첫째, 인문적 실학주의는 초기 인문주의 교육이 중시했던 고전교육을 반대하지 않았지만 이와 함께 실용적인 지식이나 자연과학도 동시에 인정하였다. 또한 지적, 도덕적, 종교적, 사회적, 신체적 훈련을 강조하면서 동시에 문학적이고 실제적인 인문교육도 강조하였다. 대표적 학자로는 에라스뮈스(Erasmus), 라블레(Rabelais), 밀턴(Milton) 등이 있다.

둘째, 사회적 실학주의는 실생활에서 원만한 인간관계를 맺을 수 있는 '신사 양성'을 목적으로 암기 위주의 교육 대신에 이해중심의 교육을 중시하였다. 대표적인 학자로는 몽테뉴(Montaigne) 등이 있다.

셋째, 감각적 실학주의는 객관적 세계는 인간으로부터 독립해서 존재하며, 세계에 대한 지식은 감각기관에 의한 경험을 통해서 실제적인 지식을 얻을 수 있다고 주장하였다. 대표적 학자로는 베이컨(Bacon), 라트케(Ratke), 코메니우스(Comenius) 등이 있다.

5) 계몽주의 교육

계몽주의는 17세기 말부터 18세기 말에 걸쳐서 절대주의 구체제 사회의 일반적인 세계관과 철학에 대한 근본적인 비판과 맹렬한 지적·정치적 공격을 동반하면서 나타났다. 계몽주의는 인간이 교육에 의해 지혜가 계발되고 문화가 발달하여 새로운 사상을 가지게 되어 합리적인 사회로 진보시킬 수 있다고 보았다. 계몽주의의 핵심은 이성중심이다. 이성의 힘에 의해 인간은 우주를 이해하고 그 조건도 개선할 수 있다는 것이다. 계몽주의 교육의 특징은 다음과 같다.

첫째, 전통적 고전과 인문수업을 중심으로 하는 이론교육이 주로 이루어졌으나 점차 실생활의 필요성을 인식하고 과학적 실증주의를 기반으로 실제적인 직업기술교육이 활성화되었다.

둘째, 귀족계급과 종교성직자들과의 질서를 유지하는 차원에서 종교적이고 보수적인 교육을 지속한 반면에 정치적·경제적 목적을 달성하기 위한 도구로 교육을 활용하였다.

셋째, 공교육제도로서 학교제도를 합법화해야 한다는 합리적 요청이 주목을 받으면서 의무교육제도가 활성화되었다. 이 시기의 교육은 교육사상을 중심으로 이루어진 것이 아니라 항상 국가가 추구하는 사회적 목표, 정치, 경제, 특히 권력에 의해 계획된 계몽을 달성하기 위한 실천적 수단으로만 활용되었다.

대표적인 학자로는 볼테르(Voltaire), 루소(Rousseau), 바제도(Basedow), 칸트(Kant) 등이 있다.

6) 신인문주의 교육

18세기 말에 이성중심의 계몽주의에 반대하여 인간의 감성과 비합리성 및 우연성을 부각시키고 계몽주의와 낭만주의를 조화시키려 나타난 문예사조가 신인문주의이다. 19세기에 이르러 산업혁명으로 인해 지리적·경제적 팽창, 정치·경제 등 여러 분야에서 거둔 성과가 누적되어 전 세계적으로 파급되었다. 그 결과 유능한 인재 양성과 함께 민족적인 대단결을 추구함으로써 교육이 국가적 부강의 수단으로 매우 중요하게 다루어지게 되었다. 이러한 흐름을 바탕으로 공교육 체제의 강화, 교육사업의 국가관리, 교육제도의 국가통제, 의무교육제도, 대중교육 실시 등을 보편적으로 현실화시키는 데 기여하게 됨에 따라 페스탈로치(Pestalozzi)는 도덕적(德)·지적(知)·신체적(體) 교육을 통하여 조화로운 전인교육과 인간교육의 발달을 촉진시켰고, 프뢰벨(Fröbel)은 아동의 흥미를 유발할 수 있는 은물(gaben)을 제작하여 교육에 활용함으로써 아동의 능동성과 자발성을 중심으로 한 유치원 교육의 발전 및 제도화에 큰 영향을 끼쳤다. 이들이 추구하는 교육의 목적은 고대 그리스의 문화를 부흥시켜 인간의 자연성과 이성을 조화롭게 발달시키는 데 주안점을 두고 인간성 발달을 목적으로 인성의 자연스러운 발전과 개인의 완성 및 자유의 실현을 추구하는 데 있었다. 대표적인 학자로는 페스탈로치(Pestalozzi), 프뢰벨(Fröbel), 헤르바르트(Herbart) 등이 있다.

5. 현대의 교육

현대교육은 미국과 유럽을 중심으로 이루어진다. 미국교육은 실용주의(Pragmatism)의 영향을 받아 진보주의, 항존주의, 본질주의 등의 교육사조로, 유럽교육은 이상주의, 자유주의, 분석주의, 실존주의 등의 교육사조로 흘러오고 있다. 이러한 20세기 이후 교육을 통해 참여식 교수법, 학습자중심, 생활중심으로 교육의 변화를 시도한 신교육운동이 일어났고, 구안법, 위네트카시스템(Winnetka System) 등의 새로운 교수-학습방법이 소개됨으로써 학습내용과 방법에서 교육의 질적인 민주화의 추구와 교육의 기회를 확대하고자 하였다.

먼저 사회를 개선할 수 있다고 생각한 듀이(Dewey)는 실험학교를 통해 아동의 능력, 흥미, 습관 등의 끊임없는 분석을 바탕으로 교육계획이 수립되고 교육활동이 전개되어야 한다고 보았다. 이를 통해 아동중심 교육과정에 의한 학교개혁운동이 일어나기 시작하면서 새로운 학습방법이 발달하였다.

둘째, 학습자의 내적 훈련과 자신감을 발달시켜 자신의 발달에 적합한 주변 환경을 전제로 자유로운 신체활동, 정리된 환경, 감각교육의 독특한 교수방식을 제시한 몬테소리(Montessori) 교육방법은 지식 위주의 기계적 교육과 권위적 분위기에서의 교육을 비판하고 그 대안을 실천하고자 하였다.

셋째, 학습자 자신의 활동과 노력을 중시하는 원리로 학습자에게 문제의식을 자극하여 문제에 도전하고 해결하는 과정을 통하여 학습하게 하는 프로젝트방법인 구안법은 킬패트릭(Kilpatrick)이 제시한 방법으로 주입식을 배격하고 학생이 자발적으로 계획을 세워 실천, 보고, 평가 등을 스스로 수행하는 교수체제로 최근 자기 주도적 학습의 원리로 발전되었다.

넷째, 위네트카 시스템은 워시번(Washburne)에 의해 실시된 개별화 교수를 위한 교수체계로 모든 교과를 기초 공통과목과 집단적·창조적 활동의 두 영역으로 나누어 과제를 부여하였다. 기초 공통과목은 개별학생의 능력에 따라 개별지도를 시행하고, 집단적·창조적 활동은 집단학습으로 수행하는 교수체제를 따랐다. 이것은 교육의 사회화와 개별화를 시도한 것으로 무학년제에 영향을 주었으며, 새로운 학습방법의 도입은 학습자 자신의 성장과정과 학습자중심의 학습방법, 과학적 사고를 중요시하는 교육개혁운동으로 전개되었다.

이러한 흐름을 바탕으로 현대의 교육은 통합적 교육과정으로 21세기의 디지털 정보화, 세계화를 주도할 창의적이고 자율적인 인재 양성을 위한 학습자중심의 교육실천 그리고 지역사회 및 학교교육과정의 자율성을 점진적으로 확대하고 있음을 내포하고 있다.

‖ 학습목표 ‖

1. 철학과 교육철학의 개념과 기능, 필요성 등을 설명할 수 있다.
2. 현대교육의 철학적 사조를 이해한다.
3. 20세기 전기와 후기의 교육이론을 설명할 수 있다.

03 CHAPTER 교육철학

I 교육철학의 이해

1. 교육철학의 개념

1) 철학의 의미

철학은 참된 지혜를 추구하는 것이며, 참된 지혜는 진리를 의미한다. 철학이라는 단어는 'philosopia(지혜의 사랑)'의 'philos(사랑)'와 'sophia(지혜)'의 합성어로 '지혜에 대한 사랑(love of wisdom)'을 의미한다. 그런데 '사랑'과 '지혜' 중에서 어디에 중점을 두느냐에 따라 그 의미가 달라진다. 대체로 소크라테스(Socrates)나 플라톤(Platon)에게 철학은 '사랑'을 강조하여 자신의 무지를 깨닫고 '보다 나은 지혜'를 향하여 끊임없이 노력하는 활동을 의미하는 반면에 아리스토텔레스(Aristoteles)에게 철학은 '지혜'를 강조하는 '탐구된 지혜' 즉 '객관적 지식의 체계'를 의미한다(김대현 외, 2015). 따라서 철학은 세상과 인생에 대한 지혜를 터득한 근원적이고 보편적인 이해 추구를 탐구하는 학문으로 정의할 수 있다. 여기서 탐구는 기존 내용에 대한 끊임없는 새로운 문제 제기를 의미한다. 철학이 무엇을 탐구한다고 할 때, 철학은 이미 주어진 지식에 대한 반성을 뜻한다. 말하자면 인간의 실천을 통해 구체적으로 얻어진 경험의 자료들에 대한 반성이다. 예를 들어 소크라테스와 플라톤의 『메논(*Menon*)』 편에서 소크라테스는 메논과 '덕'에 관한 대화를 한다(박승찬 · 노성숙, 2013). 메논이 '덕'에 관한 구체적 행위의 예를 제시하면서 '덕이란 명령할 수 있는 것'이라고 하면 소크라테스가 그 예에 대해 반성하게 한다. 나아가 메논이 '덕'에 대한 추상적이며 개념화된 지식을 제시하더라도 소크라테스는 '자신만이 자신을 모르고 있다.'라는 사실을 터득하게 하고 지식에 대해 반성하도록 반어법(ironie)을 사용한다. 소크라테스는 메논에게 '지식'을 전달하는 것이 아니라 메논이 '지식'을 스스로 생산하도록 돕는다. 이런 소크라테스 자신의 활동을 영혼의 산파술(maieutique)이라고 하였다.

결국 '덕'이란 객관적이고 보편타당한 진리와 가치의 행위가 잘 발휘된 경우에 이루어지며, 철학의 탐구는 지식을 소유하는 것이 아니라 지식을 추구하는 능력을 잘 발휘하는 것이다. 오늘날 과학기술의 비약적 발전은 인간의 힘을 극대화시켰지만 이런 기술의 발전에 대한 반성에서 과학과 기술은 인간행위의 방향과 목표에 대해 침묵한다. 그래서 철학은 인간행위의 미래예측에 대한 반성을 하면서 가치의 문제나 인간의 행복문제가 제기되었다.

이런 의미에서 플라톤의 '동굴의 비유'를 비유적으로 설명하면, 우리의 일상적인 삶이란 사슬에 묶인 채 고개조차 돌리지 못하고 동굴 벽만을 바라보는 죄수와 같아서 그로 인해 참된 실재를 보지 못하고 벽에 비치는 것만을 맹신하는 것과 같다고 하였다. 그리고 벽에 비친 그림자나 울려 퍼지는 메아리 같은 소리는 죄수들의 뒤에서 운반되어 지나가는 실제 사물의 모사에 불과하며, 운반되는 물체나 살고 있는 사람들은 우리가 지금 살고 있는 감각적인 세계, 개별적인 것들의 상징이지만 이 동굴 안의 세계도 최종적인 실재가 아니라 동굴 밖에 있는 아름다운 세계에 대한 모사에 불과하다고 보면서 동굴 밖의 아름다운 세계가 지칭하는 영원불변한 보편적 존재들이야말로 이데아(idea) 세계와 같다고 하였다(박승찬·노성숙, 2013). 이처럼 대비되고 상반된 두 세계의 의미는 인간의식에서 형성되고 이런 경우는 인간의 삶의 태도에서 분명하게 드러난다. 따라서 우리 인생의 삶과 철학적 사조에 대한 관심을 기울이고 새롭게 문제 제기를 할 줄 아는 비판적 태도를 갖추는 것이 행복을 지향하는 삶의 자세이자 철학적 태도일 것이다.

2) 교육철학의 정의

교육철학은 철학적 이론이나 지식을 사용하여 교육이론 체제를 형성하는 일, 교육의 주요개념을 분석하고 교육의 이론이나 주장의 논리적 가정을 드러내며 교육의 가치를 정당화하는 일, 교육정책이나 교육현장의 문제를 분석하고 검토하고 논의하는 일, 교육사상가의 고안을 탐구하거나 교육목적을 탐색하는 일 등을 하는 학문이다. 교육철학의 개념을 규범적·분석적·실제적 교육철학의 세 가지로 정의하고 있다.

(1) 규범적 교육철학

교육에 대해 지침이나 권고를 주지만 교육내용과 주장에 대한 철학적 엄밀성 보장이 어렵기 때문에 교육에서 추구해야 할 가치가 무엇인지 탐색하고 제시한다. 따라서 교육사상가의 교육적 생각을 직접 찾으며, 교육을 왜 해야 하고 어떤 가치를 추구해야 하는가에 대한 관심뿐만이 아니라 교육이론 형성에 대해서도 관심을 가진다.

(2) 분석적 교육철학

전통적 교육철학에서 애매하거나 모호한 의미로 사용하고 있는 교육의 개념이나 의미를 명료화하고, 다양한 교육 논의에 들어 있는 각종 논리적 가정과 교육에서 논의되는 논쟁을 드러내어 교육에서 문제를 삼아야 할 것과 그렇지 않은 것을 명확히 함으로써 불필요한 논쟁에서 벗어나 진전된 논의와 정당화가 가능하도록 만든다. 하지만 지식의 체계를 가진 학문적 영역으로서 특징을 나타내지 못하고 교육가치의 문제나 교육실천의 문제를 이루거나 적극적으로 그에 대한 대답을 제시하지 못한다는 한계점이 있다.

(3) 실제적 교육철학

사회의 주요 관심사인 교육현실 문제를 철학적으로 논의하고 그 답변을 제시한다. 각 사회에 흩어져 있는 교육현안 문제에 관심을 가지고 그런 문제에 대해 어느 정도 대답을 제시할 수 있도록 하며, 교육정책이나 교육현장에서 제기되는 교육의 실제적인 문제를 철학적으로 검토하고 논의하는 데 관심을 가진다. 하지만 교육현장의 문제에 대해 어느 정도의 답변을 제공하지만 교육철학이 교육철학의 다른 영역과 어떻게 다른지에 대해서는 불분명하다. 교육철학은 전통적인 관점에서 철학적 지식을 교육의 현상에 실천적으로 응용하는 '교육의 철학(philosophy of education)'과 교육철학 이론을 통해 교육문제를 해결시키려는 '교육적 철학(educational philosophy)'으로 나눌 수 있으나 명확히 구분하지 못하는 실정이다. 하지만 일반적으로 '교육의 철학'이 철학자들이 주도한 순수한 학문적 태도로 교육현상을 철학적 영역에 포함한다면 '교육적 철학'은 자연과학에 대한 과학철학의 관계처럼 교육현상을 과학적으로 탐구하는 교육과학과 구분되면서 교육학의 인식론과 교육개념의 형이상학을 포함한다. 이는 교육현상을 철학적으로 탐구하여 기존의 철학과는 구별되는 독자적인 교육철학을 제시한 것이다.

2. 교육철학의 기능

교육철학의 기능이 다양해지면서 교육학의 이론과 개념들을 논리적으로 정당화하고 교육적 가치 판단의 준거를 밝히며 새로운 이론적 대안을 제공하는 등 교육현상을 전체적으로 파악하려는 노력을 기울이고 있다. 이론과 개념을 바탕으로 교육철학의 기본적인 기능을 사변적·평가적·분석적·통합적 기능으로 분류할 수 있다.

1) 사변적 기능

사변적 기능은 논리적인 사고를 통해 이론을 구축하는 것이다. 즉 철학한다는 것은 사색과 사변을 하는 과정이라고 할 수 있다. 예를 들어 어떤 문제를 해결하기 위해 생각에 잠기는 일, 새로운 의견이나 가설, 원리 등을 창출하려는 노력 등이 여기에 해당된다. 이러한 기능은 구체적으로 어떠한 인간관, 세계관, 지식관, 아동관, 교사관 등을 제시하고 이렇게 해야 한다는 주장이 있어야 한다. 따라서 사변적 기능은 교육에 대한 새로운 의미체계를 구안하여 교육적 비전을 제시한다고 볼 수 있다.

2) 평가적 기능

평가적 기능은 어떠한 주장, 실천, 이론, 원리 등이 주어진 기준에 비추어 교육적 의미체계나 교육의 실제를 평가한다. 즉 교육과 관련된 모든 가치 판단의 장면에서 평가 준거로 활용하는 것으로 교육이론의 당위성을 제공하기 위한 기능이다. 예를 들어 '성격이 좋다', '미소가 아름다워' 등을 평가하기 위해서는 어떠한 기준이 있어야 한다. 기준을 정립한 후에는 교육현실이나 교육이론에 대해 판단을 하고 교육이 점진적으로 나아가야 할 방향을 마련하는 것이 평가적 기능이다. 이 기능에서는 비판적 교육철학이 여기에 해당한다.

3) 분석적 기능

분석적 기능은 개념의 이론적 의미 혹은 일상적 언어의 개념과 그 속에 함의된 논리적 관계를 명백히 하여 어떤 신념이나 의미 및 각종 가치 판단 기준을 밝혀내는 기능이다. 이 기능에서는 분석적 교육철학이 여기에 해당한다.

4) 통합적 기능

통합적 기능은 직관적으로 어떤 것을 체계화하고 조직화하고 여러 가지를 묶어내는 것으로 종합적 기능이라고도 한다. 즉 하나의 현상이나 과정을 전체적으로 이해하는 데 다양한 기준이나 과정을 검토하고 파악한 후 종합하여 일관성 있는 체제를 만들어 내는 기능을 의미한다.

3. 교육철학의 영역

교육이 아주 가까운 장래의 성과만을 생각하고 성급하게 이루어지거나 직접적 경험에 사로잡혀 원리적 추구도 하지 않고 방향 감각을 잃고 방황할 때 교육철학이 필요하다. 즉 우리가 왜 교육학을 공부하고 어떤 교육관을 가지고 학생들을 만나야 하는지 방향을 제시해 주는 학문의 영역이 교육철학이다. 교육철학에서 참된 진리를 찾기 위한 영역으로 존재론, 인식론, 가치론, 논리학으로 분류할 수 있다.

1) 존재론과 교육

우리가 무엇을 가르칠 것인가? 가치가 있는지 없는지를 판단하여 거짓이나 꾸

밈이 없이 정말로 존재하는 것을 가르쳐야 하며 허구를 가르쳐서는 안 된다. 가치가 있는지 없는지를 판단해야 하고 어떤 것을 가르쳐야 할 것인가를 따지는 학문이 바로 존재론이다. 진(眞)이라고 생각하는 것이나 일반화되어 있는 것을 가르치는 것을 따지는 것이다. '진리(眞理)는 존재하는 것인가?' 그것을 알아보는 학문이 존재론이다. 다시 말하면 이 우주 혹은 세계의 궁극적인 실재본질, 세계를 구성하는 것이 무엇인지를 찾는 것이 존재론이다.

2) 인식론과 교육

인식론에서 인식은 곧 지식이다. 즉 인식론은 지식이 어디에서 왔고 어떻게 생겼고 그 범위가 어느 정도까지인지 확인한다. 지식의 본성이나 지식을 얻는 과정을 따져 묻는 것, 한마디로 진리 즉 지식의 근원과 특징을 밝히려고 노력하는 학문이 인식론이다.

3) 가치론과 교육

'지식은 도대체 어디에서 왔으며, 그 근원은 무엇인가?', '우리가 지식으로 받아들이는 것들이 과연 가치가 있는 것인가?', '인식한 것을 정하면 받아들일 가치가 있는 것인가?'라는 질문에 답을 하는 것이 가치론이다. 가치론은 교육적 가치가 충분히 구현될 수 있도록 윤리학(倫理學)과 미학(美學)의 두 가지 학문으로 구분한다. 윤리와 미의 기준으로 지식을 받아들인다는 것이다.

인간의 행위에 영향을 미치는 도덕적 가치나 규범을 모색하는 윤리학은 다시 두 가지로 나누어진다. 도덕적 행위에 대한 옳고 그름, 도덕적 가치를 탐구하는 실천적 윤리학과 보편타당성을 갖춘 지식의 체계 또는 그런 지식 체계를 탐구하는 학문적 윤리학이 있다.

미학은 '아름다움'을 대상으로 완성도가 높은 아름다움이 무엇인가를 분별하는 미적 가치를 탐구하는 학문이다. 즉 아름다움의 본질 혹은 예술의 기준 등을 정립하고자 하는 학문인 것이다.

4) 논리학과 교육

무엇을 가지고 가치가 있는지 확인하는 학문이 논리학이며, 그 방법에는 연역적 방법과 귀납적 방법이 있다. 연역적 방법은 일반화된 사실에서 구체적인 증거를 제시한다. 예를 들어 '모든 사람은 죽는다(대전제). 소크라테스는 사람이다(소전제). 그러므로 소크라테스는 죽는다(결론).' 그러므로 모든 사람이 죽는다는 대전제로부터 소전제를 매개로 하여 대전제의 개념 속에 포함되어 있는 결론을 논리적으로 이끌어 내는 방법으로 결론이 참이 되기 위해서는 반드시 대전제와 소전제가 모두 참이어야 하며, 일반화되는 명제를 증명할 수 있다. 귀납적 방법은 구체적인 사실에서 일반화된 사실을 실증하기 위한 증거를 제시한다. 예를 들어 '소크라테스, 플라톤, 아리스토텔레스는 사람이다(전제). 소크라테스, 플라톤, 아리스토텔레스는 죽었다(전제). 그러므로 모든 사람은 죽는다(결론).'와 같이 모든 사실들을 관찰하여 일반화된 결론에 의해 명제가 나온 것이다. 가능한 한 많은 사실들을 전제로 하여야 하며, 전제에서 예외가 발견되지 않아야 결론이 참이 된다. 이처럼 논리학은 추론의 규칙을 탐구하는 학문이다. 따라서 우리가 무엇을 가르치고 왜 가르치고 어떻게 가르치고 교육할 것인지에 대한 그 근본적인 방향의 제시를 통해 올바른 가치관을 세워야 할 것이다.

4. 교육철학의 필요성

교육철학은 교육이론과 교육자, 학습자, 그리고 교육적 환경까지 그 의미와 본질적 물음과 가치를 확인하고 해석하고자 한다. 이미 교육현장에는 교육철학이 여러 측면에서 반영되어 있다고 볼 수 있다. 만약 철학이 결여되거나 잘못된 교육철학을 지닌 교수자에 의해서 교육이 행해지거나 잘못된 이론이 적용된 교육이 이루어진다면 학생들에게 좋지 않은 영향을 미칠 것이다. 이에 교육철학의 필요성을 좀 더 구체적으로 살펴보고자 한다(오천석, 1986).

첫째, 교육철학은 인간생활과 사회전체에 있어서의 교육의 위치와 그들과의 관계를 파악하는 데 도움이 된다. 교사는 교실에서 주어진 교과서를 충실하게 전달하고 학생들에게 내면화시킴으로써 그 임무와 역할을 다했다고 생각할 수 있으나 교사가 인간생활과 사회전체에 대한 교육적 전망을 갖고 그 임무와 역할을 수행할 때 진정한 생명력과 실천성을 견지할 수 있다. 이러한 교육적 전망은 바로 교육철학의 연구를 통해 얻을 수 있는 것이라고 볼 때 교육철학 연구의 필요성이 있다.

둘째, 교육철학은 교육이론을 비판적으로 검토하고 종합함으로써 교육에 대한 신념을 확정하고 원리를 수립하는 데 기여한다. 현대사회의 다원화에 따라 교육학의 다양한 이론과 주장에 대한 견해가 있으며 그중에서도 서로 모순되는 이론이 있을 수 있다. 그러므로 교육철학은 교육학의 연구영역에서 밝혀 놓은 사실이나 이론들을 서로 종합하고 정리하며 중재해야 한다.

셋째, 교직이 바람직한 인간형성에 주도적인 역할을 수행하고 인간사회의 개선에 기여하는 중요한 활동이라면 교사는 마땅히 그가 종사하고 있는 교육이 내포하고 있는 중요한 문제에 대한 올바른 이해가 필요하다. 교육을 통해서 우리는 무엇을 성취하려고 하는가? 교육과정에서 일이나 사건 따위를 끌어내어 발생하는 문제는 무엇인가? 그 문제들은 어떤 방향과 신념에 기초하여 해결되어야 하는가? 이러한 문제들은 결국 교육철학의 연구를 통해 해결될 수 있는 것들이다.

넷째, 교육철학은 교사의 비판정신과 지성을 자극하여 교육의 새로운 길을 닦고자 하는 데 중요한 역할을 한다. 이는 현존하는 문제를 해결하기 위한 근본적인 지침과 준거를 제시해 주는 것이기도 하지만 동시에 새로운 문제를 제기하기도 한다. 교사에게는 모두 저마다의 교육철학이 있다고 할 수 있다. 그 교육철학이 건전하고 발전적이며 창의적이고 긍정적일 경우 그에게 교육을 받는 학생들은 바로 그런 가치관을 얻게 될 것이고 반대로 잘못된 교육철학을 지니고 있을 경우 그 결과는 불합리적으로 나타날 것이다. 따라서 교직자는 바람직한 교사로서 가져야 할 뚜렷한 교육철학을 가지고 있어야 할 것이며, 학생들의 잠재력을 최대한 발달시키도록 힘써야 할 것이다.

Ⅱ 현대 교육철학의 사조

20세기는 세계 곳곳에서 일어나는 냉전·탈냉전을 거치면서 세계사적으로 격동과 변화와 혁신의 시대라고 볼 수 있다. 20세기 초반에는 각국의 식민전쟁과 세계대전 등으로 상황이 더욱 악화되었다. 20세기 중반에는 자동화 시스템으로 농업생산력이 폭발적으로 증가하여 세계는 식량이 넘쳐흘렀고 구소련의 붕괴로 독립국가들이 생겨났으며, 중국의 새로운 개혁이 시작되었다. 20세기 후반에는 석유 생산국들의 석유파동과 미국의 이라크전쟁 등이 발생하였다. 이러한 세계화의 흐름으로 국경과 정부의 힘은 다소 약화되었고, 세계의 양극화로 빈부격차가 심해졌다. 이러한 시대적·사회적 배경하에 각 나라에서는 교육개혁운동이 일어나면서 20세기 초반의 교육사조 흐름은 진보주의, 본질주의, 항존주의, 재건주의 간의 경쟁으로 나타났다. 20세기 후반의 교육사조 흐름은 교육철학적 방법론에 대한 다양한 시도가 이루어지면서 전통적인 교육에 대한 비판과 학습자 중심의 교육이 전개되었다. 특히 교육철학은 현실에 대한 이해가 보다 깊어질 뿐만 아니라 그에 따른 대응자체가 달라지면서 미래에 대해서도 보다 분명한 방향을 설정할 수 있도록 실존주의 교육철학, 분석적 교육철학, 비판적 교육철학, 포스트모더니즘 교육철학 등 새로운 질서를 지향하는 하나의 시대적 흐름으로 등장하였다. 이러한 현대 교육사조의 흐름을 중심으로 좀 더 구체적으로 살펴보도록 한다.

1. 20세기 전기 교육철학

1) 진보주의 교육철학

(1) 등장배경 및 특성

진보주의(progressivism)는 영국의 경험론과 공리주의 및 다윈(Darwin)의 진화론과의 결합에 의하여 이루어진 실용주의에 철학적 기반을 두고 전인교육을 목표로 하고 있다. 진보주의 교육사상에 의하면 교육목적은 계통적으로 루소(Rousseau)의 아동중심 교육사상의 영향을 받아 아동의 개성을 계발하여 사회생활에 유용한 적응을 할 수 있는 완전한 인간으로 발달시키는 데 두고 있다. 따라서 교육은 생활의 과정 그 자체로서 교사의 논리적·체계적 설명보다는 아동 스스로 주체가 되어 자발적 학습으로 지식과 태도를 획득하는 방법을 권한다. 또한 아동의 생활경험 중심적인 교육과정에 중점을 두고 아동의 직접적인 흥미를 끄는 활동이나 주변의 실생활과 연결되는 활동을 교육내용으로 규정한다. 이러한 교육내용은 아동의 심리적 발달단계에 따라 조직되었다.

교육의 주요 목표 중의 하나는 아동을 전인적으로 기르는 것이다. 즉 아동의 지적 성장뿐만 아니라 신체적·정서적 성장까지도 도모하려는 것이다. 진보주의 교육입장에서 학교는 학습과 관련된 과업을 아동이 실제로 해 봄으로써 가장 잘 배울 수 있다는 것이 기본가정이다. 이에 교과과정에서는 창조적 수공예술이 강조되고, 아동들은 실험과 독립적인 사고를 하도록 지지한다. 왜냐하면 교육이 장래 생활을 위한 준비가 아니라 생(生)의 시초부터 종말까지 계속되는 생활과정 그 자체이며, 아동의 일상생활을 통한 성장이고, 아동의 생활경험이 계속적으로 재구성되는 과정으로 보았기 때문이다(Dewey, 1916).

(2) 교육방법

진보주의 교육이 사용하는 방법들을 살펴보면 다음과 같다.

첫째, 집단적 활동으로서의 회의, 협의, 계획, 참여 등 사회적 필요에 의한 방법을 사용한다.

둘째, 사회적 경험, 지적 경험, 실제적 경험, 미적 경험, 정의적 경험 등 여러 분야에서의 경험적 방법을 사용한다.

셋째, 지식, 흥미, 이해, 기능, 태도 등 서로 연관된 여러 가지 것을 한 곳으로 모아 하나로 만드는 학습방법을 중시한다.

넷째, 능동적인 학습을 위해 아동 스스로 문제를 선택·계획하고, 실행·평가하는 문제해결법, 구안법 등을 사용한다. 이처럼 진보주의 교육이 아동의 개인적인 경험에 기초한 교육을 지향하면서 아동의 흥미와 경험을 위주로 교육을 실시했던 것이다.

(3) 근본원리

진보주의 교육이 사용하는 근본 원리는 다음과 같다(Kneller, 1964).

첫째, 교육은 삶 그 자체이며 삶을 위한 준비가 아니다. 전통적인 교과 위주의 교육은 삶을 위한 준비로서의 교육을 강조한다.

둘째, 학습은 학습자의 흥미와 직접 연결되어야 한다.

셋째, 학교교육은 실제생활이 이루어지는 지역사회와 가정과 경험이 조화롭게 공유되도록 교육적 경험을 구성해야 한다.

(4) 기원

진보주의 교육운동의 기원은 궁극적으로는 루소의 『에밀(*Emile*, 1762)』에서, 부분적으로는 17~19세기 유럽의 교육개혁에서 찾을 수 있다. 독일에서는 바제도(Basedow)가 범애학교(1774)를 설립하여 실질적인 교수방법을 사용하였고, 스위스에서는 페스탈로치(Pestalozzi)가 빈민의 자녀와 고아의 교육을 위해 빈민교육을 주창하면서, 학생 자신의 능력을 강화시킬 수 있도록 고안된 교수법을 강조하였다. 프뢰벨(Fröbel)은 최초의 유치원(1837)을 설립하였고, 놀이를 아동의 내적 요구와 충동에 기인한 고귀한 정신활동이라고 보고 자발적인 놀이를 강조하

을 강조하면서 정신과 지성의 훈련이 필요할 때도 있어 교육이란 꼭 하나만을 고집하는 그런 생각보다는 아동에게 맞는 혹은 각각의 그룹에 맞는 교육방법을 선택해서 지도하는 것이 바람직하다고 본다.

4) 재건주의 교육철학

(1) 등장배경 및 특성

재건주의(reconstructionism)는 버크슨(Berkson)이 진보적 사회개혁의 역할을 강조한 이래 사회적 자아실현을 위한 일반교육을 중시하고 교육과정에서 고전중심주의를 탈피하여 지역사회 활동과 기술문명에 대응하는 방법 등 다양한 내용이 제시되면서 브라멜드(Brameld)에 의해 체계화된다. 브라멜드는『재건주의 교육철학을 지향하여(*Toward a Reconstructed Philosophy of Education*, 1956)』에서 기존의 진보주의, 본질주의, 항존주의 교육철학이 현재나 과거 중심이었다고 비판하면서 사회적 자아실현을 위한 미래 중심의 교육이 필요하다고 주장한다. 냉전시대에 구소련의 스푸트니크호(1957) 발사로 말미암아 미국교육이 근본적으로 지적받게 되자 새로운 세계상으로 풍요로운 경제체제, 통합적인 수단으로서의 국가, 대중의 복지에 봉사하는 과학, 자유롭고 창조적으로 표현되는 예술, 유아에서 성인에 이르기까지 체계적으로 시행되는 교육 등 사회 각 방면의 개혁을 요구하면서 브라멜드의 주장이 커다란 영향을 미치게 된 것이다. 우리나라에서도 1960년대에 재건주의 교육철학이 소개되기 시작하면서 학교는 새롭고 더욱 평등한 사회창조를 위해 주도적인 역할을 담당해야 하며, 주입식 교육방법과 다수의 참여와 합의에 의한 학습방법을 강조하기도 하였다.

(2) 근본원리

재건주의 교육의 근본 원리는 다음과 같다(Kneller, 1964).

첫째, 교육은 문화의 기본적 가치를 실현시키는 새로운 사회질서의 창조에 전념해야만 한다. 동시에 현대 세계의 사회적·경제적 세력과도 조화를 이루어야 한다.

둘째, 새로운 사회는 사회의 중요한 기관이나 자원이 시민에 의해 지배되는 참다운 민주주의 사회이어야 한다.

셋째, 학생, 학교, 교육 등은 사회적·문화적 환경에 의해 확고하게 지배받으므로 사회적으로 자아실현을 할 수 있도록 조성해 주어야 한다.

넷째, 교사는 재건주의자가 설명하는 새로운 사회건설에 대한 긴급성과 타당성을 학생들에게 확신시켜야 하지만 그것은 민주적인 방법에 따라 면밀하게 다루어져야 한다.

다섯째, 교육의 목적이나 수단은 행동과학의 발견 결과와 일치해야 하며, 현재의 문화적 위기에 대처하기 위해 새로운 문화를 충족하도록 철저히 개조되어야 한다.

(3) 한계점

인간행동의 신뢰할 만한 과학적 지식에 기초한다는 재건주의 주장은 다양한 해석을 허용하므로 실제로 불충분한 것이며, 행동과학 역시 한계가 있을 수 있다. 이러한 재건주의 교육은 다원주의적인 민주주의 국가에서 모든 사람들에게 만족되는 국가적 교육체제를 발견하기는 어렵다는 점이 지적되었다. 이에 교육의 힘으로 새로운 사회질서를 수립할 수 있을지 고려해 보아야 할 것이다.

〈표 3-1〉 20세기 전기 교육철학의 비교

구분	진보주의 교육철학	본질주의 교육철학	항존주의 교육철학	재건주의 교육철학
교육목적	아동의 흥미, 필요	문화적 전통의 전수와 보존	항구적 지식의 훈련을 통한 이성적인 인간형성	사회질서 창조
교육내용	삶의 경험, 문제해결	역사, 과학, 외국어, 3R's 등 전통적 교수법 적용	문학, 철학, 역사, 과학 등 위대한 교과	사회과학
교육적 의미	아동중심 교육관의 확립	교사의 수업주도권 인정, 본질적 지식의 구조 인정	문화유산에 내재한 항구적 진리의 재발견	교육의 사회적 역할 강조
대표학자	듀이, 킬패트릭, 보드	베글리, 혼, 울리히	아들러, 허친스, 마리탱, 커닝햄	브라멜드, 스탠리

2. 20세기 후기 교육철학

1) 실존주의 교육철학

(1) 등장배경 및 특성

실존주의(existentialism)는 키르케고르(Kierkegaard), 니체(Nietzsche) 등에 의하여 19세기 합리주의적 관념론과 실증주의에 대한 비판으로 등장한 이후로 하이데거(Heidegger), 샤르트르(Sartre) 등에 의해 널리 유행하게 되었다.

실존은 지식뿐만 아니라 감정, 의지, 주체성까지도 포함한 체험의 세계를 중시하고 존재의 불합리성인 피할 수 없는 죽음, 불안, 우울 등을 사실로 인정하며, 자유로운 선택과 결단 사이에 공감적 만남이 이루어질 때 진정한 의미의 사회가 형성될 수 있다고 믿었다. 실존주의는 내가 실존하기 위해서는 스스로가 실제로 존재한다는 것을 인식하는 데 초점을 두어 자아의 주체적 각성을 일깨우는 철학이라 할 수 있다. 이에 본질탐구의 철학 즉 현실적으로 자신의 형편이나 처지, 본분 따위를 스스로 깨닫는 존재로서 실존의 구조를 인식하고 해명하려고 하는 철학사상이 실존주의 교육철학인 것이다.

실존주의에서의 지식은 지식의 본질에 있어 사건이나 사물의 현상을 개인의 의식에 직접적으로 나타나는 대로 진술하고자 하는 현상학(現象學)에 근거를 두고 있어, 사물이나 사건은 객관적 실재뿐만 아니라 주관적 실재를 가지며 실재에 대한 우리 자신의 정신적인 태도를 가지는 것을 중시하는 철학이다. 부버(Buber), 볼노브(Bollnow) 등의 실존주의자들은 인간의 질적 변화를 중요시한다. 이러한 질적 변화의 인간적 성장은 수직적·비연속적 형식의 교육 가능성이 있다고 주장하고 있다. 이들은 비연속적 교육행위 요소로서 위기, 각성, 충고, 상담, 만남, 모험, 좌절을 제시하면서 모든 유기체의 성장이 반드시 연속적인 것만이 아니고 비연속적으로 더 높은 단계로 발전할 수 있다고 보았다(Buber, 1923). 이처럼 실존주의에서는 개인의 삶에 있어서 철저한 선택과 책임 그리고 주체성을 강조한다. 즉 철저하게 자유를 가지는 반면에 철저하게 선택에 대한 책임을 져야 한다는 것이다. 교육의 목적도 자기 자신의 능력을 충분히 발전시켜 이루도록 인간자체를 탐구하는 과정에 두었기 때문에 선택의 자유, 선택의 의미와 그 선택에 대한 책임에 관한 의식을 일깨워 주는 과정을 통해 스스로 판단하고 선택하여 행동하고 이 결과에 대해서 책임질 수 있는 인간을 키워내는 과정으로 보았다.

(2) 강조점

실존주의 교육에서의 주요 강조점을 살펴보면 다음과 같다.

첫째, 개인의 중요성에 대한 강조이다. 학교의 의무는 학생의 놀라운 창조적 개성의 신장을 장려하는 데 있고 교육과정에 있어서 개인적인 학습이 중심이 되어 전인교육을 지향해야 한다. 교사는 자신의 가치를 학생에게 강요할 수 없고 그가 믿고 있는 가치가 내포되어 있는 원칙을 제시하거나 그것들에 대한 이유를 제시해서도 안 된다. 또한 다른 사람이 자신의 삶을 대신 살아 줄 수 없으며, 중요한 것은 오로지 인간 자신이라는 것을 강하게 인식시켜야 한다.

둘째, 실존의 문제는 집단에 의해 해소되지 않으며, 다른 사람과 비교할 수 없다. 집단에 동화되는 데 대한 반항이나 과거의 교육은 다른 사람과의 원만한 관계유지에 치중하였지만 정보화 사회로 말미암아 인간의 주체적 삶의 기능이 상실되고 창조적 생활의 상실을 가져왔다. 이에 인간은 사회적 선택에 휩쓸리지 않고 주체성을 회복시킴으로써 삶의 근본적인 진리를 발견하는 것이 교육의 임무일 것이다.

셋째, 교사는 학생에게 개인적으로 자아실현을 향해 나아가야 함을 강조한다. 교사는 학생에게 자기 자신의 견해에 도전하도록 권장한다. 교육내용, 학습계획, 교재, 학교환경 등은 모두 교육에 있어서 부수적인 도구에 불과한 것이고 참다운 교육은 교사와 학생의 두 존재 간의 참다운 만남에서 이루어진다. 두 실존적 존재의 만남, 이는 인간과 인간의 만남 특히 교사와 학생의 '인격적 만남'을 통해 가능하다. 인격적 만남이란 '지금 여기에(now-here)'에서의 삶을 강조한 부버의 만남의 교육 곧 '나와 그것'이 아닌 '나와 너'와 연관되어 있다. 즉 교사는 학생을 그저 주어진 시간에 자신이 계획한 지식을 전달해 주는 대상으로만 보는 것이 아니라 인간 대 인간으로서의 관계를 형성하며 이들의 자유와 개성을 위해 행동주의 교육방법을 거부하고 인간중심 및 경험중심 교육과정을 추구한다. 이를 통해 학생은 전인교육을 받을 수 있고 삶의 밝은 측면뿐만 아니라 어두운 측면까지 교육의 영역으로 끌어들여 진솔한 교육이 될 수 있도록 한다.

(3) 한계점

실존주의 교육은 비연속적 성장 가능성에 관심을 가지고 주의 깊게 살펴본 점에서 그 의의가 있지만 한계점도 있다. 실존주의 교육에서의 한계점을 살펴보면 다음과 같다.

첫째, 실존주의는 개인의 존재 의의에 치중한 나머지 개인과 떨어질 수 없는 사회적 측면을 가볍게 보았다. 사회가 부과하는 규범과 문화에 준거할 기준에 적응하는 인간이 아니라 이로부터 독립하여 창조적 인간을 추구하였다. 이와 같이 개인만 중시하고 사회집단을 중요하지 않은 대상으로 보는 것은 사회적 존재로서의 인간에 대해서 간과한 측면이 있다.

둘째, 전 생애의 과정을 비연속적인 것으로만 보려는 태도는 인간의 생애에서 비연속적인 영역과 병행하여 연속적인 영역을 가지고 있는 이중성을 중요하지 않게 여기는 것으로 볼 수 있다. 비록 비연속적인 성장을 하더라도 연속적이고 점진적인 교육적 지평을 넓혀 주는 활동의 기반하에 이루어질 수 있는 것이고 우리가 살아가는 현대는 대량교육 즉 기본적으로 배울게 무척 많은 사회인데 여기서 비연속적 교육만 고집한다는 것은 현실적으로 불가능하다. 이에 교육은 인간이 대부분 깨닫게 되는 인간 조건의 경험 즉 고통, 죄, 죽음과 같은 경험에 대한 통찰을 제공해 주어야 하며, 교사는 학생을 대화에 끌어들임으로써 스스로 생각하면서 견해를 듣고 제의하도록 유도하는 것이 필요하다.

2) 비판적 교육철학

(1) 등장배경 및 특성

비판철학(critical philosophy)은 칸트(Kant, 1803)의 『순수이성비판(Die Kritik der reinen Vernunft, 1781)』에서 나타난 이성(理性)의 자기인식을 규명하는 입장을 취하면서 스스로의 철학을 비판철학이라 불렀다. 비판철학은 20세기에 '프랑크푸르트 사회연구소'에 참가한 호르크하이머(Horkheimer), 아도르노(Adorno), 마르쿠제(Marcuse), 프롬(Fromm), 노이만(Neumann) 등 프랑크푸르트 학파(Frankfurter Schule)의 비판이론을 받아 형성되었다. 그들은 정통파 마르크스주의의 교조주의(教條主義)에 반대하면서도 어떤 의미에서든 마르크스의 동기를 계승하고 그것을 프로이트의 정신분석학과 미국 사회학의 방법을 결합시켜 현대의 경험을 바탕으로 한 비판이론을 전개하였다.

비판이론의 규범적 근거는 인식과 관심이다. 사회에 초연하고 무관한 인식이 아니라 성숙과 인간 해방에 관심을 가진 인식은 사회와 역사를 발전시키고 이러한 관심이 인식을 이끌어 가고 있다는 입장을 취한다. 이러한 비판적 교육은 인문과학적 교육학의 자기비판에서부터 시작된다. 독일의 전통적인 인문과학적 교육학의 자기비판은 첫째, 현실을 있는 그대로 그려 내고자 하는 경향에서 지금까지와는 다르게 경험적 인간과학 및 사회과학의 객관적·방법적 연구에 대한 연결이 탐색되었다. 이는 비인간화를 조장하는 교육적 조건의 실체를 벗기고, 새로운 인간교육을 추구하려는 경향이 엿보인다. 둘째, 사회 이론적으로 지향된 비판에 의하여 인문과학적 교육이해에 변화가 초래되었다. 이는 전달하는 지식을 무비판적으로 수용하는 것에서 실질적 체험과 비판적 사고의 인식체계를 갖고 지식을 선별하고 판단하여 습득하게 하는 변화된 교육과정을 실현하게 하였다.

(2) 성격

비판적 교육철학의 성격을 살펴보면 다음과 같다.

첫째, 교육의 목표설정, 방향, 이론, 학습계획, 방법, 수단 등에 사회적 관심이 무반성적으로 표현되어 있지 않은가를 탐구한다.

둘째, 특정한 사회집단이 다른 사람들이나 학생들에게 사회에서 지배계급의 이해관계로 인해, 사상이 현실을 올바르게 반영하지 않고 그 모습을 왜곡하고 있는 것을 전하거나 이데올로기를 주입시킬 목적으로 특정한 목표설정이나 이론 등의 배후에 의도적으로 자신들의 관심을 은폐시키고 있는지 반성한다.

셋째, 실제 교육현상의 겉으로 드러나지 않는 내부의 속사정에서 작용하는 경험 이전의 인식 가능한 것, 사회적 조건들의 개선을 위한 비판, 민주주의 사회의 진보를 위한 비판기준, 의사소통 등 모든 개념들을 교육학과 연계하는 중심적 패러다임으로 수용하여 인간 존재 양식의 해명을 추구하고 이로부터 새로운 교육원리를 구성하는 데 사용한다.

이러한 비판적 교육은 사회적 요인들을 비판하는 것에서 그치는 것이 아니라 사회개선의 행동성향을 생성하는 교육학적 성격을 갖기도 하지만 자본주의의 위기를 이념적으로 극복하고 물질의 공정한 분배, 인간소외, 사회 부조리를 극복하여 새로운 사회를 건설하는 데 그 의의가 있다.

3) 분석적 교육철학

(1) 등장배경 및 특성

분석철학(analytic philosophy)은 실증주의와 과학적 연구방법의 영향을 받아 철학의 대상으로 객관적으로 검증할 수 있는 것을 삼아야 한다는 철학적 접근법이다. 분석학자들은 전통 철학이 추구해 온 절대불변의 진리의 규명은 철학자들의 주관적 신념에 불과하므로 이를 철학의 대상에서 제외하고 객관적으로 검증할 수 있는 것을 연구대상으로 삼아야 한다고 주장한다. 분석적 교육에는 언어분석학파(linguistic analysis)와 논리실증주의(logical positivism)의 두 흐름이 있다.

언어분석학파인 비트겐슈타인(Wittgenstein)은 언어의 구조가 세계의 구조를 반영하고 있다고 보고 문장과 표현의 의미를 명확히 하는 데 의미를 두고 언어분석을 통한 실재적 진리를 탐구하고자 하였다. 이러한 진리 탐구는 모든 철학을 언어비판이라고 보는 시각에서 현대철학의 언어적 전환을 확립하여 교육철학을 독립적이고 객관적인 학문분야로 성립시키는 데 결정적인 기여를 하였고 교육적 용어를 명료화시켰다. 하지만 언어분석학파의 교육은 논리분석과 언어분석에 치중하여 바람직한 세계관이나 윤리관을 확립하지 못한 점과 그러한 명제 개념이 등장하게 된 사회, 역사적 배경에 대한 이해를 소홀히 한 점 그리고 정의적 실재와 의의를 소홀히 하고 철학의 가치 중립성을 추구하여 교육철학의 실천적 성격을 퇴색시켰다는 점이 지적되었다.

분석적 교육은 20세기에 전개된 서양의 현대철학사상으로 논리실증주의라고도 한다. 논리실증주의는 어떤 명제의 진실성은 과학적 방법에 의하여 실증되거나 논리적 방법에 의하여 명료화되어야 한다는 입장을 취한다. 이는 우리가 항상 사용하는 일상 언어의 의미를 밝히는 철학으로 매우 객관적이다.

(2) 목적

분석적 교육은 분석적, 평가적, 사변적, 통합적 과정을 탐구하고 모든 과학과 일상적 지식의 개념과 명제의 의미를 분석적 방법에 의해 엄밀하게 밝히는 것을 교육의 목적으로 두고 있다. 이러한 목적은 교육에 있어서 중요한 개념들의 의미를 명백히 밝혀냄으로써 교육현상에 대한 참다운 이해를 돕고 나아가서는 교육의 실천원리들이 교육적으로 타당한가를 평가할 수 있는 비판적 안목을 갖도록 해 주었다. 분석적 교육을 지배하고 있는 것은 엄격한 과학정신과 논리의 방법이기 때문에 분석적 교육은 어떤 확고한 이념의 철학이 아니고 다만 철학적 방법을 다루는 일종의 방법론이라고 할 수 있다. 따라서 교육현장에서나 교육학에서 사용되고 있는 용어, 개념, 신념, 전제, 가정 등의 의미를 명확히 밝힘으로써 교육학을 보다 과학적으로 정립하고자 하는 학문이 분석적 교육철학이다. 다시 말해 분석적 교육은 교육학에서 쓰이는 여러 언어의 뜻을 명확하게 밝히며, 교육학자들이 대전제로 여기는 여러 원리들을 검증하여 교육학을 논리적으로 체계화하는 일이라고 볼 수 있다.

4) 포스트모더니즘 교육철학

(1) 등장배경 및 특성

포스트모더니즘(Postmodernism)이라는 용어는 1950년대 초반에 역사학자 토인비(Toynbee)가 처음 사용한 이래 점차적으로 20세기 산업사회의 문화적인 논리를 이루었던 모더니즘에 대한 반성과 극복을 시도하면서 다국적 자본주의화, 소비사회화, 정보사회화의 사회개혁 속에서의 새로운 문화로 등장하였다.

포스트모더니즘은 과학, 예술, 문화, 교육, 철학 등의 분야에서 과학이나 언어, 예술, 사회와 문화에 대한 합리적 이해를 가능하게 하는 객관적 근거, 궁극적 법칙이나 논리를 인간의 이성에 의해서 찾아낼 수 있다는 계몽사상적 이성 또는 합리성에 대한 믿음을 거역하고 보편적 이론이나 사상의 거대한 체제의 해체를 의미한다. 또한 21세기 탈(脫)이데올로기 사회, 후기 자본주의적 소비사회, 디지털 영상정보화 사회, 신중간 계급사회, 신과학의 문화적 패러다임을 추구한다.

이렇듯 현대사회에 대두된 포스트모더니즘은 근대적 사고에 대한 도전의 형태로써 진리와 합리성은 선험적, 절대적 사유의 업적이라기보다는 역사적, 사회적 산물이며, 필연적이고 항구적인 것이라기보다는 우연적이고 임의적인 것이며, 주어져 있는 것이라기보다는 인간의 관심과 목표와 삶의 형식에 의해서 성립된 것이라고 주장하는 상대주의적 경향을 드러내고 있다(강대석, 1997).

(2) 특징

포스트모더니즘의 특징을 살펴보면 다음과 같다.

첫째, 반정초주의(ant-foundationalism)는 인간의 이성적·주체적 자아를 일반인을 속박하기 위해 만든 허구로 규정하면서 인간의 이성이나 합리성의 절대성을 거부하고 개인의 감정과 정서를 중요시하며, 절대적인 진리나 지식은 사회적, 역사적, 문화적 환경에 따라 변화한다고 주장한다.

둘째, 반권위주의(ant-authoritarianism)는 보편타당한 지식을 추구하는 지적 탐구활동의 기초란 없으며, 불변의 실재와 그것에 대한 합리적 인식은 허구라는 것이다. 따라서 모든 인식활동은 인식자의 주관에 따른 상대적인 관점에서 이루어질 수밖에 없으므로 권위주의를 탈피해야 한다고 주장한다.

셋째, 탈정전화(decanonization)는 절대적인 문화적 가치가 존재한다는 것에서 벗어나 절대적인 문화나 문화적 가치관의 다양성과 상대성을 의미한다. 보편적 진리란 근거 없는 해체의 대상이라는 포스트모더니즘의 견지에서 볼 때, 정전이란 의미가 없으며 고급문화와 대중문화의 구분 또한 무의미하다고 보았다. 오히려 다문화적, 종교적 배경 등에 따른 사고방식이나 생활방식 차이의 다양성을 상호인정하면서 일방적인 문화적 전달보다는 다양한 문화적 관점과 공헌을 중시한다.

넷째, 연대의식(solidarity)은 타인에게 해를 끼치는 억압적인 폭력, 권력, 착취 등을 거부하고 사회구성원들 사이의 보다 적극적인 상호협력의 정신, 공동체 존중을 증진시키고자 타인에 대한 관심의 가능성을 열어 둔다.

(3) 교육목적 및 의의와 한계점

포스트모더니즘 교육이 내세우는 교육적 목적은 모더니즘 패러다임의 지식관이다. 즉 과학적이고 경험적으로 검증 가능하거나 논리적으로 증명 가능한 지식만이 확실한 지식이라고 전제하는 모더니즘 패러다임에 대한 부정적인 입장을 취한다.

포스트모더니즘의 지식관은 진정한 사고의 자유란 여러 차원에서 여러 선택의 가능성을 파악하는 것이므로 지식의 다원성 특징을 전제로 지식이 구성된다는 인식을 가지고 있다. 더욱이 현대사회에서는 대중매체의 급속한 발달에 따른 정보의 홍수 속에서 자신에게 적합한 지식의 선택을 요구하므로 개인의 문제해결능력을 높이고 창조적인 삶을 살아가기 위해서는 지식의 근원적 문제차원에서 자신의 능력에 맞는 지식의 재구성이 필요하다는 것이다. 이러한 포스트모더니즘의 교육은 소서사적 지식의 중시, 교육현장 내에서의 작은 목소리 존중, 과학적·합리적 이성의 극복과 그에 따른 감성적 기능 회복, 교육의 구조적 변화의 촉진, 공교육 체제에 대한 비판적 시각의 제공, 대안교육·실험교육 활성화의 토대 마련, 교육·인간 이해에 대한 지평 확대, 권위주의의 극복, 보편성·획일성·전체성의 극복과 그에 따른 다양성과 다원성의 존중, 연대의식의 존중, 비판의식의 함양, 페미니스트 등 교육학 발전에 대한 많은 교육적 의의가 있다(김대현 외, 2015).

그러나 극단적 이기주의화에 대한 우려, 삶과 도덕성에 대한 보편적 기반의 부재, 윤리학에 대한 방향제시 미흡, 이성 경시에 따른 삶의 불완전성, 오랜 역사와 사회적 맥락 속에서 형성되어 온 교육적 가치와 전통의 해체에 따른 교육 공동화 현상, 해체 위주에 의존함으로써 사회문화적 재건에 대한 비전 결여, 기존의 전통과 조화하려는 종합적 노력의 결여로 한계점도 제기되고 있다(김대현 외, 2015).

〈표 3-2〉 20세기 후기 교육철학의 비교

구분	실존주의 교육철학	비판적 교육철학	분석적 교육철학	포스트모더니즘 교육철학
교육목적	실존적 전인을 위한 교육	왜곡된 사회적, 경제적, 정치적 제약요인을 분석·비판하여 인간의식을 억압의 영향에서 해방시키는 것	사고의 논리적 명료화	모던적 교육관의 억압을 탈피하기 위해 차이에 대한 관용을 실천하는 노력과 태도를 지닌 사람 양성
교육내용	자유교육, 비연속적, 비형식적 교육	교육과 지배적 사회 간의 관계 분석	개념분석과 언어의 논리적 분석	반정초주의, 다원주의, 반권위주의 표방
교육적 의미	개인의 주체적 자각 결단, 실천 강조	교육적 관계, 교육의 상대적 자율성 비판	개념명료화와 진술의 논리적 타당성 추구	실체적 합리주의, 인식론적 상대주의 탈정전화를 지향
대표학자	볼노브, 부버	보울즈, 하버마스, 하이머	피터스, 허스트, 하디, 브라우디, 셰플러	리오타르, 로티, 푸코

‖ 학습목표 ‖

1. 교육 심리학의 개념, 연구내용, 연구방법을 이해한다.
2. 인간발달의 특성과 발달 이론의 주요개념 및 특징을 설명할 수 있다.
3. 성격발달 이론의 주요개념과 발달단계를 설명할 수 있다.
4. 지능과 창의성이론에 대해 이해한다.

04 CHAPTER 교육심리학

Ⅰ. 교육심리학의 성격

1. 교육심리학의 개념
2. 교육심리학의 연구내용
3. 교육심리학의 연구방법

Ⅱ. 발달 이론

1. 발달의 이해
2. 피아제의 인지발달
3. 비고츠키의 사회문화적 인지발달

Ⅲ. 성격발달

1. 프로이트의 심리성적 성격발달 이론
2. 에릭슨의 심리사회적 성격발달 이론

Ⅳ. 학습자의 개인차

1. 지능 이론
2. 창의성

I 교육심리학의 성격

1. 교육심리학의 개념

교육은 몇 개의 단계과정을 거쳐서 성립된다. 우선은 교육에서 추구하는 가치가 무엇인지를 결정하게 되는데 그것이 바로 교육목적이다. 교육의 목적이 결정되면 목적달성을 위한 수단으로 교육내용을 결정하고, 교육내용이 정해지면 교사와 학생 간에 교수활동이 이루어지게 된다. 다음으로 교육목적이 얼마만큼 달성되었는지 알아보기 위해 교육평가를 하게 된다. 위와 같은 단계를 수행할 때 교육심리학은 이전 단계와 다음 단계에 필요한 정보를 제공하며, 교육내용의 선정과 교육방법의 활용 등의 학습과정 문제에 관여한다. 따라서 교육심리학은 학습과정에 대한 심리학적 연구이다.

교육심리학은 교수-학습과정 그리고 다양한 학습상황에 대한 이해의 틀을 제공하는 학문이라 할 수 있으며, 학생들이 교실 장면에서 수행되는 공식적인 수업을 통하여 다양한 능력들이 어떻게 습득되는가를 이해하고 개선하는 것에 관심을 갖는 과학적 학문이라 할 수 있다(Snowman & Biehler, 2000).

2. 교육심리학의 연구내용

교육심리학은 그 자체의 이론, 연구대상과 연구주제, 연구방법을 가진 독자적인 학문으로 심리학과 구분되는 고유한 영역을 가지고 있다. 교육심리학에서 다루어지는 연구내용을 영역별로 정리하면 다음과 같다(문은식 외, 2012).

1) 학습자 요인

교육의 목적은 학습자의 행동을 변화시키는 것이고, 교육은 학습자를 중심으로 일어나는 것이므로 교육심리학은 학습자의 교육과 관련된 특성에 관심을 가진다. 학습자의 특성은 인지적 특성, 정의적 특성, 신체적 특성으로 구분해 볼 수 있으며, 이 중 교육심리학에서 지속적으로 관심을 가지고 연구해야 할 학습자의 심리적 특성으로 인지적 특성과 정의적 특성에 주목한다.

인지적 특성은 교육심리학에서 어떤 영역보다 중요시하는 측면이다. 이는 지적요인으로 지능, 창의성, 언어능력, 기억력, 문제해결능력 등이 여기에 해당된다. 정의적 특성으로는 흥미, 성격, 사회성, 도덕성 등을 들 수 있다. 학습자의 지능이 높고 보통 이상의 창의력을 갖고 있다고 하여도 학습에 대한 흥미나 동기가 결여되어 있다면 개인의 잠재력을 최대한으로 발휘하기가 어렵다. 따라서 교육심리학의 연구에서는 학습자의 인지적·정의적·신체적 발달단계에 따른 발달적 변화와 그 수준을 명확히 이해하되, 각각의 학습자가 지닌 개인차를 인정하는 측면으로 다루어져야 한다.

2) 교사 요인

학교학습에서 교사는 학생의 인지적·정의적 발달에 가장 중대한 영향을 미친다. 교사는 학습자 변인에 대한 이해를 기초로 하여 다양한 수업방법을 선정하여 최선의 학습결과가 나올 수 있도록 최적의 교육환경을 마련하고 제공하여야 한다. 또한 학생들이 학교생활에 잘 적응된 상태에서 학습할 수 있도록 개인상담이나 집단상담과 같은 생활지도 방안을 강구하여야 한다. 이렇듯 교사의 역할은 교과지도는 물론 생활지도를 함께 수행해야 하기 때문에 효과적인 수업방법을 익혀야 하고, 학생들이 지니고 있는 학업적·심리적인 문제들을 학생 스스로 해결할 수 있도록 상담가로서의 전문성을 갖추어야 한다. 교사와 학생 간에 형성된 인간관계는 학생의 학교생활에 큰 영향을 미치므로 교사와 관련된 변인들이 연구영역으로 다루어지고 있다. 특히 교사의 교수 효능감과 학생의 인지적·정의적 특성과 어떠한 관계가 있는지를 밝히려는 연구들은 교사 변인의 중요성을 시사한다.

3) 학습의 과정

학습은 교육현장과 가장 밀접한 관계를 맺고 있는 변인이다. 학습자와 교사가 교육과정을 중심으로 상호작용할 때 학습자에게 일어나는 현상인 학습은 행동변화의 근거가 된다. 대표적인 학습 이론에는 행동주의 이론, 인지주의 이론, 그리고 구성주의 이론이 있다.

(1) 행동주의 이론

행동주의 이론은 연합주의 또는 자극 – 반응 이론으로 관찰 가능한 외현적 행동만을 가지고 학습 이론을 제시하였다. 학습은 효과의 법칙, 강화의 법칙, 연습의 법칙에 의해 형성된다고 보고 있다.

(2) 인지주의 이론

인지주의 이론은 인간학습에는 복합적인 정신과정이 중요한 역할을 한다고 본다. 학습하는 동안 정보를 처리하고 표상하는 과정에서 학습자의 인지구조가 변화하는 것으로 규정한다. 인지주의 이론이 교육내용을 중심으로 내용에 대한 설명을 강조하는 반면, 행동주의 이론은 과정중심으로 교육내용을 행동을 지속시키는 역할을 강조한다.

(3) 구성주의 이론

구성주의 이론에서 학습은 매우 개인적인 이해에서 출발하고 개인적 경험으로부터 지식의 가치를 구성한다고 본다. 즉 구성주의에서 학습이란 학습 이전의 경험이나 개념을 토대로 학습자가 정한 학습내용을 자신이 스스로 구성해 나가는 과정이며, 그 결과는 이 같은 과정을 수행할 수 있는 능력을 갖추었는가에 대한 확인으로 평가된다.

4) 수업

수업은 교육활동의 핵심이며, 교육심리학에서도 가장 핵심이 되는 부분이다. 이는 교육방법 및 실천과 밀접한 관계를 맺고 있기 때문이기도 하지만, 교사-학생 간에 일어나는 심리학적 상호작용이 수업을 통해 이루어지기 때문이다. 따라서 학습과 수업은 서로 분리할 수 없는 관계에 있다. 즉, 학습을 전제로 하여 수업이 운영된다. 대표적인 수업이론에는 브루너(Bruner)의 수업이론, 오수벨(Ausubel)의 수업이론, 가네(Gagne)의 수업이론, 블룸(Bloom)의 수업이론 등이 있다.

5) 교육성과의 평가

평가는 학습목표의 달성 정도를 측정하고 앞으로 학습목표를 설정하는 기반이 된다. 교육과정에 따라 교수-학습 결과가 의도한 학습목표를 얼마나 달성하였는지, 수업방법은 학생의 학습목표를 극대화하는 데 효과적이었는지 등을 신뢰성과 타당한 방법으로 평가한다. 또한 평가결과는 학습 및 수업과정에 피드백 됨으로써 수업개선에 도움을 주어야 한다.

3. 교육심리학의 연구방법

교육심리학의 연구방법은 일반적으로 양적 연구와 질적 연구, 기술적 연구와 실험적 연구로 구분될 수 있다. 양적 연구는 숫자로 계량화할 수 있는 자료를 사용해서 이루어지는 연구이며, 질적 연구는 숫자보다는 인간의 언어적 표현과 행동관찰을 통해 대상세계에서 일어나는 현상을 이해하고자 하는 연구 유형이다.

기술적 연구는 어떠한 현상을 사실 그대로 기술하며 변인간의 관계를 조사하려는 연구 유형이며, 실험적 연구는 실험상황에서 변인 간에 존재하는 인과관계를 밝히려는 연구 유형이다. 위에 제시한 연구방법 중 교육심리학 연구에서 주로 수행하고 있는 연구들에 대하여 살펴보면 다음과 같다.

1) 기술적 연구

(1) 조사연구

조사연구(survey research)는 교육심리학 연구에서 흔하게 사용되는 연구방법 중의 하나이다. 조사연구에서는 어떤 대상에 대한 태도, 신념, 가치관, 견해 등과 같은 정보를 얻기 위해 주로 질문지 검사나 면접을 실시한다. 조사연구에서는 연구대상 전체를 대상으로 연구하기가 어려운 경우가 많다. 예를 들어 중학교 1학년을 대상으로 학습동기에 관한 연구를 수행한다고 할 때 전국의 중학교 1학년 학생 모두에게 질문지 검사를 실시하는 것은 어려운 일이다. 이 경우 전체 모집단에서 연구대상을 대표하는 표본을 추출하여 활용한다. 이렇게 추출된 표본집단으로부터 얻은 정보를 분석하여 연구대상 전체의 현상을 추론한다.

조사연구에서 질문지법은 다수의 대상으로부터 비교적 정보를 쉽게 얻을 수 있으며, 시간과 비용이 적게 드는 장점이 있으나 자기 보고적인 자료에 의존하므로 질문에 대한 응답의 정확성과 진실성에서 문제가 될 수 있다.

면접법은 연구자가 면접대상과 마주한 상황에서 대화를 통하여 필요한 정보를 얻는 방법이다. 면접법은 문장을 읽을 능력이 없는 대상자에게도 자료를 수집할 수가 있고 언어뿐만이 아니라 표정이나 태도 등을 통하여 반응의 진실성 여부를 알 수 있다. 그러나 면접법은 질문지법에 비하여 시간과 비용이 많이 들고 면접을 진행하는 연구자의 능력에 따라 다른 결과가 나타날 수 있다.

(2) 사례연구

사례연구(case study)는 개인이나 소집단을 대상으로 어떤 행동특성이나 현상에 대하여 심층적으로 연구하는 방법이다. 즉 소수의 연구대상을 선정하여 연구문제와 관련된 것들을 관찰, 인터뷰, 검사 등 여러 방법으로 조사 수집하고, 이러한 자료를 기초로 연구대상이 지니고 있는 특성이나 문제점을 종합적으로 진단하고 기술하는 연구이다(이성진, 2000). 사례연구는 학교 부적응의 행동을 보이고 있다고 판단되는 학생의 부적응 원인을 개인의 특성, 가정환경, 학교생활, 사회환경 등 여러 항목을 조사하여 그 학생이 가지고 있는 문제와 원인을 진단하여 적절한 치료방법을 찾는 데 이용할 수 있다.

사례연구의 장점은 조사나 상관연구 등과 같은 다른 연구방법으로 얻을 수 없는 특수한 현상이나 심층정보를 밝혀낼 수 있다는 것이다. 반면에 연구대상이 개인이나 소수의 집단이므로 오직 하나의 예를 제시하기 때문에 연구 결과를 일반화하는 데 다소 어려움이 있다.

(3) 실험연구

실험연구(experimental research)는 두 변인 간의 관계를 발견하기 위하여 연구자가 하나 혹은 그 이상의 변인을 의도적으로 조작하여 다른 변인에 어떠한 영향을 미치는가를 밝히는 연구이다. 즉 실험연구는 변인 간의 인과관계를 밝히고자 할 때 주로 사용하는 방법이다.

변인 간의 인과관계를 알아보기 위해서는 실험조건의 계획적인 조작이 필요한데 이때 영향을 주는 변인을 독립변인이라 하고 영향을 받는 변인을 종속변인이라 한다. 예를 들어 ICT(Information and Communication Technology education)를 활용한 교수방법이 중학생의 자기 주도적 학습능력에 미치는 효과를 알아보고자 할 때, 이때 ICT를 활용한 교수방법이 독립변인이 되고 자기 주도적 학습능력은 종속변인이 된다.

실험연구에서는 독립변인과 종속변인의 순수한 관계를 혼동시키는 외생변인(우연한 요소의 영향)을 통제하는 것이 중요하며, 조건과 통제를 얼마나 완벽하게 수행하는가가 실험연구의 성공 여부를 판가름한다. 따라서 실험연구에서는 조건을 엄격히 통제하여 관찰하고자 하는 변인의 순수한 효과만을 확인할 수 있도록 실험집단과 통제집단으로 구분하여 연구를 수행한다. 실험집단은 연구자가 실험 처치를 가한 집단을 말하고, 통제집단은 실험 처치를 가하지 않은 집단을 말한다. 위의 예를 들면 실험집단에게만 ICT 교수방법을 실시한 후 실험처치의 효과가 통제집단과 다른가를 통계적으로 검증하는 것이다.

실험연구는 진실험연구와 준실험연구로 분류할 수 있다. 진실험연구는 엄격히 통제된 실험실 상황에서 적어도 하나 이상의 독립변인을 조작하여 종속변인에 미치는 영향을 관찰하는 실험방법이다. 진실험연구의 가장 큰 특징은 연구대상을 각각 무선할당한다는 것이다. 따라서 연구자는 연구처치 후 중학생의 자기주도적 학습능력의 차이를 보였다면 처치에 의한 것이라는 결론을 내릴 수 있다.

준실험연구는 교실과 같은 자연적 상태에서의 실험이나 실험조건을 충분히 통제하지 못한 연구방법을 말하는데, 교육심리학 연구에서 이루어지는 대부분의 사람을 대상으로 한 실험연구가 이에 해당된다.

실험연구의 장점으로는 연구에 영향을 주는 다른 변인들을 통제할 수 있기 때문에 독립변인과 종속변인 간의 인과관계를 명확하게 밝힐 수 있다. 단점으로는 실험은 인위적으로 조작하기 때문에 실험결과를 일반화하는 데 제약이 있을 수 있고, 연구자가 연구에서 원하는 대로 행동하게 함으로써 연구자의 편향이 발생할 수 있다.

2) 상관연구

상관연구(correlation research)는 어떤 현상이나 사건 사이에 존재하는 변인 간의 관계가 있는지를 알아보고자 할 때 사용한다. 상관(correlation)이란 두 개 이상의 변인 간의 관계를 말하며, 두 측정치 사이의 관계와 방향을 나타내는 수치를 상관계수라고 한다.

상관계수는 일반적으로 '*r*'로 표시하는데 -1.00~+1.00 사이의 범위 값을 가진다. 상관계수가 -1.00이나 +1.00에 가까울수록 두 변인 간의 상관관계가 높음을 의미하며, 0에 가까울수록 상관관계는 낮다고 본다. 상관관계 앞의 부호는 관계의 방향을 나타내는데 '+' 부호는 정적 상관을, '-' 부호는 부적 상관을 의미한다. 예를 들면, 자동차 대수와 교통사고 발생율의 상관관계를 측정한 결과, +.70의 상관관계가 측정되었다면 비교적 높은 정적 상관이 있다고 해석한다. 이때 정적 상관은 한 변인의 값이 높아지면 다른 변인의 값이 높아지는 관계를 말한다. 반면, 자가용 승용차 수와 대중교통 이용 정도의 상관관계를 측정한 결과, -.60의 상관관계가 나타났다면 이는 부적 상관이 있다고 해석한다. 즉 한 변인의 값이 높아지면 다른 한쪽의 변인의 값이 낮아지는 것이다.

상관연구의 장점은 연구자가 어떤 현상을 조작하거나 통제하지 않고 자연현상 그대로를 연구할 수 있고, 한 변인의 정보를 가지고 다른 변인을 예측할 수 있다는 장점이 있다. 그러나 두 변인 사이의 관계에서 어떤 변인이 다른 변인의 원인이 되는지 밝힐 수 없다는 제한점이 있다. 따라서 상관연구에서는 두 변인의 관계를 의미하는 것이지 인과관계로 해석해서는 안 된다.

3) 발달연구

발달연구(developmental research)는 개체의 성장에 따른 변화의 현상을 시간이 지남에 따라 정확하게 측정하고 기술하는 방법이다. 발달적 변화과정에는 신체, 운동, 인지, 사고, 언어, 정서, 사회성, 도덕성 등 인간의 모든 특성들을 포함한다. 따라서 인간의 성장과 발달에 작용하는 여러 변인들 간의 관계를 연구하는 것이 목적이 된다. 발달연구에는 종단적 연구법과 횡단적 연구법이 있다.

(1) 종단적 연구법

종단적 연구법은 동일한 연구대상을 장기간 동안 계속 추적하면서 관찰하는 것으로 연령에 따른 발달의 변화를 측정한다. 종단적 연구법은 초기 경험과 후기 행동 간의 인과관계를 규명할 수 있고, 개인이나 집단의 성장과정 및 변화의 양상을 구체적으로 파악할 수 있는 장점이 있다. 반면, 이 연구법은 오랜 기간에 걸쳐 계속 조사하는 것이므로 많은 경비와 시간이 필요하고, 연구대상의 선정 및 관리가 용이하지 않아 연구대상의 중도탈락문제가 심각하다. 또한 반복적인 검사실시와 관찰로 인하여 측정의 신뢰성 문제가 야기되며, 연구의 초기와 후기에 사용하는 측정도구의 변화로 측정 결과를 서로 비교하기 어려운 경우도 있다.

(2) 횡단적 연구법

횡단적 연구법은 동일한 시점에서 동시에 여러 연령층의 대상을 선정해서 필요한 발달적 특징을 측정한다. 횡단적 연구법은 장시간이 아니라 한 번에 조사하기 때문에 적은 경비와 노력을 투입하여 단기간 내에 필요한 정보를 얻을 수 있다. 그러나 이 연구법은 각 연령층마다 서로 다른 대상들을 가지고 각 연령단계별 대푯값을 서로 연결시켜 발달의 일반적인 경향을 알아보는 것이므로 개인의 성장과 발달과정과 관련된 참모습을 알 수 없다는 단점이 있다(문은식 외, 2012).

두 가지 연구법의 예를 들면, 초등학교 1학년에서 고등학교 3학년까지 학년이 증가함에 따라 도덕성 발달 정도나 변화과정을 알아보기 위한 연구를 한다고 가정할 때 종단적 연구법에서는 초등학교 1학년 약 100명을 선정하여 이들이 고등학교 3학년이 될 때까지 매년 같은 대상을 관찰하여 도덕성을 측정한다. 반면에 횡단적 연구법은 초등학교 1학년에서 고등학교 3학년까지 학년이 증가함에 따라 도덕성 발달 정도나 변화과정을 알아보기 위해 각 학년을 100명씩 선정하여 그들의 도덕성을 측정한다.

Ⅱ 발달 이론

1. 발달의 이해

발달(development)이란 수정의 순간부터 죽음에 이르기까지 전 생애에 걸쳐 나타나는 성장, 적응, 변화를 말한다. 변화의 과정에는 신체·운동기능, 지적 사고능력, 언어, 사회성, 정서, 성격, 도덕성 등 인간의 모든 특성이 포함된다. 인간의 전 생애에 걸친 발달과정에는 어떤 특징이 양적으로 증대되고, 기능이 유능해지며, 구조가 더욱 복잡해지는 긍정적인 변화와 더불어 양적으로 감소되고, 기능과 구조가 쇠퇴하는 부정적인 변화도 함께 포함된다(문선모, 2010). 종래에는 상승적인 발달, 즉 청소년기까지의 변화만을 발달이라고 하였으나, 최근에는 고령화로 인해 청소년기 이후부터 노년기까지 삶의 기간이 더욱 길어졌으며, 노년기에도 분석, 종합, 추론, 문제해결능력 등 여러 영역에서 많은 변화가 일어나기 때문에 이 기간도 발달에 포함시킴으로써 전 생애발달이라는 용어를 사용한다.

성장과 성숙, 학습은 발달과 유사한 개념으로 사용하지만 용어들 간에는 차이가 있다.

성장(growth)은 신체의 크기나 기능이 향상되는 양적인 증가를 의미한다. 주로 신체적 특성의 긍정적인 변화로 신장이 커지고, 체중이 증가하고, 시력이나 청력 등의 외적인 증가를 말한다. 주로 인간의 신체적·생리적 발달 부분 중 양적 증가를 의미한다.

성숙(maturation)은 연습과 경험과 같은 환경의 영향보다는 유기체 신체 내에서 일어나는 생리적 요인, 즉 유전에 따른 생득적 특성을 강조하는 신체적·심리적 변화를 의미한다. 인간의 발달이 유전과 환경의 상호작용에 의해 이루어진다고 한다면, 성숙은 부모로부터 받은 유전인자가 지니고 있는 정보에 따라 일어나는 변화이다. 모체 내에 있는 태아의 발달이나 뇌기능의 분화, 영구치의 돌출, 사춘기에 나타나는 이차 성징 등이 성숙 현상의 예이다.

학습(learning)은 연습, 훈련, 또는 직·간접 경험 등의 환경에 의하여 일어나는 발달적 변화를 말한다. 또한 학습은 자연적인 성장 및 성숙에 의한 변화가 아닌, 외부 환경과의 상호작용에 의하여 다양한 경험을 쌓음으로써 얻게 되는 것을 의미한다. 즉, 후천적 변화의 과정이라고 할 수 있다. 예를 들어 악기를 다루거나 운동에서의 특정 동작을 완벽하게 수행하는 것은 특정한 훈련과 연습에 의해 생기는 능력이다.

인간의 발달은 성별, 문화와 인종 등에 따라 차이는 있겠지만 일반적으로 일정한 원리에 의해 발달하는 것으로 알려져 있다. 인간발달의 원리는 다음과 같다.

첫째, 유사성의 원리이다. 보편적으로 인간은 유사한 발달의 형식에 의해 다음 단계로 진행되며, 이러한 순서는 결코 거꾸로 될 수 없다. 예를 들어 똑바로 서는 행동 뒤에 걷기를 할 수 있고, 옹알이를 먼저 한 후에 언어를 사용할 수 있다는 것이다.

둘째, 연속성의 원리이다. 인간의 발달은 연속적이고 점진적인 과정을 거쳐 어느 한 단계에 발달한 부분이 다음 발달단계의 기초가 된다. 이러한 발달의 원리는 신체발달뿐만 아니라 인지적·정서적·사회적 발달 등 모든 영역에 적용된다.

셋째, 분화와 통합성의 원리이다. 발달 초기에는 모든 행동이 미분화되어 전체적인 반응을 하던 것이 점차 부분 반응으로 분화되어 가는 동시에 분화된 몇 개의 측면들이 통합되어 새로운 체제를 형성한다. 즉 유아가 공을 던지고 받을 수 있는 행동은 눈과 손의 협응, 두 손의 협응 그리고 힘의 조절 기능이 통합된 결과이다.

넷째, 개인차의 원리이다. 모든 개인의 발달은 보편적 순서에 따라 진행되며, 발달속도는 개인마다 차이가 있다. 즉 동일한 연령이 되었다 하더라도 유전적 요인 및 환경, 성별에 따라 더 빠르거나 늦게 발달하는 경우가 있다.

다섯째, 상관성의 원리이다. 인간의 각 발달영역은 상호 간에 밀접하게 관련되어 서로 영향을 주고받으며 발달한다. 즉 인간의 신체발달은 사회성 발달에 영향을 주고 사회성 발달은 인지발달에 영향을 준다.

여섯째, 방향과 순서의 원리이다. 발달은 일정한 순서와 방향으로 진행된다는 원리로 머리에서 몸통, 팔, 다리로, 중추에서 말초로, 전체운동에서 부분운동으로 발달한다.

2. 피아제의 인지발달

스위스의 철학자이자 심리학자인 피아제(Piaget, 1896~1980)는 인간의 지식과 지능이 어떻게 획득되고 발달하는가에 대한 인지발달 이론을 처음으로 체계화하였다. 피아제는 인간의 인지발달을 자신을 둘러싼 환경과의 끊임없는 상호작용을 통하여 이루어지는 적응과정이라 하였다. 그는 적응과정을 이해하기 위해 도식, 동화, 조절의 개념을 적용하였다. 도식은 사고의 기본 단위로서 인간이 주변 세상을 조직하고 해석하기 위해 사용하는 이해의 틀이라고 할 수 있다. 동화는 외부의 새로운 현상을 경험할 때 기존의 인지구조에 맞추어 경험을 해석하는 과정이며, 조절은 외부의 새로운 자극을 기존의 인지구조로 받아들이지 못하는 경우, 기존의 인지구조를 변경하여 받아들이는 것을 말한다. 예를 들면, 애완 고양이를 기르고 있는 아동은 동화과정을 통해 생전 처음 본 개를 고양이라고 할 수 있다. 이는 털이 있고 네발로 다니는 동물은 고양이라는 도식을 가지고 있기 때문이다. 그러나 개와 고양이의 차이를 배우고 나면 기존의 도식을 수정하는 조절을 할 것이다.

피아제는 이와 같은 과정을 거쳐 형성되는 학습자의 인지는 영아기에서 청소년기까지 네 단계에 걸쳐 인지구조가 질적으로 변화한다고 설명하고 있다. 피아제의 발달단계별 특성은 다음과 같다.

1) 감각운동기(sensorimotor stage, 출생~2세)

감각운동기는 출생 후 약 2세까지의 시기이다. 이 시기의 영아는 자신과 주위의 세상을 알기 위하여 감각과 운동능력 사용에 집중한다. 이 단계의 주된 인지 활동은 빨기나 잡기와 같은 간단한 반사행동이다.

감각운동기의 중요한 특징은 대상 영속성의 획득이다. 대상 영속성은 어떤 대상이 자신의 시야에서 사라지더라도 그것이 어딘가에 존재하고 있음을 아는 능력이다. 즉, 영아가 가지고 놀던 인형을 수건으로 가리면 영아는 그 인형을 찾지 못하다가 8~12개월이 되면, 수건 밑에 가려진 물건을 찾으려는 행동을 보인다. 대상 영속성을 습득한 영아는 어떤 상징에 대응하는 이미지를 떠올릴 수 있게 되는데 이를 정신적 표상이라 한다. 예를 들면 '야옹' 이라는 소리에 고양이 이미지를 머릿속으로 떠올릴 수 있게 된다.

2) 전조작기(pre-operational stage, 2~7세)

전조작기의 아동은 정신적 표상에 의한 사고가 가능하나 아직 개념적 조작능력이 충분히 발달하지 못한 시기이다. 그러나 이 단계를 거치면서 내적으로 외부 현상들에 대해 표상하는 능력이 생기며, 언어발달이 급속히 이루어지고 다양한 개념을 획득하게 된다.

전조작기 사고의 주요 특징으로는 자기 중심적 사고, 상징적 사고, 중심화, 직관적 사고, 비가역성, 물활론적 사고 등이 있다. 자기 중심적 사고는 타인의 생각이나 감정, 관점 등을 자신과 동일한 것으로 가정하는 것을 말한다. 상징적 사고는 가상적인 사물이나 상황을 실제 사물이나 상황으로 상징화하는 것을 말하며, 중심화는 사물의 어느 한 측면에만 집중하고 다른 측면은 무시하는 경향을 의미한다. 직관적 사고는 대상이 가지는 단 하나의 현저한 지각적 속성에 의해 판단하는 것으로 겉모습이 곧 실재라고 생각한다는 것이다. 비가역성은 모든 것을 한 방향으로만 생각하기 때문에 거꾸로 사고를 하지 못하는 특징을 지닌다. 물활론적 사고는 모든 사물은 생명이 있어 생각하고 느낄 수 있다고 믿는 것으로 인형을 던지면 인형이 아플 것이라고 생각하는 것이다.

3) 구체적 조작기(concrete operational stage, 7~11세)

구체적 조작기는 아동이 사고를 논리적으로 조작할 수 있는 능력을 획득하는 시기이다. 그러나 관찰 가능한 구체적인 대상이나 구체적인 행동에 대해서만 논리적으로 사고할 수 있기 때문에 구체적 조작기라고 부른다.

구체적 조작기의 가장 큰 특징은 보존개념의 형성, 가역성의 획득, 유목화, 서열화, 탈중심화로 이 시기가 되면 과학적 추리가 가능해진다. 보존개념은 모양이 바뀌어도 더하거나 빼지 않으면 물체의 질량이 동일하다는 것을 판단할 수 있는 능력을 말한다. 가역성은 어떤 과정은 거꾸로 될 수 있음을 이해하는 능력이다. 유목화란 대상물을 일정한 속성에 따라 범주로 분류할 수 있는 능력으로 상위유목과 하위유목을 이해하는 능력이다. 즉, 장미나 국화, 해바라기 등을 꽃으로 유목화할 수 있다는 것을 이해한다. 서열화는 사물 간의 관계에서 순서를 이해하는 것으로 크기나 무게, 길이 등의 점진적 증가나 감소에 따라 일렬로 배열하는 능력을 말한다. 예를 들어 이 시기의 아동은 과일을 크기순으로 배열할 수 있다. 탈중심화는 어떤 대상이나 상황을 한 가지 측면이 아닌 여러 측면에서 동시에 파악할 수 있는 능력이다. 아동에게 모양, 크기, 색상이 다른 세 개의 산 모형을 보여주고 앞쪽에서 바라본 모양과 뒤에서 바라본 모양을 어떻게 인지하는가에 대한 실험이 그 예라고 할 수 있다.

4) 형식적 조작기(formal operational stage, 11~15세)

형식적 조작기는 고도의 사고능력이 형성되는 시기로서 추상적인 개념에 대해서도 이해가 가능하고 논리적 사고를 할 수 있게 된다. 형식적 조작기의 사고는 추상적 사고, 가설 연역적 사고, 조합적 사고의 세 가지 특성을 보인다. 추상적 사고는 눈에 보이지 않는 추상적인 개념뿐 아니라, 자료에 근거하여 추론을 하거나, 유추를 하거나, 추론된 내용들 간의 논리적 관계를 이해하는 것을 말한다. 가설 연역적 사고란 다양한 현상에 대해 여러 가설을 세우고 이를 검증하는 자료를 수집할 수 있는 능력을 의미한다. 조합적 사고는 하나의 문제해결을 위해서 가능한 모든 요인을 골라내어 체계적으로 구성할 수 있는 것을 의미한다.

〈표 4-1〉 **피아제의 인지발달단계**

단계	연령	사고의 특징
감각운동기	0~2세	· 모방, 기억, 사고의 시작 · 대상 영속성 개념이 획득됨 · 단순 반사행동에서 의도성을 지닌 행동으로 발전
전조작기	2~7세	· 언어의 발달과 대상을 표상하기 위해 상징적 형태로 사고 · 가역적 사고의 부족 · 사고와 언어가 자아 중심적인 특징을 보임
구체적 조작기	7~11세	· 논리적으로 구체적인 문제를 해결할 수 있음 · 보존의 개념과 가역성을 획득 · 사물을 서열화하고 유목화할 수 있음
형식적 조작기	11~15세	· 추론능력 획득, 과학적 사고, 가설-연역적 사고가 가능 · 복잡한 문제를 해결할 수 있는 조합적 사고가 가능함

인지발달 이론은 피아제가 주장한 것처럼 각 발달단계의 특징이 구분되는 발달기제를 명확하게 설명하지 못하고 있다는 점과 감각운동기와 전조작기의 유아의 인지능력에 대해서 과소평가하고 있다는 비판이 있다. 그러나 피아제의 이론은 인지발달에 있어서 학습자의 능동적인 노력을 강조하였으며, 교사가 학생의 인지발달 수준을 확인하는 데 도움을 주고, 적정 학습조건을 형성하는 자료를 제공한다는 긍정적인 평가를 받고 있다.

3. 비고츠키의 사회문화적 인지발달

러시아의 발달심리학자인 비고츠키(Vygotsky, 1896~1934)는 인지발달에 있어 사회적·문화적·역사적 측면을 강조하였다. 그에 따르면 인간은 독립된 존재가 아닌 사회적 존재로서 타인과의 관계를 통해 영향을 받으며 성장한다고 한다. 특히 아동의 인지발달의 대부분은 부모, 교사, 혹은 보다 성숙한 성인과 상호작용하는 동안 습득된다고 하였다. 따라서 사회적 상호작용에 필수요소인 언어를 인지발달에 가장 중요한 변인으로 생각한다. 비고츠키의 인지발달 이론의 주요개념은 근접발달영역과 비계설정, 언어를 들 수 있다.

1) 근접발달영역

근접발달영역(Zone of Proximal Development: ZPD)이란 아동이 주위의 도움 없이 스스로 문제를 해결할 수 있는 실제적 발달 수준과 도움을 받아서 문제를 해결할 수 있는 잠재적 발달 수준 간의 차이 영역이다. 즉 아동이 혼자서는 해결할 수 없지만 교사나 성인의 안내 또는 친구와 협동하면 성공적으로 문제를 해결할 수 있는 영역을 말한다(신명희 외, 2010). 따라서 근접발달영역에서 성숙한 어른과 능력 있는 또래는 아동이 지적으로 성장하는 데 필요한 요인을 지원하는 안내자 혹은 교사의 역할을 수행한다.

2) 비계설정

비계설정(scaffolding)이란 근접발달영역 내에서 아동들에게 문제를 해결할 수 있도록 단서를 제공하거나 과제를 잘 수행할 수 있도록 교사나 유능한 또래가 도움을 주는 것을 의미한다. 이러한 도움을 건설현장에서 설치하는 비계에 비유하여 비계설정, 발판 제공이라고 한다. 결국, 비계설정을 통하여 학습자 스스로 문제를 해결할 수 있도록 부모와 교사는 근접발달영역 범위 내에서 조언과 지원을 적절하게 제공하여야 한다.

3) 언어

비고츠키는 언어가 아동의 사고와 인지발달에 중요한 역할을 한다고 믿는다. 또한, 언어는 스스로 문제를 해결할 수 있도록 돕는다. 비고츠키에 의하면 아동들은 언어로 성인들에게 도움을 요청하므로 언어는 문제해결의 도구가 된다. 이때의 언어는 혼잣말의 형태로 나타나며, 이를 '혼잣말(private speech)'이라고 하였다. 혼잣말의 사용이 단순히 자기만의 생각을 표현하는 것이 아니라 자기 자신의 생각을 조절하고 반영하기 위한 사고의 도구라고 생각하였다. 아동은 쉬운 과제보다 어려운 과제에 직면하였을 때 혼잣말의 사용이 증가하는데 혼잣말을 사용하는 아동이 그렇지 않은 아동보다 복잡한 과제를 더 효과적으로 학습하는 것으로 보고되고 있다(Schneider, 2002). 따라서 아동이 어려운 과제를 수행할 때 침묵을 강요하기보다는 학습과정에서 자연스럽게 혼잣말을 사용할 수 있도록 지지하는 것이 문제해결에 도움이 될 수 있다.

4) 한계점 및 시사점

비고츠키의 사회문화적 이론은 다른 민족 문화보다 유럽 문화의 우월성을 강조하였으며, 사회문화적 영향이 인지발달에 미치는 과정에만 초점을 두었다는 점에서 비판을 받는다. 반면, 수업이 발달에 선행하는 것이 바람직하다는 것과, 친구들과 함께 과제를 수행하면서 서로 배울 수 있는 협동학습의 활용을 지지하고, 학습자에게 다양한 비계설정을 제공해 주면 학생들이 해결할 수 있는 문제의 범위가 넓어진다는 교육적 시사점을 제공한다.

Ⅲ 성격발달

아동은 인지적·신체적 발달과 함께 다른 사람과의 상호작용하는 방법을 발달시킨다. 정의적 발달에서 중요하게 다루고 있는 성격은 개인을 다른 사람과 구분하는 데 사용할 수 있는 고유한 특성이라고 할 수 있다.

프로이트(Freud, 1933)와 에릭슨(Erikson, 1963)은 성격의 구조를 이해하기 위한 주요 접근법으로 성격형성의 단계를 연구하였다. 각 이론을 살펴보면 다음과 같다.

1. 프로이트의 심리성적 성격발달 이론

프로이트(Freud, 1856~1939)는 정신과 의사이자 정신분석학의 창시자로서 인간의 정신세계에 무의식이 존재한다는 것을 발견하고, 인간의 모든 심리적 현상과 행동은 주로 무의식에 의해 영향을 받는다고 하였다. 이러한 무의식은 빙산 아래의 얼음과 같아서 마음의 많은 부분들이 무의식으로 존재하고 있으며, 의식은 빙산의 보이는 부분과 같이 작은 부분으로 존재하는 것이라고 하였다.

프로이트는 성격이 원초아, 자아 그리고 초자아로 구성되어 있으며, 원초아와 자아, 초자아 간에 끊임없이 갈등을 겪으면서 성격이 형성된다고 하였다. 원초아는 무의식을 구성하는 요소로 인간이 태어날 때부터 지니고 있으며 쾌락의 원리에 따라 움직인다. 자아는 원초아의 본능적 욕구와 초자아의 양심 사이에서 이들을 중재하는 역할을 하며 현실의 원리에 따라 움직인다. 초자아는 원초아로부터 오는 충동이나 자아의 활동을 감시하고 통제하며 억압한다. 따라서 양심과 도덕성의 원리에 따라 움직인다. 프로이트의 정신분석 이론에서는 어린 시절의 경험이 성격형성에 매우 중요한 영향을 미친다고 본다. 프로이트가 제시한 성격발달의 단계별 특성을 살펴보면 다음과 같다.

1) 구강기(oral stage, 0~18개월)

구강기는 출생부터 약 18개월까지 해당하며, 이 단계의 유아는 모든 관심이 입에 집중되며, 음식을 빨거나 마시는 행동으로 만족을 얻고 이후 이빨이 나면서부터 씹거나 깨무는 것으로 쾌감을 얻는다. 구강기에는 입을 통하여 욕구나 쾌락을 충족시키는데 이때 충분히 욕구를 만족하지 못하거나 과잉충족하게 되면 다음 발달단계로 넘어가는 데 문제가 생겨 구강기에 고착하게 된다. 구강기의 고착은 이후 손가락 빨기, 손톱 깨물기, 과식, 지나친 음주, 흡연, 약물 남용 등의 행동이 나타날 수 있다. 반면 구강기에 욕구가 적절히 충족되면, 낙천적이고 먹는 것을 즐기는 성격이 된다.

2) 항문기(anal stage, 18개월~3세)

항문기는 18개월에서 3세까지 해당되며, 쾌감을 추구하는 신체부위가 입에서 항문으로 옮겨진다. 유아는 자신의 의지로 배설물을 보유하고 있다가 항문을 통하여 배출하는 데에서 쾌감을 느낀다. 이때는 배변훈련이 시작되는 시기로 주 양육자의 배변훈련 방식에 따라 성격특성이 달라진다. 부모가 지나치게 엄격하게 교육할 경우 성인이 되어서 항문고착 행동을 보이게 되는데 이를테면, 고집이 세거나 인색하고, 시간을 엄수하며, 지나치게 청결과 질서에 집착하는 경향을 보인다. 이와 반대로 부모가 배변훈련 시 지나치게 관대하여 나타나는 항문고착 행동은 지저분하고 무질서하며, 잔인하고, 적개심이 강하고 파괴적인 경향을 보인다. 항문기에 부모가 유아의 요구에 대하여 칭찬하거나 격려로 배변을 적절하게 조절하는 경우에 창의적이고 생산적인 성격을 소유하게 된다.

3) 남근기(phallic stage, 3~5세)

남근기는 3세에서 5세까지 해당되며, 쾌감을 추구하는 신체부위가 항문에서 생식기로 옮겨진다. 이성의 부모에게 애정을 느끼고 독점하려는 욕망을 갖게 되고 동성 부모와 갈등을 겪게 되는데 남아가 겪는 갈등을 오이디푸스 콤플렉스, 여아가 겪는 갈등은 엘렉트라 콤플렉스라고 한다. 이와 같이 남아는 어머니에 대해 애정을 느껴 아버지를 경쟁상대로 생각하고, 여아는 아버지에 대해 애정을 느껴 어머니를 경쟁상대로 생각하게 된다. 이로 인해 이성 부모에게 적대감을 갖는 갈등상황에 처하게 되고, 갈등을 성공적으로 해결하는 방법으로 동성 부모와 같아지려는 노력을 하게 되는데 이를 동일시라고 한다. 이러한 동일시 과정을 거치면서 아동은 동성 부모의 성 역할을 내면화하게 되고 초자아가 발달하게 된다. 이시기에 고착되면 초자아와 자아의 발달에 어려움이 생겨 사회적 관계형성에 문제를 보일 수 있으며, 지나치게 경쟁적인 성격특성을 가지게 될 수 있다.

4) 잠복기(latent stage, 6~12세)

잠복기는 6세에서 12~13세까지의 시기로 성적 욕구가 억압되어 평온해지면서 이성에 대한 관심은 줄어들고 대신 학교생활, 동성의 친구들과의 놀이, 운동 등 새로운 사회적 활동에 관심을 둔다. 또한 학교생활을 통해 만나는 교사, 놀이친구 등 인간관계가 다양해지면서 사회적 기술과 역할을 배우게 된다. 하지만 이 시기의 과도한 성적 억압은 수치심과 혐오감에 빠지게 할 수 있으며, 성인기에 이성과 안정감을 느끼지 못하고 이성을 회피하거나 공격적인 성향을 가지게 될 수 있다.

5) 생식기(genital stage, 12세~성인 이전)

생식기는 12세부터 성인기 이전까지의 시기로 그동안 억제되었던 성적 욕구가 활발해진다. 이 시기에는 이성과의 친밀한 관계를 통해 성적 쾌감을 얻으려 한다. 프로이트는 생식기까지 고착현상을 보이지 않고 성공적인 발달을 이룬 사람은 이타적이고 협조적이며, 성숙한 이성 관계와 원만한 결혼 생활을 수행할 수 있는 성격을 소유하게 된다고 하였으나, 반면에 원만하게 거쳐 오지 못한 경우 권위에 대한 반항, 이성에 대한 적응 곤란 등을 초래한다고 하였다(신명희 외, 2010).

〈표 4-2〉 **프로이트의 심리성적 발달단계와 특징**

단계	연령	특징	고착행동
구강기	0~18개월	리비도는 입에 집중, 주로 빨기를 통해 쾌락을 얻음, 원초아가 지배적임	과식, 지나친 음주, 흡연
항문기	18개월~3세	리비도는 항문에 집중, 배변 배출을 통해 쾌락을 얻음	지나치게 청결에 집착하거나 지저분함
남근기	3~5세	리비도는 생식기로 집중, 오이디푸스 콤플렉스, 초자아가 발달됨	지나치게 경쟁적인 성격 특성을 보임
잠복기	6~12세	이성에 대한 관심이 동성 친구로 이동하여 사회적 활동에 관심을 가짐	이성을 회피하거나 공격적인 성향을 보임
생식기	12세~ 성인 이전	이성과의 친밀한 관계를 통해 성적 쾌감을 얻음, 성인으로서의 사회적 관계가 발달됨	권위에 대한 반항, 이성에 대한 적응 곤란

2. 에릭슨의 심리사회적 성격발달 이론

에릭슨(Erikson, 1902~1994)은 인간의 발달은 전 생애를 통하여 이루어진다고 하였으며, 특히 성격은 개인이 처한 사회 역사적 환경과 상호작용을 하면서 발달한다고 하였다. 프로이트는 성격은 아동기 초기의 경험에 의해 결정된다고 보았으며, 본능적인 충동과 성적 욕구를 중시한 반면, 에릭슨은 자아가 형성되는 사회문화적 영향을 강조하였다.

에릭슨은 인간의 사회성 발달을 8단계로 구분하여 설명하고 있으며, 각 단계의 위기를 성공적으로 해결했을 때 성격발달이 제대로 이루어진다고 보았다.

에릭슨의 심리사회적 발달의 8단계를 요약하면 다음과 같다(노안영 · 강영신, 2003).

1) 1단계: 신뢰감 대 불신감(trust vs. mistrust, 출생~1세)

이 시기의 유아는 부모 혹은 보호자와의 관계에서 기본적인 신뢰감 대 불신감의 위기를 경험한다. 자신을 돌보는 주 양육자가 유아의 신체적·심리적 욕구를 적절하게 충족시켜 주고 사랑과 관심으로 일관성 있게 돌보아 주면 유아는 주변 세상을 신뢰하게 되어 신뢰감을 형성한다. 반면에 주 양육자가 유아의 욕구를 적절하게 충족시켜 주지 못하고 거부적이거나 일관성 없는 양육태도를 보이면 유아는 세상에 대한 불신감을 형성하게 된다.

2) 2단계: 자율성 대 수치심(autonomy vs. doubt & shame, 2~3세)

이 시기에 유아는 다양한 신체적·정신적 능력을 빠르게 발달시키게 되면서 신체에 대한 통제가 가능하게 된다. 유아의 대소변 가리기 훈련은 자신의 의지대로 행동을 통제해 보려는 최초의 시도이다. 이때 부모는 유아의 자발적 행동에 대하여 칭찬을 하거나 격려하는 등의 신뢰를 표현하면 자율성과 통제력을 기를 수 있다. 그러나 부모가 사소한 실수에 대해 벌을 내리거나 엄격하게 규제를 한다면 유아는 자신의 욕구나 신체에 대해 수치심을 느끼게 된다.

3) 3단계: 주도성 대 죄의식(initiative vs. guilt, 4~5세)

이 시기는 운동 및 정신적 능력이 어느 정도 발달된 상태이며 스스로 많은 일을 하길 원하며 주도성이 강해진다. 이 단계에 나타나는 주도성 발달의 특징은 반대 성의 부모를 소유하고자 하는 욕망이다. 이때 부모가 아이의 새로운 자기 주도적인 활동에 어떻게 반응할 것인가에 따라 아이의 주도성 또는 죄의식이 발달된다. 만약 부모가 아이를 처벌하거나 금기시한다면 나쁜 것으로 인식되어 죄의식을 발달시킬 것이고, 부모가 이해해 주고 사랑으로 지도한다면 사회적으로 허용되는 것과 그렇지 아니한 것에 대한 도덕적 감각을 획득하여 주도성이 형성될 것이다.

4) 4단계: 근면성 대 열등감(industry vs. inferiority, 6~11세)

이 단계는 자아개념 형성의 결정적 시기로 아동의 세계는 집밖에서의 새로운 영향과 압력에 노출되면서 상당히 확장된다. 가정과 학교에서 자신의 주어진 일을 완성함으로써 기쁨을 얻거나 인정을 받기 위해 부지런한 행동을 보인다. 이때 아동이 속한 사회에서 자신의 노력을 인정받고 교육적인 칭찬과 긍정적 강화를 받으면 아동의 근면성이 촉진되고, 반대로 아동이 속한 세계에 자신이 노력한 것에 대해 조롱받고, 거절당하면 자신을 부정적으로 지각하고 과업에 실패한다면 열등감을 발달시키게 된다.

5) 5단계: 자아정체감 대 역할혼돈(identity vs. role confusion, 청년기)

에릭슨은 이 시기가 개인이 기본적인 자아정체성에 대한 의문을 갖고 심사숙고하는 시기라는 점에서 특히 중요하다고 생각하였다. '나는 누구인가'에 대한 의문과 탐색을 바탕으로 앞으로 다가올 미래 사회 속에서 나의 위치는 어디인가라는 자아상을 형성한다. 이 과정에서 청소년은 자신에게 가장 적합한 결정을 위해 신체조건, 자신의 장래, 직업선택, 성 역할에 대해 시험해 보려 한다. 분명한 자아상을 가지고 이러한 어려운 시기를 극복한 사람은 자신감을 가지고 성인기를 맞이할 준비를 하게 되나 정체감 위기를 경험한 사람은 역할혼돈을 보인다.

6) 6단계: 친밀감 대 고립감(intimacy vs. isolation, 성인전기)

이 시기는 성인기가 시작되는 단계로 부모로부터 독립하게 되고 책임감 있는 성인으로 기능하기 시작한다. 경제활동을 수행하는 것은 물론 배우자, 자녀, 직장동료 등 다른 사람들과 친밀한 관계를 형성한다. 타인과의 친밀한 관계 형성은 자신의 정체성을 계속 발달시키며, 친밀감 형성에 실패한 사람은 고립감에 빠져 사람들과의 가까운 접촉을 피하게 된다.

7) 7단계: 생산성 대 침체감(generativity vs. stagnation, 성인중기)

이 시기는 자신이 속한 어떤 조직에서 다음 세대를 양성하는 데 관심을 기울인다. 생산성은 다음 세대를 가르치거나 자신이 종사하는 분야에서 직업적인 성취, 학문적·예술적 업적으로 나타날 수 있다. 이러한 생산성 형성에 실패한 개인은 침체감에 빠지고 대인관계에 문제가 발생할 수 있다.

8) 8단계: 자아통합 대 절망감(ego identity vs. despair, 성인후기)

이 시기는 개인의 삶을 되돌아보며 평가를 하게 된다. 이때 자신의 인생을 의미 있고 성공과 실패에 잘 적응해 왔다고 인식하면, 개인은 자아통합을 하게 된다. 반대로, 자신의 인생이 무의미하고 놓쳐 버린 기회에 대해 분노하고 좌절감과 증오로 자신의 삶을 인식한다면 개인은 절망감에 빠지게 된다.

〈표 4-3〉 **에릭슨의 심리사회적 발달단계**

대략적 연령	심리사회적 발달단계	주요 사회적 관계	주요특징
0~1세	신뢰감 대 불신감	주 양육자	· 일관성 있는 양육자와의 신뢰감 형성 · 양육자의 거부적 태도는 불신감 발달
2~3세	자율성 대 수치심	부모	· 신체기술의 허용과 격려는 자율성 발달 · 도움부족과 과잉보호는 수치심 형성
4~5세	주도성 대 죄의식	가족	· 탐색할 수 있는 자유 허용과 질문의 충실한 답변은 주도성 발달 · 아동의 활동제한과 지나친 간섭은 죄의식 형성
6~11세	근면성 대 열등감	학교, 이웃	· 성취한 것에 대한 인정은 근면성 발달 · 결과에 대한 비난은 열등감 형성
청년기	자아정체감 대 역할 혼돈	또래, 교사, 영향 있는 모델	· 자신의 존재와 가치인식은 정체감 발달 · 성 역할과 직업선택의 불안정은 역할혼돈 초래
성인전기	친밀감 대 고립감	연인, 배우자, 친구	· 타인과 친밀한 인간관계 유지능력 발달 · 친밀한 관계 형성 실패는 고립감 형성
성인중기	생산성 대 침체감	배우자, 자녀, 직장 동료	· 다음 세대의 지도과정 참여는 생산성 발달 · 참여하지 못할 때 침체감에 빠짐
성인후기	자아통합 대 절망감	인류	· 충족감과 자기 인생에 대한 만족은 통합성 형성 · 인생에 대한 불만족은 절망감에 빠짐

IV 학습자의 개인차

모든 학습자는 그들 나름대로 독특한 특성을 지니고 있다. 동일한 교수방법과 동일한 연령에 있음에도 불구하고 어떤 학습자는 주어진 시간 내에 열 개의 수학 문제를 풀거나, 전날 외웠던 암기문제를 다음날 모두 기억해 내지만 그러하지 못하는 학습자도 있다. 이러한 차이는 개인이 가지고 있는 유전적 요인, 부모의 관심, 성격, 학습양식, 지능 등 다양한 이유로 인해 나타날 수 있을 것이다. 이 중 지능은 오늘날까지 학업성취도를 예측하는 변인으로 연구되고 있으며, 최근에는 급변하는 현대사회에서 새로이 등장하는 문화와 문제들을 슬기롭게 대처하고 적응하기 위한 심리적 특성으로 창의성의 중요함을 강조하고 있다.

1. 지능 이론

지능(intelligence)란 인간의 지적 특성을 나타내는 대표적인 심리학적 개념으로 학생들의 학업능력을 가장 잘 예언하고 설명하는 개인차 변인으로 다루어지고 있다.

전통적인 심리측정적 관점에서는 지능을 주로 논리적 사고와 비판적 사고를 통하여 문제를 해결하고 추론하는 능력이라고 보았다.

지금까지 연구되어 온 전통적인 지능 이론을 살펴보면, 스피어만(Spearman)은 일반요인 이론에서 지능을 여러 인지 과제들을 수행하는 데 공통적으로 필요한 능력인 일반적인 요인(general factor)과 특정 영역의 과제를 수행하는 데 필요한 능력인 특수적인 요인(specific factor)으로 구분하였으며, 써스톤(Thurstone)은 다요인이론에서 지능을 구성하는 요인에는 지각속도, 수·단어 유창성, 언어, 공간시각화, 기억, 추리요인과 같은 일곱 개의 기본 정신능력으로 구성되어 있다고 주장하였다. 그리고 길퍼드(Guilford)는 지능은 사고과정으로서의 조작, 무엇에 대해 생각하는가의 내용, 사고결과의 산출이라는 세 가지 차원이 조합되어 특정한 능력요인에서 발생하는 180개의 상이한 정신능력으로 구성된다는 지능구조 모형을 제시하였다. 또한 카텔(Cattell)은 지능은 선천적이며 유전적으로 결정된다는 유동적인 지능과 환경, 경험, 문화적 영향에 의해 발달하는 결정적 지능의 두 가지로 나뉜다고 주장하였다. 이렇듯 전통적 관점에서는 지적 발달을 지능지수의 개념으로 수량화하고 이를 비교함으로써 개인차를 진단하는 데 그치기 때문에 학생들의 학업성취도를 예언하는 지표는 되지만 실제 사회생활에서 부딪치게 되는 여러 상황에서 활용할 수 있는 지적 능력 정도는 보여 주지 못하고 있다.

이러한 비판 위에서 최근에는 지능의 구성 요소를 학업능력 이외에 창의성, 사회적 능력, 예술적 재능, 운동적 재능, 정서이해 및 공감능력, 도덕성, 동기 등을 지적 능력으로 포함시키는 대안적 지능 이론을 제시하고 있다.

가드너(Gardner)는 다중지능 이론에서 인간의 지능이 서로 다른 속성을 가지는 여러 유형의 능력으로 구성되어 있으며, 이들은 서로 독립적인 속성을 지닌다고 주장하였다. 가드너는 지능을 개인이 특정 상황이나 맥락에서 문제를 해결해 내는 능력, 혹은 개인이 살고 있는 문화에서 가치 있다고 생각하는 것을 만들어 내는 능력이라고 보았다. 가드너가 제시하는 여덟 가지 지능에는 언어지능, 논리수학지능, 공간지능, 신체운동지능, 음악지능, 대인관계지능, 내성지능, 자연탐구지능으로 구분하고 이후 실존지능이라는 개념을 독립적인 아홉 번째 지능으로 추가하여 제시하였다.

2. 창의성

창의성(creativity)의 정의는 학자들마다 다소 차이는 있지만 '새롭고, 독창적이고, 유용한 것을 만들어 내는 능력'을 말한다. 길퍼드(Guilford, 1967)는 창의성에 대해 '무엇인가에 새롭고 신기한 것을 낳는 힘'이라고 하였는데, 이것은 하나의 사건이지만 문제해결 과정을 통하여 다양하고 새로운 독특한 해결방법을 많이 내 보는 것이다. 그는 창의성을 구성하는 요인으로 유창성, 융통성, 독창성, 정교성, 민감성, 재구성력을 들고 있다. 유창성은 특정한 문제 상황에서 주어진 시간 안에 얼마나 다양하고 많은 반응을 보이는가에 대한 능력, 융통성은 변화하는 상황에 적응할 수 있도록 현상을 변화시켜 다양한 해결책을 찾아내는 능력, 독창성은 기존 지식에서 탈피하여 새롭고 독특한 반응을 산출하는 능력, 정교성은 아이디어를 보다 세밀하고 상세하게 발전시키는 능력, 민감성은 주변 환경의 변화나 문제되는 상황을 빨리 알아내는 능력, 재구성력은 복잡한 문제 상황을 단순화하여 새로운 절차나 방법을 구상해 내는 능력이다.

창의성과 지능과의 관계에 관한 연구결과들을 보면, 지능이 높다고 해서 반드시 창의적인 것은 아니라고 밝히고 있다. 한석실과 이경민(2005)은 유아를 대상으로 지능점수 120을 기준으로 분리하여 지능과 창의성 관계를 살펴본 결과 IQ 120 이상에서는 지능과 창의성은 관계가 거의 없는 것으로 보고하였다. 이는 'IQ가 어느 수준 이상이 되면 창의성과 지능은 관계가 거의 없는 것으로 나타났다.'는 겟젤스와 잭슨(Getzels & Jackson, 1962)의 연구결과와도 일치하고 있어 결국 지능은 창의성에 필요조건이지만 충분조건은 되지 못하는 것으로 보인다(신명희 외, 2010).

창의성은 개별적으로 정도의 차이는 있을 수 있으나 누구나 가지고 태어나는 능력이며, 훈련을 통하여 향상될 수 있다. 창의성 개발을 위한 바람직한 교육환경 구성 또는 수업의 원리를 제시하면 다음과 같다(이용남 외, 1999).

첫째, 개방적이고 수용적인 수업분위기를 조성하여야 한다. 훈계와 질책으로 학생들을 통제하는 권위주의적 수업운영 방식을 지양하고 자유롭게 사고하는 것을 존중해 주는 개방적·수용적 수업 분위기를 조성하는 것이 중요하다.

둘째, 지나치게 성공 지향적인 수업 풍토를 탈피하여야 한다. 학업에서의 성공을 일방적으로 강조하는 학교풍토에서는 수업내용과 관련 없는 질문들은 용납되지 않기 때문에 심리적 부담 없이 자유롭게 자신의 아이디어를 표현하는 것을 어렵게 한다.

셋째, 학생들의 참신하고 독창적인 아이디어나 성과에 대해서 교사가 매우 가치 있게 여김을 학생들이 인식할 수 있도록 격려와 칭찬을 아끼지 않아야 한다.

넷째, 다양한 창의적 표현 활동의 기회를 풍부하게 제공하여 창의적 표현을 지속적으로 강화할 필요가 있다.

다섯째, 수업 중에 창의적 사고를 증대시키고 자유롭고 폭넓은 사고를 유도할 수 있는 발문을 사용하여 한다.

‖ **학습목표** ‖

1. 교육공학의 개념과 교육공학의 영역을 설명할 수 있다.
2. 교수매체의 개념과 교수매체를 효과적으로 선정하기 위한 방법을 설명할 수 있다.
3. 멀티미디어와 ICT 교육의 개념과 특성을 설명할 수 있다.
4. 미래 교육공학의 교육적 활용과 방향을 설명할 수 있다.

05 CHAPTER 교육공학

I 교육공학의 이해

1. 교육공학의 정의

교육공학의 정의는 미국 교육공학회(AECT)를 중심으로 지속적으로 수정·보완해 가면서 변화되어 왔다. 1920년에서 1940년대에는 미국의 공립학교에서 시각자료와 라디오, TV 등의 시청각 자료를 수업매체로 활용하게 되었다. 이후 교육공학의 정의는 교수매체 활용에 중점을 두었다. 1963년에는 시청각 통신을 '학습과정을 통제하는 메시지의 설계와 활용에 주로 관여하는 교육이론과 실천의 한 분야'라고 정의하고, 학습자의 가능성을 최대한 계발시키는 데 기여할 수 있는 통신의 모든 방법과 매체를 효율적으로 활용하는 것을 강조하였다. 1972년에는 '인간 학습을 촉진하기 위하여 광범위한 학습자원의 체계적인 규명, 개발, 조직, 활용하는 분야'로 정의되었으며, 이후 1977년에는 '인간 학습의 전반적인 문제를 분석하고 이에 대한 해결책을 고안하고 실행하고 평가하고 관리하기 위하여 인간, 절차, 아이디어, 도구 및 조직을 포함하는 복합적이고 통합적인 과정'으로 정의하고 체계적 문제해결 과정으로서의 교육공학을 강조하였다. 1994년에는 교육공학을 '학습을 위한 과정과 자원의 설계, 개발, 활용, 관리 및 평가에 관한 이론과 실제'로 정의하고(Seels & Richey, 1994), 이론적 학문과 실제적 학문의 공존을 강조하였다.

한편, 1994년의 정의에는 교육공학이 가지는 몇 개의 특성을 내포하고 있다.

첫째, 학습을 위한 활동으로 교수자 중심이 아닌 학습결과로 나타날 수 있는 학습자의 지식, 태도, 행동 등의 변화가 일어나도록 하는 데 관심을 둔다.

둘째, 과정과 자원을 모두 포함한다는 것으로 과정은 특정한 결과를 얻기 위한 교수-학습의 설계 및 전달 등 일련의 운영활동을 의미하며, 자원은 학습을 지원하기 위한 인원, 예산, 교수 자료, 교수환경을 의미한다.

셋째, 설계, 개발, 활용, 관리, 평가의 요소로 이루어지며, 수업을 위한 사전준비에서부터 실행, 평가에 이르기까지의 모든 영역을 포함한다.

넷째, 이론과 실제를 모두 포함하는 것으로 타 학문에서 정립된 이론을 실제에 적용하는 것은 물론 자체적으로 새로운 이론을 생성한다.

최근 AECT에서는 교육공학을 '적절한 공학적 과정과 지원을 창안하고, 활용하고, 관리함으로써 학습을 촉진하고 수행을 개선하는 연구이며 윤리적 실천'이라고 새롭게 정의하고 있다(김철주 · 정재엽, 2011). 이는 윤리적 실천, 수행 향상, 학습촉진이 교육공학 분야의 핵심적인 요소임을 강조하고 있다.

2. 교육공학의 발달과정

교육공학의 발달은 20세기 초반 미국에서 시작된 시각교육에서 찾을 수 있다. 시각교육은 1930년대 라디오와 음향 녹음기술의 발달로 청각적 요소가 추가되면서 시청각교육으로 발전하게 되었다. 호반(Hoban)은 시청각 자료를 수업에서 얼마만큼 사실적인 형태로 보여 주는가에 따라 수업효과가 결정된다고 하였다. 이러한 개념은 데일(Dale)에 의해 보다 발전되었는데 그는 '경험의 원추' 모형을 통해 다양한 시청각 매체를 활용한 학습경험을 구체성과 추상성의 정도에 따라 분류하였다.

1950~1960년대에는 통신이론과 체제이론이 시청각 교육과 연결되면서 시청각 통신이라는 분야로 확장 · 발전하기 시작했다. 통신이론은 단순히 시청각매체를 수업에 활용하는 것이 아니라 교수-학습자 간의 소통과정을 강조하였다. 수업도 일종의 교수-학습자 간의 통신과정으로 보고 교수자와 학습자 간에 이루어지는 통신의 전 과정에 중점을 두었다. 체제이론은 그 체제를 구성하고 있는 각 요소들이 공통된 목적을 달성하기 위해 상호보완적인 관계를 유지하여 문제해결

을 위해 최적의 해결전략을 찾아내는 것이라고 할 수 있다. 즉 수업도 특정한 목적을 달성하기 위해 선택하는 교재, 교구, 교사 등의 구성 요소의 결합이므로 구성 요소의 결합에 따라 효과가 달라진다고 주장하였다.

1970~1980년대에는 컴퓨터 보조학습의 점진적 확대로 컴퓨터가 교수-학습에 도입되었고 교수매체가 보다 다양해짐에 따라 포괄적이며 복합적인 특성을 가지게 되었다. 이후 1990년대에는 각종 정보통신기술과 컴퓨터 공학의 발전을 통해 인터넷과 개인용 컴퓨터의 보급이 확산됨에 따라 웹기반 학습이 등장하게 되었다. 가장 보편적인 인터넷접속 방법인 월드와이드웹(World Wide Web)을 통하여 학습내용에 그림, 동영상, 소리, 문자 등의 멀티미디어적인 요소들이 함께 제공되어 풍부하고도 흥미로운 교육적 경험들이 가능해졌다.

2000년대 이후에 이루어진 통신기술과 디지털 기술의 급격한 발전은 유비쿼터스 학습(ubiquitous learning)이 가능하게 하였다. 이는 인터넷 접속이 가능한 곳이라면 스마트폰을 활용하여 시간과 공간의 제약에 구애받지 않고 언제든지 원하는 시간과 장소에서 학습자가 정보를 제공받을 수 있다는 것을 의미한다. 유비쿼터스 학습은 편재성, 즉시성, 이동성, 상호작용성, 그리고 신속한 업데이트를 통한 정보의 최신성이라는 특성을 지닌다(성태제 외, 2016).

3. 교육공학의 영역

교육공학을 구성하는 기본영역은 1994년 실즈와 리치(Seels & Richey, 1994)가 제시한 교육공학의 정의에 따라 설계, 개발, 활용, 관리, 평가의 다섯 가지로 구분된다. 각 기본영역은 다시 네 개의 고유한 하위영역으로 구성되어 있으며, 각 하위영역은 상호 보완적인 관계를 가진다.

1) 설계영역

설계영역은 학습을 위해 필요한 조건들을 세분화하여 계획하는 과정이라 할 수 있으며, 교수체제 설계, 메시지 디자인, 교수전략, 학습자 특성의 하위영역이 있다.

교수체제 설계는 교수의 분석, 설계, 개발, 실행, 평가의 단계들을 포함하는 조직된 절차에 따라 학습자에게 가장 효과적인 수업을 개발하는 과정을 의미한다. 즉 학습자가 무엇을 어떻게 배워야 하는지를 분석하고 내용을 구성하여 수업에 알맞도록 결정하는 과정이다.

메시지 디자인은 교수장면에서 학습의 효과를 최대화하기 위해 수신자의 주의를 집중시키고 기억에 오래 남을 수 있도록 문자, 기호, 그림 등을 어떻게 제시할 것인가에 대한 설계 활동을 말한다.

교수전략은 주어진 학습목표를 달성할 수 있도록 가장 효과적인 전략을 선택하고 계획하는 것이다. 교수전략은 교수이론과 학습 이론에 바탕을 두고 학습자 분석, 학습내용분석, 학습환경 분석 등을 통하여 수립되며, 학습기간이나 내용에 따라 단기적 또는 장기적으로 구분할 수 있다.

학습자 특성은 학습의 효과에 영향을 미치는 학습자의 지능, 흥미, 사회경제적 배경, 선행학습 수준, 학습 동기, 선호하는 학습 유형 등과 같은 학습자의 전체적인 특성을 말한다. 학습자 특성은 학습의 성공과 실패에 영향을 미칠 수 있는 중요한 변인이 될 수 있다.

2) 개발영역

개발영역은 설계에서 작성된 구체화된 내용을 실제 교수 자료의 형태로 제작하는 과정과 관련된 영역으로 하위영역에는 인쇄매체, 시청각매체, 컴퓨터매체, 통합매체가 있다.

인쇄매체는 교육장면에서 일반적으로 사용되고 있는 인쇄자료로서 책, 사진, 그림, 글자 등 정적인 시각자료를 제작하는 것을 의미한다.

시청각매체는 시각 및 청각적인 메시지로 전달하기 위해 기계 또는 전자기기를 이용해서 자료를 제작하는 것을 말하며, OHP, 비디오, TV, 슬라이드 등이 있다.

컴퓨터매체는 컴퓨터를 이용해 메시지를 제작하고 전달하는 방법으로 정보가 전자적으로 처리되어 학습자에게 전달된다. 웹기반학습(Web Based Instruction: WBI), 컴퓨터 보조수업(Computer Assisted Instruction: CAI) 등이 해당된다. 이러한 학습방법은 컴퓨터를 통해 이전학습의 반복적인 연습과 교육용 게임 등으로 새로운 학습을 적용해 볼 수 있는 기회를 제공하기도 하며, 학습자가 필요한 원하는 정보를 쉽게 찾을 수 있도록 한다.

통합매체는 컴퓨터를 중심으로 문자, 영상, 음향, 애니메이션 등 다양한 형태의 매체를 포괄하는 방법으로 제작, 전달되는 것을 말한다.

3) 활용영역

활용영역은 효과적인 학습을 위해 학습상황에 적합한 자원을 사용하는 행위에 관한 영역으로 매체활용, 혁신의 보급, 실행과 제도화, 정책과 규제의 하위요인으로 구성되어 있다.

매체활용은 학습을 위한 자원의 체계적 활용을 의미한다. 또한 학습에서 기대하는 목표를 달성하기 위해 최적의 교수매체를 선택하여 활용하는 방법과 관련된 의사결정 과정을 포함한다. 교수매체의 선정과 활용을 위한 대표적인 모델로는 'ASSURE 모형'이 있다.

혁신의 보급은 새롭게 개발된 매체나 방법을 수용하고 교육현장에 보급할 목적으로 계획적 전략을 세우는 의사소통의 과정이다.

실행과 제도화는 새로운 교육매체나 교수전략을 특정조직 내에서 적절하게 사용하고 지원하는 것을 의미한다. 실행은 교수 자료나 전략을 교육환경에서 실제적으로 사용하는 것이며, 제도화는 한 조직 문화의 일부로 정착시키기 위해 교수혁신을 계속적으로 추진하는 것이다(신재흡, 2012).

정책과 규제는 새로운 교수매체나 교수전략의 보급과 사용에 영향을 미치는 사회적 법규나 행위를 말한다. 교육용 소프트웨어의 제작과 활용에 관한 여러 정책과 규제에 대하여 교육공학적 기준을 마련하거나 또는 개발된 프로그램의 저작권을 보호하기 위한 입법활동 등이 해당된다.

4) 관리영역

관리영역은 계획, 조직, 조정, 감독 등을 통해 교육공학을 운영하고 조절하는 영역으로 미디어 센터 및 학습지원 센터와 같은 조직의 관리가 필요하다는 현실에서 발전되었다. 관리의 하위영역은 프로젝트 관리, 자원 관리, 전달체제 관리, 정보 관리로 구성된다.

프로젝트 관리는 교수설계와 개발 프로젝트를 기획, 조직, 감독하며 조정하는 활동을 의미한다.

자원 관리는 예산, 시간, 시설, 교수자원 등 각종 자원 지원체제와 서비스를 기획하고, 감독하고, 조정하는 업무를 말한다.

전달체제 관리는 교수 자료를 학습자에게 전달하는 과정과 방법을 기획, 조직, 조정, 감독하는 것을 말한다.

정보 관리는 학습 자원을 제공하기 위하여 정보의 저장과 전달, 처리 등에 대해 계획하고, 감독하고 조정하는 것을 의미한다.

5) 평가영역

평가영역은 교수와 학습의 적절성을 결정하는 과정이다. 즉, 교수-학습의 과정에서 산출된 교수 자료나 교육효과 등의 결과물에 대한 가치를 결정하게 된다. 평가영역의 하위영역에는 문제분석, 준거지향평가, 형성평가, 총괄평가로 구성된다.

문제분석은 정보를 수집하고 의사결정 전략을 사용하여 문제의 성질과 범위를 결정하는 것을 의미한다. 즉, 문제가 교육적 처치로 해결될 수 있는 것인지 아니면 다른 접근방법을 사용해야 하는지 등을 확인하고 우선순위를 결정한다.

준거지향평가는 학습자의 지식, 기술, 태도가 미리 설정된 성취 기준에 도달했는지 측정하는 기법과 관련이 있다. 준거지향평가는 '70점 이상 득점 혹은 10개 이상 맞는 학생은 시험을 통과 한다.'와 같은 기준을 정하고 있어 조건을 충족한 학습자는 성취목표에 도달한 것으로 평가한다.

형성평가는 교수-학습 과정에서 지속적인 개선을 위해 정보를 수집하는 것을 말한다.

총괄평가는 교수-학습이 종료된 후 완성된 산출물의 가치나 적절성을 측정하기 위해 정보를 수집하는 과정을 말한다.

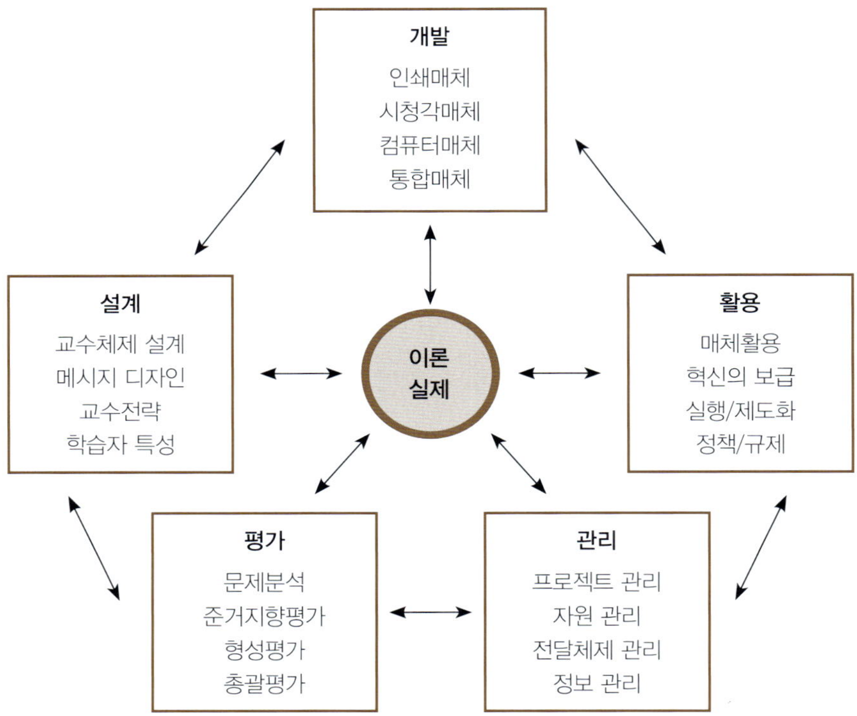

[그림 5-1] **교육공학의 영역**

Ⅱ 교수매체의 유형과 활용

1. 교수매체의 개념

매체(media)란 라틴어의 'medius'에 그 어원을 두고 있는데, 무엇과 무엇의 사이를 맺어 주는 연결 의미를 가지고 있다. 즉 매체는 정보전달의 과정에서 송신자와 수신자 간의 연결을 위해 사용되는 모든 형태의 채널을 의미한다. 따라서 교육현장에서 학습자에게 교육내용을 전달하기 위해 사용되는 교재, 교구, TV, 컴퓨터 등이 매체라 할 수 있다. 그러므로 교수매체란 교육목표가 효과적이고 효율적이며 매력적인 방법으로 달성될 수 있도록 하기 위해 교수자와 학습자, 학습자와 학습자, 학습자와 교육내용 사이에 상호작용을 통한 커뮤니케이션이 발생하도록 도와주는 다양한 형태의 매개수단 또는 제반체제라 정의할 수 있다(이성흠, 2000). 이러한 교수매체는 광의의 개념과 협의의 개념으로 구분할 수 있다. 광의의 개념은 교수자와 학습자 사이에 학습 성취를 위해 사용되는 모든 교수-학습자원 즉, 인적 자원, 학습내용, 학습환경, 교육시설, 기자재 등을 포괄적으로 포함한다. 협의의 개념은 내용을 구체화하거나 보충하여 학습자가 명확히 이해할 수 있도록 도와주기 위해 사용되는 즉, OHP, 슬라이드, 모형, 사진 등 시각자료와 슬라이드, 비디오 등과 같은 보조기구들과 전자식 도구 등을 포함한다.

교수-학습 활동에서 교수매체가 제공하는 효과는 다양하다.

첫째, 교수활동이 보다 표준화될 수 있다. 교수매체를 사용하는 전달방법은 모든 학습자가 같은 매체를 통하여 동일한 방법으로 학습이 가능하기 때문에 전달방법에 의한 차이를 줄일 수 있다.

둘째, 교수-학습과정의 효율성을 높일 수 있다. 매체는 구체적이고 다양한 형태의 정보를 짧은 시간 내에 전달하여 학습목표에 도달하는 데 필요한 시간을 감소시켜 효율성을 높일 수 있다.

셋째, 교수-학습과정의 효과성을 높일 수 있다. 교수매체를 통해 전달된 학습내용이 적절하게 조직되어 있으면 교수매체와 학습자의 상호작용이 활발해지면서 학습내용의 파지와 전이를 높이는 데 효과가 있다.

넷째, 교수-학습의 매력성을 높일 수 있다. 다양한 형태의 교수매체의 활용은 학습자에게 동기를 부여하고 주의집중을 유도하는 데 긍정적으로 작용한다.

다섯째, 학습자가 원하는 시간과 장소에서 학습을 할 수 있다. 교육내용이 비디오나 오디오처럼 개별 사용이 가능한 매체에 저장되어 있어 학습자들은 언제든지 자신이 원하는 시간과 장소에서 학습을 할 수 있다.

여섯째, 교사 역할이 긍정적인 방향으로 변화할 수 있다. 학습내용을 반복적으로 설명하고 전달하는 업무의 일부를 교수매체가 담당함으로써, 교사들은 수업의 다른 부분인 학생의 개별지도나 심화학습, 상담자의 역할에도 관심을 가지게 되었다(신재흡, 2012).

이렇듯 교육현장에서 교수매체의 유용성은 매우 크지만 교수매체가 교수-학습 과정의 모든 것을 해결해 줄 것이라고 생각해서는 안 된다. 수업에서 교수매체의 활용은 매체 자체일 뿐이므로 교수자가 그것을 어떻게 활용하며, 그 과정에서 어떤 역할을 발휘할 것인가 하는 교수자의 역할측면을 더 중요시해야 한다(윤광보 외, 2008).

2. 교수매체의 유형

교수매체의 유형은 관점에 따라 시대변화에 따른 매체의 발전에 따라 다양하게 분류되고 있다. 일반적으로 사용되고 있는 교수매체의 유형은 다음과 같다(신재협, 2012).

1) 시각매체

시각매체는 자료의 내용을 시각적인 방법에 의존해서 정보를 제시하는 매체를 말한다. 시각매체는 빛을 투사하는 장치의 사용 여부에 따라 투사매체와 비투사매체로 나눌 수 있다. 투사매체에는 광학적 또는 전기적 투사장치를 사용하여 사물의 고정된 상을 스크린에 비추는 형태로, 투명필름에 빛을 통과시켜 상을 확대하여 제시한다. 대표적인 투사매체로는 슬라이드, OHP, 실물화상기, LCD 등이 있다. 비투사매체는 자료를 제시할 때 빛을 투사하는 장치를 이용할 필요가 없는 시각매체로 칠판, 융판, 사진, 실물, 모형, 그림 등이 있다.

2) 청각매체

청각매체는 청각적인 방법에 의존하여 정보를 전달하는 것으로 라디오, 테이프 레코드, CD 플레이어, MP3 플레이어 등이 있다. 청각자료는 언어학습이나 음악 감상과 같은 청각을 위주로 정보를 전달할 때 사용한다. 비교적 손쉽게 구할 수 있고 반복성과 기록성, 보존성이 뛰어나다.

3) 시청각매체

시청각매체는 시각과 청각을 동시에 사용하여 정보를 전달하는 매체로 VTR, TV, 영화 등이 대표적이다. 이러한 매체들은 사진이나 그림과 같이 정지된 화면만이 아니라 움직이는 영상까지도 함께 제시한다는 특징이 있다.

4) 상호작용매체

상호작용매체는 주로 컴퓨터를 기반으로 매체와 사용자와의 상호작용을 강조한다. 여기에는 컴퓨터 보조수업(CAI), 상호작용 비디오디스크, 멀티미디어, 쌍방향 화상회의 시스템 등 단순한 정보 제시 수준을 넘어 학습자의 반응을 감지하고, 그 반응에 대한 피드백이나 결과를 제공하는 매체들이 대표적이다. 이와 같은 매체들은 학습자와의 상호작용이 가능하여 수업의 효과를 높이는 데 적절하다.

〈표 5-1〉 **교수매체의 유형**

분류		종류	특징
시각매체	투사매체	슬라이드, OHP, 실물화상기, LCD	광학적·전기적 투사방법을 사용함
	비투사매체	칠판, 융판, 사진, 실물, 모형, 그림	광학적·전기적 투사방법을 사용하지 않음
청각매체		라디오, 테이프 레코드, CD 플레이어, MP3 플레이어	청각적인 정보를 전달함
시청각매체		VTR, TV, 영화	시각과 청각적 정보를 동시에 활용함
상호작용매체		CAI, 상호작용 비디오디스크, 멀티미디어, 쌍방향 화상회의 시스템	컴퓨터가 기본이 되어 학습자와 상호작용이 가능함

3. 교수매체의 선정과 활용

1) 교수매체의 선정

적절한 교수매체의 선정은 효과적인 수업을 위해 필수적인 활동으로서 교수매체 선정에 고려해야 할 요인은 다음과 같다(김진한, 2011).

(1) 학습자의 특성

학습자의 지적 수준, 학습태도, 적성 등을 고려하여 교수매체를 선정한다. 예를 들면 연령과 지적 수준에 따라 그림을 많이 사용할 수도 있고 다양한 그래픽이나 컴퓨터를 사용할 수 있다.

(2) 수업상황

수업상황을 고려하여야 한다. 학습자 집단의 형태, 교실의 여건, 교사의 교수전략, 교사의 매체 사용능력 등에 따라 교수매체를 다르게 선정해야 한다.

(3) 학습목표와 내용

학습목표와 내용에 따라 적절한 매체를 선정하고 내용을 조직하는 것이 필요하다. 예를 들어 학습목표가 '쌍떡잎식물과 외떡잎식물을 구별할 수 있다.'라고 한다면 컴퓨터와 TV 모니터를 활용하여 쌍떡잎식물과 외떡잎식물의 사진이나 그림을 보여 줄 수 있을 것이다.

(4) 매체의 속성과 기능

수업상황과 학습내용에 적절한 매체를 선택하기 위해서는 매체가 가지고 있는 속성인 시각, 청각, 촉각, 크기, 색채 등을 고려하여야 한다. 즉 수업내용의 효과적인 전달을 위해 영상으로 제시할 것인지, 음향으로 제시할 것인지, 실물 자료로 제시할 것인지를 선택하는 것이다.

(5) 수업장소의 물리적 환경

수업할 장소의 물리적 환경과 설비가 매체를 사용하는 데 충분한 조건을 갖추고 있는가를 확인하는 것이다. 예를 들어 동영상을 시청하기 위해서는 컴퓨터, TV, 빔 프로젝트 등의 영상장비가 설치되어 있어야 할 것이다.

(6) 매체의 실용성

매체 구입비용, 이용 가능성, 시간, 접근 가능성 등의 몇 가지 요인에 의해 결정된다. 예를 들어 매체를 사용하고 싶어도 구입비용이 너무 비싸거나 매체를 조작하는 데 시간이 많이 걸리거나 사용법이 어렵다면 그 매체를 사용하기 어려울 것이다.

2) 교수매체의 활용

교수매체를 활용하여 수업의 효과를 최대화하기 위해서는 체계적인 교수매체 선정 과정이 필요하다. 교수매체 선정과 관련하여 가장 대표적인 모형은 하이니크(Heinich) 등이 제시한 ASSURE 모형이 있다. ASSURE 모형은 학습자 분석, 목표진술, 교수매체와 자료의 선정, 수업도구와 자료의 활용, 학습자의 참여 이끌기, 평가와 수정의 6단계로 제시되어 있으며, 각 단계를 구체적으로 살펴보면 다음과 같다.

(1) 학습자 분석(analyze learners)

학습자의 분석은 학습자의 일반적인 특성과 출발점 능력, 학습양식 등을 검사지나 인터뷰 등을 통해서 분석하는 것을 말한다. 일반적인 특성은 성별, 인종, 학년, 연령, 태도 등을 의미하며, 출발점 능력은 학습자가 지니고 있는 선수지식 및 기능, 학습양식은 개개인의 학습자가 학습환경을 인지적으로 지각하고 정서적으로 반응하는 방식을 의미한다.

(2) 목표진술(state objectives)

목표진술은 학습자가 달성해야 할 학습목표를 제시하고 성취목표에 적합한 교수매체를 선정하는 것을 말한다. 따라서 교수활동의 결과는 학습자가 무엇을 할 수 있는지가 분명하게 제시되어야 하므로 학습목표는 구체적이면서도 명확하게 진술되어야 한다.

(3) 교수매체와 자료의 선정(select media and materials)

진술된 학습목표에 따라 교수방법과 교수매체, 교수 자료를 선정하는 것이 필요하다. 즉 학습목표에 적합한 교수방법을 선택한 후 선택한 교수방법을 수행하기에 가장 적합한 교수매체를 선정하고, 교수매체에 적합한 교수 자료를 선택하는 것이다.

(4) 수업도구와 자료의 활용(utilize media and materials)

수업도구와 자료의 활용은 사용할 매체가 선정되면 계획한 매체를 사용하기에 적합한 환경인지를 점검하고 수업 전에 학습자들에게 매체활용에 대한 정보를 주는 것을 말한다. 마지막으로 교수매체를 활용한 학습경험을 제공한다.

(5) 학습자의 참여 이끌기(require learner participation)

학습자가 학습과정에 능동적으로 참여할 때 효과적인 수업이 될 수 있다. 이를 위해 수업 중 실제로 행동으로 시연을 해 볼 수 있는 기회를 제공하거나, 학습자 반응에 대해 적절한 피드백을 제공한다.

(6) 평가와 수정(evaluation and revise)

평가와 수정은 수업실행 후에 학습자의 성취도를 측정하고 매체와 방법에 대해 평가하는 것을 의미한다. 즉, 특정매체가 학습자의 목표달성에 효과가 있었는지, 학습자의 흥미를 유발시키고 학습자의 참여를 유도하는 데 효과적이었는지에 대하여 평가한다. 평가된 결과를 바탕으로 필요한 경우 관련 영역에 대한 교수계획을 수정한다.

Ⅲ 멀티미디어와 ICT 활용교육

1. 멀티미디어와 교육

1) 멀티미디어의 정의 및 특성

멀티미디어(multimedia)는 시대에 따라 그 의미가 다르게 정의되어 왔다. 초기에는 슬라이드, 녹음기, VCR 등과 같은 매체들을 연결하여 정보를 전달하는 것을 의미하였다. 1990년대에 컴퓨터공학이 발달하면서 멀티미디어의 개념은 컴퓨터를 기반으로 텍스트, 그림, 소리, 애니메이션, 영상 등 정보의 형태가 다른 두 가지 이상의 매체를 디지털 형식으로 통합하여 사용자와 상호작용이 가능한 형태로 제공하는 것이었다. 최근에는 문자정보, 정지화상, 그래픽, 애니메이션, 동영상, 소리 및 음악을 포함하는 다양한 형태의 정보를 제시하고 활용하는 것을 의미하며, 학습자의 입장에서는 제공되는 정보와 기기의 통제권을 가지고 언제 어떤 형태로든 정보를 주고받을 수 있는 상호작용이 가능한 매체를 의미한다(윤광보 외, 2011). 또한 컴퓨터를 기반으로 하는 멀티미디어는 하이퍼미디어와 하이퍼텍스트의 기능이 포함되어 관련 정보에 쉽게 접근할 수 있어 학습에서의 다양한 적용이 가능하다. 특히 컴퓨터 기술의 발달로 초고속 통신망과 하이퍼미디어 환경을 기반으로 언제, 어디서나 접속 가능하고 사용자와 다양한 상호작용이 가능한 웹기반 학습 멀티미디어로 발전하면서 대용량의 영상과 사운드를 담은 생생하고 화려한 자료가 개발되고 있다(손은주 외, 2014).

교수-학습환경에서 멀티미디어 활용의 목적은 디지털 형태의 다감각적인 경험을 이용하여 학습의 효과를 높이는 데 있다. 또한 다양한 형태의 정보를 디지털방식으로 통합하여 매체와 학습자 간에 상호작용적인 환경을 제공하는 멀티미디어는 다음과 같은 특성을 가지고 있다(조성일 외, 2006; 홍기칠, 2012).

첫째, 대량의 정보를 문자나 소리, 이미지 등의 다양한 형태로 저장할 수 있고 탐색이 용이하다. 특히, CD-ROM를 활용한 저장장치는 사운드, 동영상 등의 대용량의 정보를 저장할 수 있고 검색이 용이하다.

둘째, 다양한 형태의 정보를 한 화면에 제시할 수 있다. 텍스트, 음성정보, 그림이나 사진, 애니메이션, 동영상 등을 한 화면에 나타낼 수 있다.

셋째, 현실과 유사한 환경을 제공한다. 멀티미디어는 텍스트, 그래픽, 음향, 영상 등을 통합하여 가상의 현실을 만들어 낼 수 있으며, 학습내용에 대한 실제적인 자료를 제시하여 생동감 있는 환경을 제공한다.

넷째, 멀티미디어는 사용자와 상호작용이 가능하여 학습자에게 학습경험을 확장시켜 준다. 학습자의 응답에 따라서 교육내용의 전개와 순서, 분량 등을 선택할 수 있다.

다섯째, 하이퍼링크 방식에 의하여 비선형 정보의 제시 및 탐색이 가능하다. 기존의 일방향성인 전달방식에서 하이퍼미디어의 특성인 링크기능으로 학습자가 원하는 정보를 선택하여 사용할 수 있는 비선형적인 특징이 있다.

2) 멀티미디어의 교육적 효과

멀티미디어는 교육적으로 다른 교수매체보다도 많은 장점을 가지고 있다. 멀티미디어의 특성을 기초로 교육적 측면에서의 효과를 살펴보면 다음과 같다(백영균 외, 2003; 서현아 외, 2016; 손은주 외, 2014; 유승우 외, 2010).

첫째, 실제와 유사한 간접 경험의 기회를 제공한다. 멀티미디어는 그림, 사진, 소리, 동영상, 애니메이션 등을 통해 실제와 유사한 수업내용을 전달함으로써 학습자에게 간접경험의 기회를 제공한다. 예를 들면, 현장견학이나 실험이 필요한 교수장면에서 실험이나 실습과정을 보여 주는 동영상 프로그램으로 활용한다면 실제적이고 효과적인 수업이 될 수 있다.

둘째, 풍부한 자료를 제공한다. 멀티미디어는 기존의 교실수업에서 제공하지 못하였던 다양한 형태의 학습 자료를 제공한다. CD-ROM과 웹의 형태로 제공되는 멀티미디어 자료를 이용하여 학교수업뿐만 아니라 학습자의 관심정보를 확인할 수 있고 최신의 자료도 찾아볼 수 있다.

셋째, 학습의 개별화를 촉진한다. 멀티미디어를 통한 학습은 자신의 학습속도에 맞춰 반복학습이나 보충, 심화학습 등 원하는 정보를 선택적으로 볼 수 있는 환경을 제공한다. 이러한 환경은 학습자 개개인이 자신에게 적합한 학습방법을 형성할 수 있도록 지원함으로써 학습의 개별화를 촉진시켜 준다.

넷째, 동기유발과 자신감을 갖게 한다. 멀티미디어는 문자, 그래픽, 음성정보

등 풍부하고 다양한 정보를 통합하여 제공하기 때문에 학습자에게 매력적인 학습도구가 될 수 있다. 또한 수업상황에서 교수자와 학습자, 학습자와 교과내용 간의 다양한 상호작용, 애니메이션과 같은 동영상 효과는 학습에 대한 동기와 흥미를 유발하는 데 매우 효과적이다.

다섯째, 비용을 절감하고 훈련시간을 단축한다. 학습과 훈련을 위해 제작된 멀티미디어 프로그램의 활용은 현장견학에 소요되는 시간이나 비용, 공간을 줄일 수 있다.

2. ICT 활용교육

1) ICT 교육의 정의 및 특성

ICT(Information and Communications Technologies)는 정보기술과 통신기술의 합성어로 하드웨어 및 소프트웨어 기술과 이들 기술을 이용하여 정보를 수집, 생산, 가공, 보존, 전달, 활용하는 모든 방법을 말하며, 정보가 전달되는 의사소통 과정을 강조하는 통신개념이다. 교수-학습의 과정에서 ICT의 활용은 각 교과의 학습목표를 효과적으로 달성할 수 있도록 지원하는 데 있다. 예를 들어, 영어학습을 위한 듣기, 악기 연주를 위한 동영상 등 교육용으로 제작된 CD-ROM 타이틀이나 인터넷의 웹자료를 활용하는 교수-학습의 형태를 말한다.

교육현장에서 학습자들에 다양한 학습활동을 촉진시켜 학습목표를 효과적으로 달성하기 위해 활용되는 ICT 교육의 특성은 다음과 같다(유승우 외, 2010).

첫째, 학습의 자율성과 유연한 학습활동을 제공한다. 지식전달 위주의 교육방법과 교실중심의 획일적 교육환경에서 벗어나서 학습자의 특성과 자율성을 존중하며, 다양하고 유연한 학습활동을 수행할 수 있게 한다.

둘째, 자기 주도적 학습환경을 제공한다. ICT를 활용한 정보검색 및 의견교환을 통해 학습전략을 수립하고, 평가된 결과를 통해 학습의 출발점을 다시 설정하는 것 등 일련의 학습과정에 학습자가 주도적인 역할을 할 수 있도록 지원한다.

셋째, 창의력 및 문제해결력을 신장시킨다. ICT가 구비하고 있는 다양한 도구(인터넷, 응용프로그램, 멀티미디어)를 활용하여 정보 탐색, 검색, 정보사용, 분석, 종합 등의 과제해결 과정에 직접 참여함으로써 창의력과 문제해결력을 향상시킨다.

넷째, 다양한 교수-학습 활동을 촉진한다. ICT 교육을 활용한 프로젝트학습, 탐구학습, 협동학습, 문제해결 학습 등의 다양한 학습활동을 지원함으로써 교수-학습의 질적 및 양적 향상이 이루어질 수 있다.

다섯째, 교육의 장을 확대한다. 다양한 ICT의 활용을 통해 교사와 학습자들은 네트워크를 통해 학교라는 공간을 초월하여 전 세계의 학습 자료에 접근할 수 있다. 이러한 접근방식은 교육의 장을 더욱 확대함으로써 사고의 폭을 넓히고, 고차적인 사고능력을 신장시킬 수 있다.

2) ICT 활용교육의 유형

ICT 활용교육의 유형은 ICT 특성 및 교육적 활용 가능성을 토대로 다음과 같이 나누고 있다(백영균 외, 2003; 신재흡, 2012).

(1) 정보 탐색

정보 탐색은 주어진 과제를 해결하기 위해 인터넷 검색 엔진을 활용하여 웹사이트, CD-ROM 타이틀 내용의 조사, 인쇄 자료 등을 활용하여 자료를 탐색하거나 정보를 가지고 있는 사람과의 직접적인 정보 교환 등을 통해 다양한 정보를 찾아보는 유형의 수업이다. 문제해결능력과 탐구하는 태도를 기르기 위한 목적 등에 활용한다.

(2) 정보 분석

정보 분석은 웹사이트 검색, 실험, 도서 등 다양한 방법으로 수집한 원자료를 문서편집기나 데이터베이스, 스프레드시트 등을 이용하여 비교, 분류, 조합하는 등의 분석활동을 통해 결론을 예측하고 추론해 보는 유형의 수업이다. 수집한 자료의 분석과정을 통해 추론하는 탐구능력을 기르기 위한 목적으로 활용한다.

(3) 정보안내

정보안내는 교사가 미리 수업을 계획하여 필요한 단계에서 교육용 CD-ROM 타이틀을 제공하거나, 프레젠테이션 자료를 제시하거나, 웹 문서를 제공하여 학습자들에게 수업내용을 안내하는 수업 유형이다. 이 유형은 사전에 교사가 적절한 멀티미디어 매체를 제작 및 선택하는 능력과 제작을 위한 소프트웨어를 능숙하게 사용할 수 있는 기술이 필요하다.

(4) 웹을 이용한 토론

웹을 이용한 토론은 채팅이나 게시판, 전자우편 등을 활용하여 특정한 주제에 대해 참여자들 또는 불특정 다수의 사람들이 자신의 의견을 제시하는 수업 유형이다.

(5) 협력 연구

협력 연구는 교실이라는 제한된 공간적 제약을 넘어 다른 지역, 다른 나라 학습자끼리 공동 관심사항에 대해 개별로 자료를 검색하고, 취합하여 결과물을 공유하는 수업 유형이다.

(6) 전문가와 교류

전문가와의 교류는 인터넷을 이용하여 특정 분야의 전문가, 학부모, 선배, 다른 교사 등과 의사소통을 하면서 학습자들이 학습활동을 할 때 관련 분야의 전문지식을 활용하는 수업 유형이다.

(7) 웹에서의 펜팔

웹에서의 펜팔은 인터넷의 전자우편 기능을 이용하여 국내 및 국외 지역의 다른 사람들과 개인적인 교류를 하거나 언어학습 또는 다른 지역의 문화에 대한 이해를 목적으로 하는 수업 유형이다.

(8) 웹 정보 만들기

웹 정보 만들기는 문제해결 과정에서 산출된 각종 결과물들을 다른 사람들이 볼 수 있도록 보고서나 프레젠테이션 자료, 웹 자료 등으로 만드는 수업 유형이다.

Ⅳ 교육공학의 활용 전망

1. 미래교육의 방향

언제 어디서나 편리하게 컴퓨터 자원을 활용할 수 있는 유비쿼터스 정보통신 기술이 확산됨에 따라 미래의 교육체제 및 교수-학습 측면에서 획기적인 변화를 가져올 것이라고 예측하고 미래교육의 방향을 다음과 같이 제시하고 있다(임진호 외, 2006).

첫째, 교육목적 측면에서 명시적 지식보다는 암묵적 지식이 중요시되고, 학생들의 창의적 문제해결에 초점을 두며, 학습에서의 사회적 관계를 맺는 상호작용을 중시함과 동시에 인성교육이 더욱 강조될 것이다.

둘째, 교육의 방법 측면에서 평생학습 사회를 대비한 자기 주도적 학습능력을 갖추어야 하며, 시간과 공간의 제약이 없는 개방형 학습체계가 구축될 것이다. 또한 학습자의 특성, 학습양식, 선행학습 정도 등 학습자의 요구에 따라 차별화되는 학습의 개인화와 협동학습이 강화될 것이다.

셋째, 교육환경 측면에서 종이와 칠판이 사라지고 전자교과서 학교, 가상현실 및 증강현실을 활용한 오감 체험이 가능한 멀티미디어 환경, 유비쿼터스 ICT를 통한 실생활 연계학습이 이루어질 것이다.

넷째, 유비쿼터스 환경의 도래로 특정 학습자가 필요한 시기와 장소에서 필요한 학습활동을 전개할 수 있어, 학교, 교수자, 학습자의 역할이 상당히 변화될 것이다.

2. 미래의 교육공학

현대의 디지털 및 정보통신기술의 혁신은 교육환경 및 교수-학습환경을 급속도로 변화시키게 되었다. 더 나아가 고도화된 정보통신 인프라를 바탕으로 멀티미디어 데이터, 유·무선 네트워크 환경, 모바일 통신의 발전은 오프라인과 온라인이 통합된 교수-학습환경을 제공하여 다양한 교육 기회에 접근이 가능하게 될 것이다. 특히 유비쿼터스 시대의 도래에 따른 교육의 구체적 변화는 전자책의 개발 보급, 모바일 러닝의 도입과 활용, 유비쿼터스 러닝의 확장 등이다. 전자책과 모바일 러닝, 유비쿼터스 러닝에 대해 살펴보면 다음과 같다.

1) 전자책

전자책은 책의 내용을 디지털 형태의 정보로 가공하여 저장한 출판물을 의미한다. 즉 문자나 화상과 같은 정보를 전자적 매체에 기록하여 CD-ROM과 같은 오프라인 형태는 물론 온라인 형태의 인터넷을 이용하여 출판하는 것을 포함한다. 이러한 전자책은 종이책에 비하여 가격이 저렴하고 방대한 양의 책을 저장, 편집, 관리하는 데 용이하며, 온라인을 통해 구매할 수 있어 시간을 절약할 수 있다. 또한, 휴대용 단말기를 이용하여 저장하거나 언제 어디서나 쉽게 자료를 찾아볼 수 있고, 동일한 책의 내용이라도 다양한 화면구성 기능을 이용하여 다양하게 볼 수 있으며, 전자 매체이기 때문에 텍스트의 확대 및 축소는 물론 메모를 할 수 있다는 특징이 있다.

2) 모바일 러닝

모바일 러닝은 전자매체 중 모바일 통신환경을 기반으로 휴대폰이나 개인용 휴대용 단말기 등과 같은 통신매체를 활용하는 교수-학습방식을 말한다. 모바일은 이동성을 의미하는 것으로 노트북, PDA, 스마트폰 등의 전자기기가 있다. 모바일 러닝은 학습자가 어느 곳에 가든지 서비스를 받을 수 있는 이동성, 어디서나 인터넷 연결이 가능한 곳이라면 사용이 가능한 접근성, 모바일기기 간에 상호통신이 가능한 확장성, 단시간에 원하는 정보를 획득할 수 있는 신속성, 학습자 특성에 따라 학습속도나 내용을 스스로 조절하는 자기 주도성, 다양한 학습형태를 학습자의 흥미에 따라 선택할 수 있어 개인화의 특징을 가진다.

3) 유비쿼터스 러닝

유비쿼터스는 시간과 공간의 제약 없이 네트워크에 접근이 가능한 환경을 지칭하며, 유비쿼터 환경을 기반으로 한 환경에서 학습이 이루어지는 것을 유비쿼터스 러닝이라고 한다. 즉 유비쿼터스 학습체제란 휴대기기 간의 네크워크를 기반으로 단말기와 사물에 부착된 각종 센서, 칩, 라벨 등을 통해서 학습자의 상황정보는 물론 해당 사물의 정보를 실시간으로 확인할 수 있어 학습자와 사물 간의 정보를 습득할 수 있는 유비쿼터스 학습 활동이 이루어진다.

이러한 유비쿼터스 러닝은 교육장소가 융통성 있게 다양화되고, 교육-학습방법이 다양한 맞춤형으로 변화하는 특징이 있다. 또한 지식전달 체계가 실시간으로 송수신이 가능하여 즉시성과 현장성이 있으며, 학습자가 의도적으로 삭제하지 않는 한 학습자원을 영구적으로 관리할 수 있고, 학습자는 어느 곳에서나 자료의 접근이 용이하고 다양한 학습공동체의 출현이 가능하다는 특징이 있다.

‖ **학습목표** ‖

1. 교수-학습 과정의 관계를 이해한다.
2. 교수지도의 원리를 이해한다.
3. 교수-학습지도의 방법에 대해 이해한다.
4. 교수과정 모형(글레이저, 캐롤, 오수벨, 브루너)에 대해 이해한다.

06
CHAPTER
교수-학습

I 교수-학습 과정의 이해

학교교육의 가장 핵심적인 활동은 교수-학습과정이다. '교수'란 어떠한 것을 가르쳐 주는 것을 뜻한다. 이것은 교사의 가르침을 받아들이는 학생들에게 지식과 기능을 가르치는 것을 의미한다. 따라서 교수-학습과정은 언제나 배우는 자와 가르치는 자의 교류 속에서 이루어진다. 학습은 학생 스스로의 성장과 발달에 관련되는 바람직한 학습과제를 학습해 나가는 과정이며, 교수는 학생의 학습이 성공적일 수 있도록 의도적으로 필요한 여러 가지 학습 조건을 조성하여 학습자와 상호작용하는 과정이다.

1. 교수의 개념

교수(teaching)란 교사가 중심이 되어 지식을 학생에게 전달하는 것으로 가르치는 것을 말한다(남궁용권 외, 2005). 교수는 학습자의 내적 능력과 적절히 상호작용하는 학습장면에 대한 외적 조건의 통제를 뜻한다.

교수는 학습자의 내적 능력과 적절히 상호작용하는 학습장면에 대한 외적 조건의 통제를 말하며 학습을 위한 수단이다. 즉 교수 행위는 그 자체에 가치가 있는 것이 아니라 학습을 돕는 데에서 가치를 찾을 수 있다. 교수에서 교사와 학생 간의 관계는 합리적, 지적 차원이 중심이 되지만 그 밖의 것도 포함된다. 교수 행위는 거짓말을 하거나 협박하는 것과는 달리 학생이 배우는 것을 적절한 증거로 뒷받침하는 데 지적 능력을 활용해야 한다. 또한 교사는 학생을 인간적으로 그 존엄성을 인정하고 존중해야 할 것이다.

가네(Gagne, 1974)는 교수를 학습자의 내적 학습과정을 지원하기 위해 의도적으로 설계된 외적 사상들의 집합이라 하였으며, 이 사상들은 학습자의 학습을 지원하기 위한 것이다(성태제 외, 2007). 교사중심의 지식 전달 위주의 주입식 강의가 실시되던 교수는 전통사회에서 많이 사용하였는데 진보주의 교육이론의 대두로 학습자의 능동적인 학습활동과 학습자들의 개인차를 강조하는 보다 새롭고 민주적인 방법으로 발전하면서부터 학습지도(learning guidance)란 용어를 많이 쓰게 되었다.

종합하면, 교수의 개념은 교사와 학습자가 서로 묻고 답하는 상호작용의 과정이 중시되고, 교사의 가르치는 활동은 학습자들에게 학습내용을 일방적으로 전달하는 것이 아니라 학습자들이 스스로 학습을 수행해 나갈 수 있도록 학습활동과 학습자가 배우는 과정을 동시에 강조한다.

2. 학습의 개념

학습에 대한 개념을 살펴보면 첫째, 행동주의 심리학에서 학습은 자극과 반응간의 관계에서 일어나는 체계적인 변화를 의미한다. 둘째, 인지학습 이론의 관점에서 학습은 인지구조의 변화로 정의된다.

학습(learning)은 넓은 뜻으로는 인간발달에 있어서 재체제화(reframong)의 과정을 말한다.

즉 인간과 생활과의 상호작용으로 새로운 관계가 형성되고 이에 따라서 인간행동은 변화가 나타난다. 행동의 변화는 신체적인 것도 있고 정신적인 것도 있으나 대체로 심신이 일체적으로 움직여서 되는 경우가 많이 있다. 학습은 생득적 반응의 경향, 성숙에 의한 변화, 피로, 약물, 질병, 사고 등에 의한 일시적 변화를 제외한 새로운 지식이나 기능, 태도, 생활양식 등을 후천적으로 습득하는 과정이다.

이외에도 학습에 대한 정의는 매우 다양하게 내려지고 있는데, 이들로부터 끌어낼 수 있는 학습은 환경과의 상호작용 속에서 후천적으로 얻어지는 영속적이며 안정된 형태의 행동의 변화를 의미하는 것으로 볼 수 있다. 그러나 학습에 포함될 수 없는 것으로는 선천적인 성질 또는 선천적인 것에 의한 변화와 신체의 성숙에 의한 변화 그리고 피로, 약물 또는 질병, 사고 등에 의한 일시적인 변화 등을 들 수 있다.

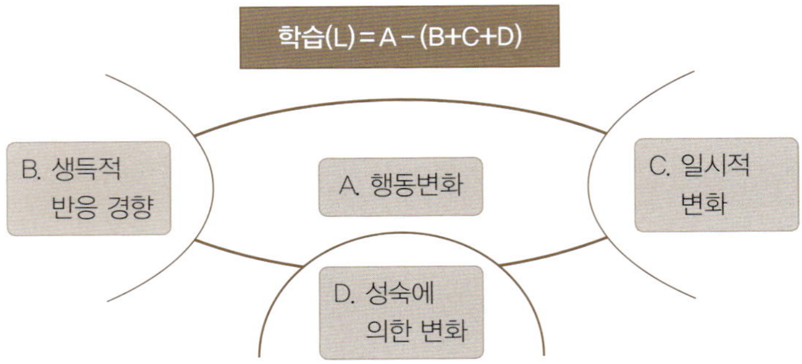

[그림 6-1] **학습의 범주**

출처: 성태제 외(2015). 최신 교육학개론. 학지사.

즉, 학습에 의한 변화는 학습(L)=A-(B+C+D)의 공식으로 나타낼 수 있다. 다시 말해 학습이란 훈련이나 연습 등에 경험을 통해 학습자에게 일어나는 비교적 지속적인 행동이나 인지의 변화라고 할 수 있다(Morgan, et al., 1979).

위에서 살펴본 교수와 학습의 개념을 요약 정리하면 〈표 6-1〉과 같다.

〈표 6-1〉 **교수와 학습의 관계**

관점	교수(teaching)	학습(learning)
학생의 입장	피동적	능동적
변수	독립변수	종속변수
목표	일정한 목표가 있어야 함	목표가 있을 수도 있음
의의	일의적	다의적
연구대상	교실 사태	동물
주안점	지적 체계	생활 경험
교수대상	인간	동물, 단순화된 수업장면
행동변용 방법	처방적	기술적

3. 수업의 개념

1) 수업의 개념

교수와 수업에 대해 영어의 'teaching'을 교수로, 'instruction'을 수업으로 엄격히 구분해서 사용하기도 하지만, 많은 사람들이 교수와 수업을 혼용하고 있는 실정이다(김순택, 1989; 진위교, 1986). 그러나 이 두 개념을 구분하여 사용한 학자들을 살펴보면 다음과 같다.

가네(Gagne, 1985), 브릭스와 와거(Briggs & Wager, 1992), 스미스와 라간(Smith & Ragan, 1993)은 교수를 교사에 의하여 전달되는 학습경험으로, 수업을 교사뿐만 아니라 모든 형태의 매체에 의하여 전달되는 학습경험으로 규정하였다.

코리(Corey, 1971)는 교수는 교사가 의도하는 것은 물론이고 잠재적이고 우연적인 학습경험까지를 포함한다고 주장하였고, 가네(Gagne, 1985)는 수업은 학습자가 계획된 학습목표를 달성할 수 있도록 체계적이고 계획적으로 정보와 환경을 제공하는 일이라고 하였다. 그리고 양용칠 등(1999)에 따르면 교수는 가르치는 방법을 의미하는 가장 일반적인 용어로서 교수자가 일방적으로 학습을 하게 되며, 수업은 교수-학습의 과정이 포함된 개념이다.

이처럼 교수는 교사가 학습자에게 학습내용을 가르치고 전달하는 행위로서 교사에게 초점을 둔 개념이라고 볼 수 있다면, 수업은 학습자의 학습과정을 도와주기 위해 여러 가지 학습환경을 의도적이고 계획적으로 정정하는 과정으로 교사와 학습자 간의 상호작용뿐만 아니라 각종 매체를 이용한 상호작용도 포함하고 있는 개념이라 볼 수 있다(이현림 외, 2000).

2) 수업과 학습의 차이점

교수와 수업을 어떤 관계로 파악하든지 수업과 학습은 다음과 같은 명백한 차이를 지닌다.

첫째, 수업에 목표가 있어야 한다는 말은 수업이 의도적인 작용이라는 것이며, 학습은 의도적인 경우도 있지만 무의도적인 상태에서도 이루어진다는 점이다.

둘째, 수업은 작용하는 변수인 독립변수이고, 학습은 작용 결과를 나타내는 종속변수이다.

셋째, 교사가 가르치는 것은 하나이지만 학생은 제각기 다르게 배운다는 것으로 수업은 일의적(一義的), 학습은 다의적(多義的)이다.

넷째, 수업은 처방적, 학습은 기술적이다. 즉, 수업은 학생의 문제점을 찾아내어 이를 고치기 위한 처방적 행동이라 할 수 있으나 학습은 학생 행동의 변화된 모습을 그대로 기술할 뿐이다.

3) 좋은 수업의 특징

앞서 살펴본 교수와 학습, 수업의 개념을 근간으로 볼 때, 좋은 수업을 위해서는 다음과 같은 특징이 필요하다.

첫째, 수업의 목표를 명확히 하고, 이를 학습자에게 확인시켜야 한다.

둘째, 수업은 학습자의 지적 발달, 정서적 발달, 사회적 발달, 신체적 발달이 조화롭게 이루어질 수 있도록 해야 한다.

셋째, 수업은 학습자의 탐구심을 충족시켜 창의성이 신장되도록 해야 한다.

넷째, 수업은 학습자의 필요와 흥미, 노력에 기초하여야 한다.

다섯째, 학습자 개인의 차이를 인정하고, 이에 알맞은 수업방안을 모색해야 한다.

여섯째, 수업은 협동적 경험이 중시되어야 한다.

Ⅱ 교수지도의 원리

보다 효과적인 교수-학습을 위해 충족되어야 할 원리들에 관해 살펴보면 다음과 같다(박영진 · 장성화, 2016).

1. 자발성의 원리

자발성의 원리는 학습자 자신이 자발적으로 학습활동에 적극 참여해야 한다는 원리이다. 자발성의 원리는 인간 내부에서부터 모든 방면으로 자라는 능력, 가능성을 이해하고 최대한 발전시킬 수 있도록 도와주는 것이다. 인간의 성장, 발달은 인간 내부에서부터 모든 방면으로 자라나려고 하는 자발성에 의해서 성장하는 것이며, 이것이 외부적인 환경의 영향을 받아서 인격이 완성되는 것이다. 또한 자발성은 자율적인 학습의 전개를 통하여 육성되어야 하며 그 토대와 기초는 학생 내부에서 솟아나오는 흥미와 욕구와 능력 같은 것이다.

자발성의 원리에서 자기활동, 자기구성, 자기발전, 자기생산을 고려할 때 학습의 모든 가능성에 내재해 있는 최후의 핵심은 자아이다. 즉 학습은 나로부터 출발해야 한다는 것도 자발성의 원리를 시사하는 것이다. 또한, 흥미, 경험, 노력, 직관, 활동의 원리 등은 모두가 자발성의 원리에서 파생된 지도방법의 원리이다.

2. 개별화의 원리

개별화의 원리는 학습자가 지니고 있는 각자의 요구와 능력에 알맞은 학습활동의 기회를 마련해 주어야 한다는 원리이다. 학습자는 지적, 능력, 성격, 가정환경 등에서 개인차가 있다. 따라서 교수-학습과정에서는 개인차를 고려한 개별화된 수업이 모색되어야 한다. 특히 학습지도의 방법이 학습자의 요구 수준에 따라 그 정도에 적합한 지도방법인지 확인할 필요가 있다. 단원학습법을 기초로 하는 학습지도에 있어서 학습능력이 높은 학생은 그 수준에 합당하게 또 보통능력을 가진 학생이나 뒤처지는 학생들은 각각 그들의 능력에 맞는 학습을 할 수 있다.

즉 학습자들의 활동 분야가 흥미와 난이도 면에서 넓은 폭을 가지고 있으므로 학습의 개별화가 단원 안에서 가능하다.

머셀(Mursell)은 학습의 개별화를 단지 양적 – 수직적인 차이로만 파악할 것이 아니라 적성, 흥미, 학습방법 등 질적인 개인차를 고려해야 한다고 주장하였다. 결국 학습자의 관심과 교사의 지시에 따라 학습내용을 분담하여 진행시키는 것이 가장 효과적인 개별화된 학습이다.

3. 사회화의 원리

사회화의 원리는 학습내용을 현실사회의 이념과 문제에 기반을 두어 학교에서 경험한 것과 학교 밖에서 경험한 것을 교류시키는 것이다. 따라서 사회화의 원리에서 학습이란 개인의 인격 완성을 목적으로 하는 의도적 활동인 동시에 개인을 사회화하는 동화작용이며 사회인으로 형성하는 하나의 사회작용이라고 할 수 있다.

교수-학습지도에 임하는 교사는 사회문제 등에 민감해야 하며, 사회를 바라보는 시각과 통찰력을 가지고 있어야 한다. 또한 학습장면에 있어서도 학생의 사회성이 개발될 수 있도록 상호협동에 의한 학습이 이루어져야 한다. 이러한 사회화의 원리를 실천하기 위한 구체적인 교수-학습과정은 분단학습, 토의법, 자치활동, 동아리활동, 공동작업 등이 있다.

4. 통합성의 원리

통합성의 원리는 학습을 통합적인 전체로 지도해야 한다는 원리로 공동학습의 원리와 상통한다. 학습이란 부분적, 분과적으로 이루어지는 것이 아니고 지적, 정의적, 신체 기능적 영역에 걸쳐 종합적으로 균형과 조화를 이루어야 한다. 교수-학습 과정을 통해 길러진 학생들의 지식과 기능이 분산적이고 단편적인 것에 불과하다면 충분한 학습효과를 거둔 것은 아니다. 지식과 기능이 서로 연관되고 통합될 때 비로소 효과적으로 활용할 수 있기 때문에 통합성의 원리는 중요하다. 통합성의 원리가 제대로 구현되기 위해서는 통합교육과정의 운영, 학습경험의 통합, 교과활동과 특별활동의 상보성 강화, 교과지도활동과 생활지도활동의 조화적 운영, 통합교육의 실천 등이 이루어져야 한다.

Ⅲ 교수-학습지도방법의 이해

보다 효과적인 교수-학습을 위한 지도방법들에 관해 살펴보면 다음과 같다(박영진 · 장성화, 2016).

1. 강의법(lecture method)

강의법은 가장 오래된 전통적 교수방법이며, 교사의 언어를 통한 설명과 해설에 의해 학생을 지도해 가는 방법이다. 교사가 교재 및 교과서와 같은 교육내용을 직접 선정하고 계획하여, 이것을 학생들에게 강의하면 학생들은 이것을 듣고, 생각하고, 필기도 하면서 학습한다. 강의법은 많은 지식을 습득할 수 있으며, 많은 학생들에게 동시에 짧은 시간에 교수할 수 있어서 경제적이다. 또한 유능한 교사가 강의를 하는 경우는 학생들에게 감명 깊은 경험을 줄 수 있다.

18~19세기 헤르바르트(Herbart)에 의해 체계화, 과학화된 5단계 교수법은 다음과 같다(김인식 외, 2001).

1) 준비단계

학습의 동기를 유발하고 학습자가 자신의 인지구조 속에 새로운 개념을 받아들일 수 있는 준비를 한다. 준비단계는 개념을 제시할 때, 다른 개념과의 특성적 차이를 분명히 제시하여야 하며, 다양한 종류의 구두화가 사용되어야 한다.

2) 결합단계

학습자로 하여금 새로운 개념의 특성파악 및 기존 개념과의 차이, 유사성 등을 파악하게 하여 새로운 개념과 기존 개념을 결합하는 것이다.

3) 체계화단계

앞에서 말한 단계의 결합된 개념들을 분류 및 조직화하여 인지구조 속에 체계화시킨다.

4) 응용단계

지금까지 배운 내용을 학습자들이 충분히 학습하였는가를 검증하기 위해 학생들에게 과제를 부여하여 적용하는 단계이다.

5) 강의단계

선별적으로 적절히 활용되어야 하며, 공학매체와 함께하면 높은 효과를 얻을 수 있다.

교수–학습의 목적 면에서 어떠한 특정 태도나 가치를 고취하기 위하여 설득력 있는 웅변적 교수가 필요할 때 효과적이다. 또한 사실적 정보나 개념들을 제한된 짧은 시간 안에 논리·객관적으로 분명하고 효율적으로 전달하고자 할 때 매우 효과적이다.

교수–학습의 내용 면에서 전체 내용을 개괄, 요약하거나 또는 다른 교수방법을 적용하기 전 사전 해설을 할 때도 그 진가를 발휘한다.

교수–학습의 학습자의 특성 면에서 모호성을 견디지 못하는 학습자나 내성적인 학습자, 심리적으로 경직되어 있고 융통성이 없으며 근심걱정이 많은 학습자, 순응형의 학습자에게 효과적이다. 강의법의 진행과정은 [그림 6-2]와 같다.

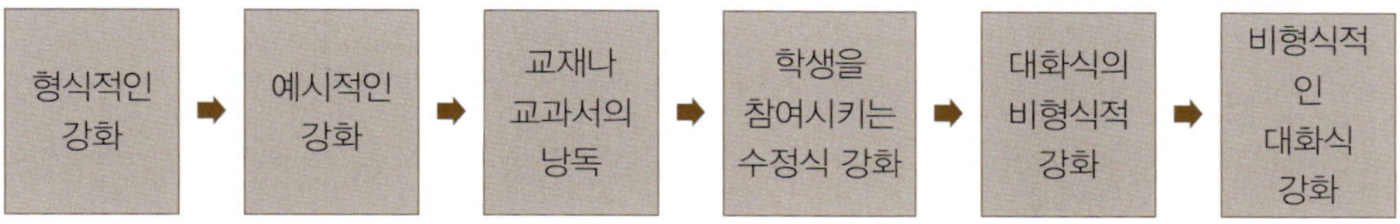

[그림 6-2] **강의법의 진행과정**

출처: 김인식 외(2001). 인간교육의 이해. 교육과학사.

2. 토의법(discussion method)

1915년 파커(Paker)가 제창한 회화법에서 시작되어 급속도로 보급되어 왔고 오늘날에 모든 학습활동에서 사용되고 있다. 토의법은 공동학습의 한 가지 형태로서 학생 상호 간의 의견교환을 통하여 학습활동을 이끌어 나감과 동시에 학습의 사회화를 꾀할 수 있는 민주적 학습지도방법이다. 토론에는 교사가 참여하는 경우도 있지만 주로 학생들끼리 토론하고, 교사는 토론을 이끌어 나가는 중재자의 역할을 수행하는 것이 보통이다. 따라서 토의법의 가치는 수업을 사회화하고, 타인의 의견을 존중하고 협력하는 민주적 태도와 가치관을 형성하는 데 있으며, 의사표현력을 기를 수 있다는 장점도 있다.

토의법은 참가하는 인원과 토의 내용에 따라 다섯 가지로 나누어진다.

① 원탁토의(round table discussion)는 10명 내지 14~15명의 인원이 형식에 구애받지 않고 원탁에 둘러앉아 자유롭게 하는 토의를 말한다.

② 배심토의(panel discussion)는 4~6명의 배심원과 다수의 청중으로 구성된다. 토의가 시작되면 의장은 배심원을 소개하고 문제와 논점을 소개함으로써 토의를 시작한다. 한편 의장이 필요에 의해 청중을 논의에 참가시켜서 질문이나 발언의 기회를 주기도 한다.

③ 공개토의(forum discussin)는 1~2명의 연사가 공개연설을 한 후 의장의 사회로 연사와 청중 사이의 질문과 답변을 할 수 있다.

④ 심포지엄(symposium)은 3명 이상의 연사가 같은 문제를 가지고 서로의 다른 입장에서 자기 의견을 미리 준비해 가지고 사회자의 안내에 따라 강연을 하는 것이다. 미리 강연 내용이나 통계자료를 인쇄하여 청중에게 배포한다.

⑤ 대화식 토의(dialogue discussion)는 전문가나 권위자를 학교에 초빙하거나 혹은 현장에 방문하여 면접으로 문제에 대한 의견을 나누거나 질의 및 응답을 하는 것이다.

〈표 6-2〉 **토론 준비사항 점검항목**

번호	내용	확인
1	학습자들이 토론주제에 대한 동기유발이 되었는가?	
2	적절한 읽기자료를 준비했는가?	
3	교사는 토론방법에 대해 이해하였는가?	
4	학생은 토론내용에 대해 이해하였는가?	
5	학생에게 토론주제와 방법에 대해 안내하였는가?	
6	토론 계획표(단계와 절차 등)를 작성하였는가?	
7	학생들의 역할분담이 이루어졌는가?	
8	토론학습 시 유의할 사항에 대해 안내하였는가?	
9	학생들이 자신의 주장을 뒷받침할 자료를 준비하였는가?	

출처: 구정화(2009). 학교 토론수업의 이해와 실천. 교육과학사.

3. 질의응답법(question and answer method)

질의응답법은 교사와 학생이 서로 질문을 하면서 수업을 전개하는 방법으로 강의법과 함께 오래전부터 활용되었던 전통적인 교수방법의 형태이다. 소크라테스는 대화법을 두 가지로 나누었는데, 첫째, 반어법은 여러 가지 질문을 하여 상대방으로 하여금 자신의 그릇됨을 스스로 깨우쳐 주는 방법이다. 둘째, 산파술은 상대방의 기지에서 출발하여 미지로 이르게 하여 상대방으로 하여금 적극적으로 새로운 지식을 얻게 하는 방법이다.

교수방법에서 질문법을 추구하는 목적은 학생들의 사고를 촉진하는 데 있다. 질문을 통하여 교수자는 학습자들의 비판적 · 반성적 · 합리적 사고 등의 다양한 형태와 수준의 사고를 유도하고 촉진시킨다. 따라서 질문하는 교수자는 곧 사고하는 교수자이며, 질문하는 학습자는 곧 사고하는 학습자라고 할 수 있다. 교수자와 학습자 또는 학습자들 상호 간의 문답을 통하여 학습자들이 곧 스스로 탐구하는 능력을 키우거나 방법을 배워 습득한다는 점에서 질문법의 가치는 매우 높이 평가받는다.

질문은 항상 명확하여야 하며, 계속 문제를 제기하고 토론할 수 있도록 지적 호기심을 자극할 수 있어야 한다. 또 개인차를 고려하여 질문함으로써 능력이 낮은 학생들에게도 성공감을 맛보게 해야 한다.

4. 문제해결법(problem solving method)

학생들이 생활하고 있는 현실적인 장면에서 당면하는 문제들을 스스로 해결해 나가는 과정으로, 지식, 기능, 태도, 기술 등을 종합적으로 획득하도록 가능성 사이에 대립을 없애고 조화적인 통일을 얻는 것이 문제해결법이다. 이는 듀이의 『사고하는 방법(*How We Think*, 1910)』이라는 저서에서 강조한 반성적 사고(reflective thinking)에 의하여 체계화되었다. 이런 점에서 볼 때 문제해결 학습은 아동에게 사고를 하게 하여 사고하는 방법을 학습시키는 데 목적이 있다.

문제해결법의 특징은 학생이 현실생활과 관련 있는 문제들을 대상으로 하고 능동적이고 협동적인 집단활동에 의해 진행된다. 또 학생들의 구체적인 실천능력이 중요시된다. 교사의 적절한 조력이 요청되며 학생들의 심리적 특성을 고려하여 학습내용을 조직하기 때문에 심리적 조직이 중요시된다. 따라서 교사는 문제해결법 기술의 실습을 통해서 문제를 해결하는 방법을 지도하며, 또한, 문제를 각 개인이나 분단이나 학급에 할당해서 개인 또는 공동으로 그 결론을 내리게 한다.

5. 구안법(project method)

구안법은 문제해결 학습에서 발전된 것으로 학습자 자신이 생각하고 있는 것을 구체적으로 실현하기 위하여 스스로 계획을 세워 수행하는 창의적이고 자발적인 학습활동 방법을 가리킨다. 원래 'project'라는 말은 '내던진다', '앞으로 내놓는다'는 뜻으로 마음속에 생각하고 있는 것을 밖으로 내놓고 객관화시켜서 구체적으로 실현하려는 활동을 의미한다. 따라서 구안법은 학습자 스스로가 어떤 목적을 가지고 자기 힘으로 계획을 세워서 실천함으로써 자발적이고 창의적인 학습의 효과를 거두고자 하는 현대적인 학습지도의 한 방법이다. 구안법과 문제해결법은 기본 성격은 같으나 몇 가지 차이점이 있다. 먼저 문제해결법은 반성적인 사고과정이고, 구안법은 구체적인 결과를 만들어 내는 실천적인 면에 중점을 두고 있다. 또, 문제해결법은 이론적, 추리적으로 문제를 해결해 가는 과정이며, 구안법은 현실적, 구체적으로 문제를 해결하는 경우가 많다. 구안법은 문제해결법에서 발전되었으며, 구안법의 의미에는 문제해결법이 포함된다.

길페트릭은 네 가지의 프로젝트(project)의 종류를 나열하였다.

① 구성 프로젝트는 사상이나 계획을 실천하는 목적으로 한다.

② 향락 프로젝트는 기쁨이나 만족을 목적으로 한다.

③ 문제 프로젝트는 지적인 문제의 해결을 목적으로 한다.

④ 학습 프로젝트는 지능이나 기능의 획득을 목적으로 한다.

6. 팀티칭법(team teaching)

팀티칭법은 1957년 미국에서 처음 시도되어 다양하게 시험되어 온 방법이다. 교수 인원의 재조직을 통하여 교수의 효과를 올리려는 시도였으며, 두 명 이상의 교사가 동일한 학습집단에 학습지도의 주요 부분을 책임지기 위해서 협동적으로 계획하고 교수해 나가는 것이다.

팀티칭법은 앤더슨(Anderson)과 샤프린(Shaplin)이 제창하고 연구하였다. 이들은 교사조직을 중심으로 교장을 정점으로 하여 팀 리더와 상급교사 그리고 일반교사 세 그룹으로 구성하였다. 경우에 따라서는 이를 주임교사, 협력교사 및 보조교사로 구분하기도 한다.

7. 프로그램 학습(program learning)

프로그램 학습은 미국의 행동주의 심리학자 스키너의 강화이론에 바탕을 둔 학습지도법이다. 학습 형태적으로 볼 때 학생이 스스로 학습할 수 있도록 꾸며 줌으로써 기계장치 또는 책의 형태로 되어 있는 프로그램 내용을 학생에게 학습시켜 목표에 쉽고 명확하게 도달하게 하는 방법이다. 프로그램 학습에서 학습과정의 원리는 다음과 같다.

첫째, '점진 접근의 원리'로서 하나의 과정을 학습할 때 쉬운 것에서부터 점차 어려운 것으로 진행한다.

둘째, 적극적 반응의 원리로서 개개인의 학생이 교재에 대하여 능동적으로 참여하고 활동함으로써 학습이 잘 이루어진다.

셋째, '즉시 확인의 원리'로서 이는 좋은 학습이 일어나기 위해서는 학습의 결과에 대한 반응의 옳고 그름이 즉시 확인되어야 한다는 것이다.

넷째, '학습자 검증의 원리'로서 학습자 개개인이 스스로 학습반응에 대한 정확한 검증을 해야 한다는 것을 의미한다.

다섯째, '자기 속도의 원리'로서 학습은 개별적으로 각자의 속도에 맞는 학습이 되도록 하는 것이다.

Ⅳ 교수과정 모형의 이해

1. 교수과정 모형의 개념

교수과정 모형이란 복잡한 수업현상을 기술하고 설명할 수 있으며, 나아가 예언할 수 있는 수업의 주요 특징을 간추려 체계화시켜 놓은 형태 또는 전략이다.

교수과정 모형 선정 시 교사의 인성, 수업이론, 수업기술, 교직관 등을 고려해야 하며, 학습자의 학습능력, 학습동기, 인지발달 수준, 태도, 가치, 기본 욕구 등을 고려해야 한다.

2. 교수과정 모형

1) 글레이저(Glaser)의 교수과정 모형

글레이저의 교수과정 모형은 교육공학적 관점에서 수업설계를 위한 기초를 제공하기 위해 만들었다. 일반적으로 수업과정의 개념체계는 물론, 우리들의 사고를 명료하게 해 줌으로써 그 설계운영 및 개선을 위한 연구에 편리한 지침이 되고 있다. 즉 교수 모형은 일반성 때문에 모든 형태의 수업과정에 적용되므로 그 개념의 체계화 및 계획운영과 연구개발에 널리 활용될 수 있는 좋은 지침이 된다. 글레이저는 수업이 진행되는 과정을 하나의 체제로 전제하기 위해 수업목표의 설정, 출발점 행동의 진단, 수업절차, 학습성과 평가 등의 4단계로 구분하고 있다.

글레이저의 교수과정 모형은 [그림 6-3]과 같다.

이 교수과정 모형의 특징은 전술한 4단계가 하나의 흐름으로 끝나는 것이 아니라 각 단계에 대한 피드백(feedback)이 이루어져서 각 단계에서 얻어진 정보는 전단계의 산출을 평가하고 수정하는 자료로 쓰인다는 것이다.

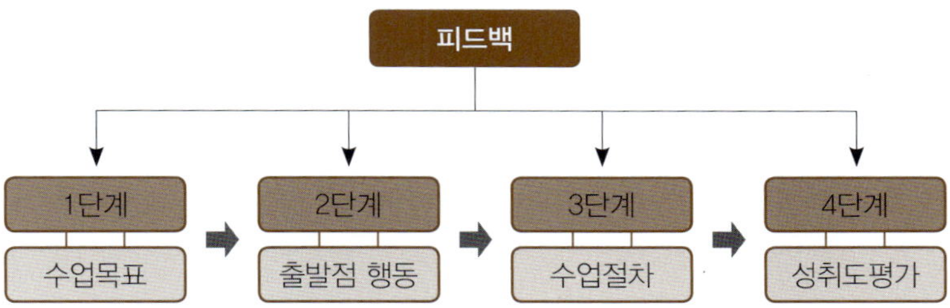

[그림 6-3] **글레이저(Glaser)의 교수과정 모형**

출처: 김희수 외(2017). 이해하기 쉽게 쓴 교육학개론. 동문사.

(1) 수업목표

수업목표의 설정의 단계에서는 교육과정을 교사에 의한 계속적인 의사결정 과정으로 보고 있다. 이러한 수업목표는 추상적인 진술보다는 관찰할 수 있고, 측정할 수 있는 소위 행동목표로 제시되어야 한다. 이러한 수업목표를 도착점 행동이란 용어로 바꾸어 사용하기도 한다. 도착점 행동이란 특정한 수업절차가 이루어졌을 때 학생이 보여 줄 수 있는 성취 행동(performance)을 의미한다.

(2) 출발점 행동

출발점 행동의 진단은 특정 도착점 행동을 달성하기 위하여 새로운 학습에 들어가기 전에 이미 습득하고 있어야 할 행동에 대한 진단을 의미한다. 즉 수업이 시작되기 전의 학생수준을 진단하는 것으로 학생이 이전에 학습한 것, 지적 능력과 발달, 동기 상태 그리고 학습능력에 관계되는 사회적·문화적 요인들이 모두 포함된다. 교수 절차에 앞서 출발점 행동을 진단하기 위한 진단평가를 실시하여 학습결손자를 발견하고 처치방안을 강구하며, 교수절차와 학습지도방법이 모색되어야 한다.

(3) 수업절차

실제로 학습자의 행동을 변화시키기 위하여 마련되는 단계이다. 글레이저의 수업절차는 매우 중요한 단계이다. 자신이 세운 계획에 따라 다양한 시청각매체와 학습 보조자료를 활용하여 수업을 전개한다. 따라서 투입행동을 가장 효과적으로 수업목표에 도달시킬 것인가를 결정하며, 수업절차를 도입-전개-정리단계로 세분화한다.

(4) 학습성과 평가

학습성과 평가는 최초에 설정된 수업목표가 수업활동을 통해서 어느 정도 달성했는지를 알아보는 것이다. 이 단계의 평가활동을 형성평가와 구별하여 총합평가라고 부르는 것이 보통이다. 평가의 결과는 환류(feedback)되어 이전 각 단계의 적절성 여부에 대한 정보를 제공한다. 따라서 학습성과 평가와 수업목표는 가장 밀접한 관계를 맺고 있으며, 수업절차와 수업자료의 적합성에 대해서도 중요한 정보를 제공한다.

2) 캐롤(Carroll)의 학교학습 모형

캐롤의 학교학습 모형은 학교학습의 현상을 이해하기 위해서 착안한 이론적 모형을 말한다. 캐롤은 학교학습의 상황에서 나타나는 학생들의 학습성취도에서의 개인차를, 학습에 필요한 시간량과 학습에 투입한 시간량의 비율로 설명한다. 이를 나타낸 방정식의 모형은 다음과 같다.

$$\text{학습의 정도 } f = \frac{\text{학습에 투입한 시간(학습기회 · 지구력)}}{\text{학습에 필요한 시간(적성 · 수업 이해력 · 수업의 질)}}$$

[그림 6-4] **캐롤(Carroll)의 학교학습 모형 방정식**

학습에 필요한 시간은 학습자의 적성, 수업 이해력, 수업의 질이라는 변인에 의해 결정되며, 학습에 사용한 시간은 학습자에게 주어진 학습의 기회와 학습자의 지구력에 의해 결정된다.

여기에서 적성, 수업 이해력, 지구력은 개인차 변인을 나타내는 학생변인이고, 수업의 질, 학습기회는 수업변인을 나타내는 교사변인으로 나누어 볼 수 있다.

학습자의 적성이란 개념을 고정적인 것으로 보지 않고, 최적 학습조건하에서 주어진 학습과제를 일정한 수준으로 성취하는 데 필요로 하는 시간을 의미한다. 그러므로 적성이란 측정한 과제와 관련되는 개념으로 보고, 학습시간을 단축하기 위하여 학습자의 적성을 높여 주고, 학습조건의 개선을 필요로 한다.

학습자의 수업 이해력은 학습자가 수업내용이나 교사의 설명, 제시된 과제를 이해하는 정도를 의미한다. 따라서 학습자의 일반 지능과 언어능력에 따라 좌우된다.

수업의 질과 관련해 교사는 학습자의 수업 이해력을 돕기 위해 학습 적성, 학습에 대한 동기와 흥미에 대한 정보를 기초로 수업계획을 수립함으로써 수업의 수준을 학습자에게 적정하게 맞출 수 있다. 따라서 교사는 수업과정에서 수업개선을 위한 단서를 발견하고 수정 · 보완하여야 하며, 형성평가, 보충교재, 보충수업, 피드백 등을 마련하여 제공하여야 한다.

학습기회란 학습을 위해 학습자에게 실제로 주어지는 시간을 의미한다. 그러므로 학습자 개개인에게 자신의 학습속도에 따라서 과제를 모두 해결하는 데 필요한 충분한 시간이 제공되어야 한다.

학습자의 지구력은 특정 학습과제에 대한 집중력을 의미하는 것으로 동기와 흥미에 지대한 영향을 받는다. 또한 학습 습관에 의해서도 영향을 받는다.

3) 오수벨(Ausubel)의 설명식 수업 모형

오수벨의 설명식 수업 모형은 학습을 거의 기억작용에 의해 이루어진다고 보며 학습자의 기존 인지구조는 유의미한 새로운 자료의 학습과 파지(把持)에 영향을 미치는 주요 요인이다. 인지구조는 하나의 위계를 형성하고 있는데 특성은 첫째, 과거의 동화과정이나 경험의 산물이며 둘째, 새로운 학습과 파지에 결정적인 영향을 주며 새로운 학습의 결과는 인지구조를 변화시킨다. 셋째, 위계적 관계를 갖는다. 즉, 가장 일반적이고 포괄적이며 추상적인 개념이 최정점에 위치하고 아래로 내려갈수록 일반성, 포괄성, 추상성의 수준이 낮아지는 개개 사건들이 최하부에 위치한다.

유의미 학습은 새로운 학습과제가 학습자의 기존 인지구조와 상호작용을 하여 인지구조 안으로 포섭(subsumption)되는 것을 말한다. 오수벨의 포섭의 원리는 학습자가 어떻게 자신의 기존 지식을 확장하고 재조직하는가에 대한 이론적 원리이다. 학습되어야 할 과제가 학습자의 인지구조에 있는 관련 정착지식에 잘 포섭될 수 있도록 교사가 수업의 도입단계에 학습과제를 제시하기에 앞서서 제공하는 언어적 설명 자료가 실마리(cue)로서 역할을 하는 것을 선행조직자(advanced organizer)라고 한다. 가장 효과적인 선행조직자의 제시는 적절한 실례나 비유를 학습자가 이미 알고 있는 개념, 용어, 명제와 연관시켜 사용하는 것이다. 인지적 학습 이론의 입장에서는 학습자의 내부에서 일어나는 심리적 과정인 기억과 사고 등으로 진행되는 능동적 인지활동에 주의를 기울였다.

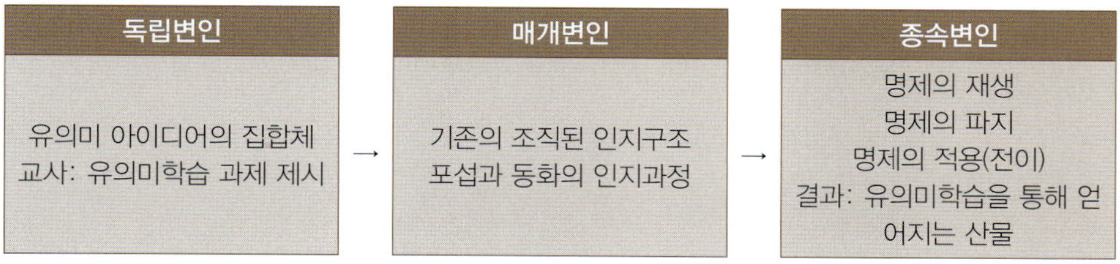

[그림 6-5] **오수벨(Ausubel)의 설명식 수업모형**

4) 브루너(Bruner)의 발견학습 이론 모형

브루너의 발견학습 이론 모형은 교과를 어떤 발달단계에 있는 어떤 어린이에게도 어떤 정직한 형태, 즉 지식의 근본적인 구조로 표현한다면 어떠한 지식도 가르칠 수 있다고 하는 데서 출발한다.

브루너는 인지이론에 영향을 받은 심리학자로서 학습자의 자발적 노력에 의한 '지식의 재발견 과정'을 통하여 학습이 이루어지도록 하는 발견학습을 주장하였다.

학습자의 가장 효율적인 학습을 위해서 한 영역의 지식체계를 조직하고 구조화하는 지식의 구조를 밝히면 교과 문제들을 독자적으로 탐구하고 해결할 수 있게 된다는 것이다. 그러므로 지식의 구조는 수업에 있어서 매우 중요한 역할을 한다. 여기서 지식의 구조란 학문의 기저를 이루는 일반적인 아이디어, 즉 개념과 원리를 의미한다.

발견은 자기 자신의 지력을 사용하여 스스로 지식을 획득하는 모드 형태이며, 발견의 과정은 지적 발달에 크게 공헌하고 발견적 교수법은 문제해결 과정을 통해서만 학습될 수 있다는 것이다. 발견학습은 스스로 발견하는 연습을 통해서 학습동기를 자극시킴으로써 발견의 기쁨을 경험하고 지적 희열을 통하여 자아보상을 촉진할 수 있다는 것이다.

‖ 학습목표 ‖

1. 교육과정의 어원적 의미를 알고, 교육과정의 다양한 의미를 설명할 수 있다.
2. 교육과정의 유형을 분류하여 비교할 수 있다.
3. 교육목표와 교육내용의 선정 및 조직 원리를 설명할 수 있다.
4. 한국의 교육과정 변천과정을 종합하여 설명하고 평가할 수 있다.

07 CHAPTER

교육과정

I 교육과정의 개념

교육과정은 전통적으로 학교교육과정을 의미하며, 이 학교교육과정은 '왜, 무엇을, 어떻게, 얼마 정도 가르쳤는가'라는 질문을 다루는 실천 영역을 뜻하는 것으로 여겨왔다(한상길 외, 2014). 여기서 왜 가르쳐야 하는가의 문제는 가르쳐야 하는 이유를 탐색하고, 가르칠 내용에 대한 정당화 논리를 구성, 분석, 비판, 재구성하는 것이고, 무엇을 가르칠 것인가 하는 문제는 교육과정의 핵심적인 문제 중의 하나인 내용 선정과 관련되어 있으며, 어떻게 가르칠 것인가의 문제는 내용 선정을 넘어서 내용을 조직하여 전달하는 행위와 관련되어 있다. 그리고 얼마만큼 가르쳤는가의 문제는 가르친 것의 평가를 실시하는 일이다.

교육과정이란 뜻을 처음으로 사용한 것은 보비트(Bobbitt)가 교육학이 교육과정을 고려할 수 있도록 1918년 최초로『교육과정(*The curriculum*)』이란 개론서를 출판한 것으로부터 시작되었다(한상길 외, 2014). 교육과정(curriculum)이란 라틴어의 '쿠레레(currere)'에서 유래된 것으로서 '경마장에서 말이 뛰는 코스(course of race)'를 말한다. 이 말이 교육에 적용되어 학생이 일정한 목표에 도달하기 위해 배열된 학습의 코스라는 의미를 가지며 동시에 학습내용 또는 경험의 내용을 의미하게 되었다(박영진 · 장성화, 2016).

이와 같은 어원적 의미를 갖고 있는 교육과정에 대한 개념 정의는 매우 다양하며 교육계 안팎에서는 다음과 같은 의미로 사용되고 있다.

1. 계획된 교육과정

계획된 교육과정은 문서로서의 교육과정이라고도 하고, 우리나라의 경우 편성·운영하는 주체에 따라 국가, 지역, 학교교육과정이라는 세 종류로 구분된다.

첫째, 국가교육과정은 교육부 장관의 이름으로 고시되는 '초·중등학교교육과정' 문서를 의미한다. 국가교육과정은 총론과 각론(교과교육과정)으로 이루어져 있으며, 총론에는 교육과정 구성의 방향, 학교 급별 교육목표, 편제와 시간 배당 기준, 교육과정의 편성과 운영지침 등을 포함하고 있고, 각론에는 교과의 성격과 목표, 내용, 교수-학습방법, 평가 등을 포함하고 있다.

둘째, 지역 교육과정은 고시된 국가교육과정을 기초로 하여 16개 시·도 교육청이 관내 학교를 위하여 마련한 것을 말한다.

셋째, 학교교육과정은 '교육과정 편성·운영지침'을 근거로 하여 편성한 '학교운영계획'을 일컫는다.

이처럼 국가·지역·학교교육과정은 학교에서 진행될 교육활동을 구체적으로 규정하는 공식적인 문서의 형태를 띠고 있으며, 이 문서의 공식적인 이름이 교육과정이다(성태제 외, 2008).

2. 전개된 교육과정

전개된 교육과정이란 계획된 교육과정을 교사가 해석하여 실행하는 교수 활동을 의미하며 실천으로서의 교육과정이라고도 한다. 교사는 자신의 지식, 신념, 가치관, 태도 등에 의해 공식적인 교육과정을 이해하고, 이에 따라 교수하기 때문에 교사가 실제로 수업에서 전개한 교육과정은 공식적인 문서로서의 교육과정과 구별된다(김재춘 외, 2001).

3. 실현된 교육과정

실현된 교육과정은 교수-학습 활동에 참여한 결과 학생들이 실제로 갖게 되는 경험이나 성취를 의미한다. 동일하게 계획하거나 전개된 수업에서도 학생들은 자신의 지적 능력, 흥미와 관심, 개인의 삶의 역사, 경험, 진로 등의 여러 가지 조건에 따라 서로 다른 교육적 경험을 하게 된다. 서로 다른 교육적 경험의 결과 학생들은 서로 다른 산출 결과를 보이는데 이처럼 학생 차원에서 실제로 경험된 것 또는 성취된 것을 일컫기 위해 성과나 산출로서의 교육과정이라고도 한다(김재춘 외, 2001).

4. 잠재적 교육과정

학생들은 학교생활을 통하여 많은 것들을 경험한다. 학교에서 계획하거나 의도하지 않았음에도 불구하고 학생들이 학교생활을 통하여 겪는 경험을 교육과정으로 개념화한 것이 잠재적 교육과정(latent currculum)이다. 잠재적 교육과정은 교육과정 문서에 명시되거나 계획되지 않고, 교육의 과정에서 의도적으로 실행되지도 않지만, 학생들이 학교의 공식적·실천적인 교육의 과정에 참여하는 가운데 얻게 되는 경험이나 산출을 가리키기 때문에 의도되지 않은 결과로서의 교육과정이라고도 한다.

학교의 계획하에 의도적으로 실시하는 표면적 교육과정과 비교하여 잠재적 교육과정의 특징을 다음과 같이 밝히고 있다(김종서, 2001).

첫째, 표면적 교육과정은 학교에 의해 의도적으로 조직되고 가르쳐지는 반면에 잠재적 교육과정은 학교에 의해 의도되진 않았지만 학교생활을 하는 동안 은연중에 배운다.

둘째, 표면적 교육과정이 주로 지적인 것과 관련이 있다면 잠재적 교육과정은 주로 비지적·정의적인 영역과 관련이 있다.

셋째, 표면적 교육과정이 주로 교과와 관련이 있다면 잠재적 교육과정은 주로 학교의 문화풍토와 관련이 있다.

넷째, 표면적 교육과정은 단기적으로 배우며 어느 정도 일시적인 영향이 있는 반면에 잠재적 교육과정은 장기적, 반복적으로 배우며 보다 항구성을 지닌다.

다섯째, 표면적 교육과정은 주로 교사의 지적·기능적인 면의 영향을 받으나, 잠재적 교육과정은 주로 교사의 인격적인 감화에 영향을 받는다.

여섯째, 표면적 교육과정은 주로 바람직한 내용인데 반하여, 잠재적 교육과정은 바람직한 것뿐만 아니라 바람직하지 못한 것도 포함된다.

일곱째, 표면적 교육과정과 잠재적 교육과정이 서로 조화되고 상보적인 관계가 있을 때 학생 행동에 강력한 영향을 줄 수 있다.

5. 영 교육과정

꼭 필요한 교육과정의 내용인데도 불구하고 생략되어 가르쳐지지 않아서 학생들이 배우지 못한 경우를 영(零) 교육과정(null curriculum)이라고 한다. 즉 학생들에게 가르칠 필요가 있는 모든 중요한 내용은 원칙적으로 교육과정 문서에 포함되어야 한다. 그러나 다양한 이유로 학생들에게 꼭 가르쳐야 하는 내용이 생략되거나 빠지는 경우가 종종 있는데, 이런 내용과 현상을 영 교육과정 혹은 배제로서의 교육과정이라고 한다. 영(null)이란 존재하지 않으면서도 학생들에게 교육적 결과를 가져오는 교육과정을 의미한다.

이와 관련하여 아이즈너(Eisner)는 『교육적 상상력(The *Educational Imagination*, 1979)』에서 학교에서 표면적 교육과정과 잠재적 교육과정 외에도 학생들에게 교육적 결과를 생성시키는 또 하나의 교육과정이 있음을 확인하고, 학교에서 의도적으로 가르치지 않는 교육과정을 지적하며 이를 영 교육과정이라고 하였다. 영 교육과정은 학생들을 그 내용에 대해서 무지하게 만들며 그 문제에 대한 깊이 있는 사고와 분석력을 계발하여 주지 못한다고 한다. 그 결과 학생들은 사고의 빈곤, 즉 비판적 사고의 결여와 잘못된 편견을 갖게 된다. 이와 같은 점에서 그는 학교가 의도적으로 가르치려고 하는 내용뿐만 아니라 적극적으로 무시하고자 하는 내용에 대한 논의가 필요하다는 것을 강조하였다.

영 교육과정은 학교에서 공식적으로 가르치는 교과서 내용이 전부가 아니며, 교과서 내용의 선택과정에 내재되는 이데올로기에 대한 성찰의 기회를 마련해 주고, 사회의 메커니즘에 맹목적으로 종속되지 않고 새로운 안목으로 바라볼 수 있는 가능성을 제공해 준다는 데 그 중요성을 두고 있다(김달효, 2006).

Ⅱ 교육과정의 유형

1. 교과중심 교육과정

1) 기본적 견해

교과중심 교육과정(subject-centered curriculum)은 역사적으로 가장 오랜 전통을 가지고 있으며, 학교교육이 시작된 이래로 1920년대까지 동서양의 모든 교육을 지배해 온 교육과정이론이다. 교과중심 교육과정은 교과의 학습내용을 조직하고 전달하는 데 핵심을 두며 있으며 지식의 체계를 존중한다(한방교 · 윤길근 2007). 교과중심 교육과정을 지지하는 학자들은 교육의 주요 기능이 인류의 위대한 문화유산을 다음 세대에 전달하는 것이라고 보고 있으며, 교사의 지도하에 학생이 배우는 일체의 교과와 교재를 의미한다. 이들은 인류의 문화유산 가운데 가치 있고 가장 심오한 내용을 잘 골라 선정하여 교과를 구성하기 때문에 교과란 이러한 문화유산을 논리적 · 체계적으로 조직해 놓은 것이라고 주장한다(이형행, 2007). 즉, 교과란 인류의 문화유산을 논리적으로 조직한 것이며, 그 조직은 각

교과의 전문가에 의해 이루어지는 것이므로 교사는 교과를 가르치고 아동은 교과를 중심으로 학습하게 된다(박영진·장성화, 2016). 과거 중세시대의 7자유학과(seven liberal arts: 3학-문법·수사학·논리학, 4과-산술·기하·천문학·음악)나 고대 중국의 사서오경(四書五經)이 대표적인 교과의 예이다. 따라서 교육과정이란 각 과목별로 아동들에게 가르칠 만하다고 생각되는 주제를 열거하는 것으로 교수요목을 의미한다. 이는 학생들에게는 공부해 가야 할 코스이며, 교사에게는 교육내용의 체계를 말하는 것으로 학교에서 배우고 가르치는 내용의 체계를 의미한다.

2) 특징

교과중심 교육과정의 일반적인 특징은 다음과 같다.

첫째, 교육의 내용은 인류의 문화유산이 된다. 교과는 문화유산을 분류하고 논리적으로 조직하여 체계화하는 것으로, 교과중심 교육과정을 문화유산중심 교육과정이라고도 한다.

둘째, 교육의 주체는 교사이다. 교사는 학습자보다 월등히 많은 지식과 기술을 가지고 있어야 하며, 교육의 목적은 학습자에게 지식과 기술을 전달하는 것이다.

셋째, 교수-학습방법은 설명 위주의 교수법을 요구한다. 왜냐하면 교과중심 교육과정은 교과내용에 관한 교사의 상세한 설명을 필요로 하는 경우가 많기 때문이다.

넷째, 교과영역 안에서 제한된 학습활동이 이루어진다. 교과의 선을 중시하여 다른 교과를 침범하는 학습활동은 제한한다.

3) 장점

교과중심 교육과정의 장점은 다음과 같다.

① 인류 문화유산을 효과적으로 전달할 수 있고 평가 및 측정이 용이하다.

② 교과별로 정리되어 있어 조직적으로 지식의 전달이 가능하며 체계적으로 가르칠 수 있다.
③ 누구에게나 쉽게 이해되고 조직이 단순하다.
④ 교수-학습을 객관적으로 측정하기가 용이하며 결과에 대한 평가가 쉽다.
⑤ 오랜 전통을 가지고 있으므로 교사, 학생, 학부모들에게 심리적 안정감을 준다.
⑥ 중앙집권적인 통제와 교육과정 계획이 용이한 교육과정이다.

4) 단점

교과중심 교육과정의 단점은 다음과 같다.

① 지식주입 위주가 될 가능성이 높으며 단편적이다.
② 학습자의 흥미와 능력이 무시당하기 쉬워 학습동기 유발이 어렵다.
③ 창의력, 사고력 등과 같은 고등정신능력의 함양이 어렵다.
④ 과거의 지식교육만 강조하는 경향이 있다.
⑤ 학습내용과 경험의 조직 및 배열이 비능률적이다.
⑥ 통일성, 연관성이 부족하며, 단편적이고 분과적인 교육조직이다.

2. 경험중심 교육과정

1) 기본적 견해

경험중심 교육과정(experience-centered curriculum)은 교과중심 교육과정의 문제점을 비판하고 나온 교육과정이다.

경험중심 교육과정을 학교에서 제공하는 경험의 총체로 정의하고, 현실생활의 문제를 해결하는 데 거리가 먼 교과를 맹목적으로 주입시키는 것은 문제이며 교과가 아닌 경험을 가르쳐야 한다고 주장하였다(박영진 · 장성화, 2016). 즉 교육과정은 문서상에 존재하는 것이 아니며 학생들의 경험 속에 존재하는 것이다. 즉 학생들이 학교에서 겪는 경험이 다양한 만큼 교육과정도 다양하고 그 형태 또한 달라야 한다(김진환, 2004). 이와 같은 기본적인 견해 때문에 경험중심 교육과정을 아동중심 교육과정, 생활중심 교육과정, 활동중심 교육과정 등으로 불리기도 한다(한상길 외, 2014).

2) 특징

현실 생활과 연결된 문제해결의 경험 여부를 주된 목적으로 하고 있는 경험중심 교육과정의 특징은 다음과 같다(한상길 외, 2014).

첫째, 교육내용에 있어서 생활의 경험이 위주가 되며, 교사와 학생의 협동에 의하여 활동내용이 결정된다. 즉, 교과의 존재를 무시하는 것은 아니지만 교과는 문제해결의 수단이지 목적은 아니라고 보며 자아실현, 인간관계, 효용성 등을 강조한다.

둘째, 교육의 주체는 아동중심, 즉 학습자중심이다. 경험중심 교육과정은 아동을 가르친다는 입장을 취하므로 교육은 아동 및 학습자의 필요, 흥미, 능력에 바탕을 두어야 한다(박영진 · 장성화, 2016).

셋째, 교수-학습방법은 문제해결의 방법을 강조한다. 경험중심 교육과정에서는 사회가 급속도로 변하고 지식과 기술이 증가함에 따라 새로운 문제가 계속 나타나 고정된 가치관으로는 해결할 수 없게 된다. 사회 적응을 강조하는데 개인적 또는 집단적으로 부딪히는 문제들을 가장 현명하게 해결할 줄 아는 능력을 배양하고자 한다. 따라서 학습을 경험의 총합으로 보고, 학습은 행함으로써 이루어진다(learning by doing)는 것을 강조한다.

3) 장점

경험중심 교육과정의 장점은 다음과 같다.

① 학습자들의 흥미와 욕구를 바탕으로 교육과정을 구성하기 때문에 학습자들의 자발적 학습동기를 유발하기가 쉽다.
② 생활에서 부딪히는 문제를 중심으로 하는 활동을 강조하기 때문에 스스로 문제해결능력을 기르기에 용이하고 역동적인 학습을 할 수 있게 한다.
③ 여러 가지 학습심리의 원리, 즉 자발성, 사회화, 직관의 원리 등과 일치하는 학습을 할 수 있게 된다.
④ 교과의 구분보다 문제중심의 통합을 중시하므로 전체적으로 사상을 보는 능력이 쉽게 길러진다.
⑤ 많은 인적·물적 자원을 이용한 다양한 형태의 학습이 전개되므로 경험의 폭이 넓어진다.

4) 단점

경험중심 교육과정의 단점은 다음과 같다.

① 교육과정의 기본적인 분류가 명확하지 않고 지적 체계가 부족하다. 즉 학생들의 흥미와 욕구를 강조하기 때문에 기본적인 지식과 문화유산을 습득하는 데 효과적이지 못하다.
② 교육의 계획, 실천, 평가가 어렵고 행정적으로 통제하기가 어렵다. 또한 통일성을 기하기 곤란하며 체계적이지 못할 가능성이 크다.
③ 현장을 중심으로 내용이 선정, 조직되고 학습자들의 활동을 강조하기 때문에 교직에 대한 소양과 지도방법이 미숙한 교사들에게서는 교육의 효과가 매우 저조하게 나타날 경우가 많다.
④ 학습자의 문제, 흥미, 필요 등을 내용으로 교육과정이 구성되기 때문에 교육의 본질에 대한 지식의 결합을 가져오기 쉽다.

3. 학문중심 교육과정

1) 기본적 견해

학문중심 교육과정(discipline-centered curriculum)은 1957년 구소련의 인공위성 스푸트니크(sputnik)호 발사의 충격으로 인한 진보주의 교육에 대한 비판과 함께 그 대안으로 나온 교육과정이다. 즉 과학기술 경쟁의 우월성을 확보하기 위해서 무엇보다 과학기술을 진흥시켜야 한다는 필요성이 대두되면서 경험중심 교육과정의 대안으로 학문중심 교육과정에 주목하게 되었다. 브루너(Bruner)는 지식의 구조를 가르칠 것을 강조하였는데, 이는 지식과 기술의 폭발적인 증가에 대처해 나가기 위해 학문의 성격을 충실히 가르쳐야 한다는 것을 의미한다.

2) 특징

학문중심 교육과정의 특징은 다음과 같다(박영진 · 장성화, 2016).

첫째, 교육과정은 각 학문에 내재되어 있는 지식의 탐구과정이며, 이 지식의 구조는 지식의 본질을 표현할 수 있도록 체계적으로 조직해 놓은 것이다.

둘째, 지적으로 정직한 형태로 제시하며 어떤 발달단계에 있는 누구에게도 가르칠 수 있으며, 교과에 담겨져 있는 핵심 개념, 기본 원리를 학습자들의 사고방식에 맞게 이를 점차 심화, 확대해 나가는 나선형 교육과정을 강조한다.

셋째, 학생들에게 교과를 가르칠 때 그 교과에 내재되어 있는 핵심 개념, 기본 원리를 주입하는 것이 아니라, 해당 분야의 학자가 한 것 같은 시각과 방식으로 이들을 찾아내도록 한다.

3) 장점

학문중심 교육과정의 장점은 다음과 같다.

① 학문을 탐구하는 방법과 스스로 해결할 수 있는 능력이 있어서 학문의 즐거

움을 느낀다.

② 체계화된 지식을 교육하므로 질적 향상이 가능하며, 기본 개념과 원리를 학습하게 되어 지식의 기억과 전이가 쉽다.

③ 능률적인 교수 및 학습이 가능하도록 체계화된 지식이 교육내용으로 구성되어 있다.

4) 단점

학문중심 교육과정의 단점은 다음과 같다.

① 지식의 구조가 학습자들에게 어렵고 가변적이다.

② 교과 간의 통합이 되지 않을 수도 있다.

③ 지식의 구조를 너무 강조하므로 현실성이 떨어질 수 있다.

④ 교육과정의 성격상 지적인 측면을 강조하므로 정의적인 측면은 자칫 소홀히 할 수도 있다.

4. 인간중심 교육과정

1) 기본적 견해

1970년대 후반에 들어서면서 고도산업화 시대의 도래에 따라 파생된 비인간화 현상이 심각한 사회문제로 대두되면서 교육의 적절성에 대한 논의가 활발히 전개되어 강조되기 시작한 것이 인간중심 교육과정(humanistic curriculum)이다(박영진, 2016). 인간중심 교육과정에서는 교육과정을 학습자가 학교생활을 하는 동안의 모든 경험이라고 규정한다. 이 시기는 학문중심 교육과정을 비판하는 소리가 높아지면서 지식을 가르치는 것만으로는 복잡한 사회문제에 대응할 수 없다고 생각하게 되었다. 따라서 교육의 목적은 인간의 잠재적 능력을 최대한 계발하여 개인적으로 자아를 실현하며 사회발전에 기여할 수 있는 삶을 살 수 있도록 돕고 학교 교과목의 균형을 강조한다.

인간중심 교육과정에서의 교육의 목적은 삶의 충실과 자아실현을 할 수 있는 인간을 육성하는 것이다. 현대 산업사회의 과학기술의 발달과 기계문명으로 거대해진 사회조직은 필연적으로 물질만능의 풍조, 인간소외, 청소년 문제 등의 사회병리현상을 수반하게 되었다고 본다. 이에 따라 개개인의 필요와 심리적 요구를 충족시키지 못한다는 비판이 일어나게 되면서 인간의 삶 자체에 충실해야 하며 자기충족감이 넘치는 인간 육성을 교육목표로 삼아야 한다는 전제하에 나타났다. 이에 따라 교육도 지식과 기술을 획득하기 위한 수단으로서만 이용될 것이 아니라 인간의 이해와 개발, 타인과의 원만한 관계, 새로운 인간형의 창조를 위해 행해져야 한다는 것이다(한상길 외, 2014).

교육의 인간화를 강조하는 인본주의 교육과정은 제3세력의 심리학이라고 불리는 인본주의 심리학(humanistic psychology)을 기초로 하며, 인간성에 대한 새로운 인식의 변화를 통해 교육의 인간화를 강조하는 것을 교육과정에 반영하였다.

2) 특징

인간중심 교육과정의 특징을 살펴보면 다음과 같다(김진한, 2007).

첫째, 자아실현(self actualization)을 목표로 한다. 자아실현이란 인간의 내면에 숨겨져 있는 신성을 발견하여 자신의 역량을 발휘함으로써 소명을 수행하는 것을 말한다. 인간은 사회문화적 세력과의 조화를 통하여 인간성을 발전시켜 잠재되어 있는 가능성을 사실화하는 것이다.

둘째, 잠재적 교육과정을 표면적 교육과정과 마찬가지로 중요시한다는 특징을 가지고 있다. 잠재적 교육과정이란 학교의 지도나 의도, 계획없이 이루어진 교육이며, 표면적 교육과정은 반대로 학교의 지도나 의도 속에서 학생들이 가지게 되는 경험을 의미한다. 인간중심 교육과정에서는 학생들이 학교에서 계획, 의도한 바가 없는 잠재적 교육과정에 많은 관심을 둔다. 표면적 교육과정은 주로 학생들의 지식, 기능의 성장에 영향을 주고 잠재적 교육과정은 학생들의 사회적 발달, 정의적 · 인성적인 발달 측면에 영향을 미친다.

셋째, 학교환경의 인간화를 위하여 노력한다. 인간중심 교육과정은 정의 자체가 학교생활을 하는 동안에 학생들이 가지는 모든 경험인데, 학교환경에는 인간교육을 저해하는 요인이 많다. 예를 들면, 학교폭력, 과밀학급, 입시 위주의 교육 등은 학생들의 인간화 교육을 저해하는 요인이며 정서적 불안과 같은 문제를 야기한다. 따라서 이러한 교육환경의 개선이 곧 인간화 교육의 중요한 수단이며 비공식적인 경험들은 학생들의 인격 형성과 정의적 영역에 많은 영향을 주는 것이 사실이다.

넷째, 인간주의적 교사를 가장 필요로 한다. 인간중심 교육과정에서 가르친다는 것은 하나의 체제나 방법들을 이용하는 것이 아니라 하나의 인간적 관계로 보기 때문에 인간적인 교사가 학생들의 정의적인 발달 측면과 자아실현에 중요한 역할을 하는 것으로 보고 있다. 인간주의적 교사란 진실된 교사를 의미하고, 한 개인으로서 갖는 아동에 대한 존중, 공감적 이해, 애정 등을 그 특성으로 제시하고 있다(이용남 외, 2012).

3) 장점

인간중심 교육과정의 장점을 살펴보면 다음과 같다(박영진 · 장성화, 2016).

① 학생들에게 긍정적인 태도 및 자기계발능력을 부여한다.

② 타인과의 원만한 인간관계를 유지하고 존중하며, 건전한 가치관을 형성하는 데 도움을 준다.

③ 학생들의 정의적 영역을 위해 학교환경의 인간화를 위한 노력을 중요시한다.

④ 결과보다는 과정을 중요시한다.

전통적으로 교육내용을 선정하는 데 있어서 교과내용과 학습경험이라는 두 가지 관점이 있다(이현림 외, 2005).

교육내용을 교과내용으로 보는 관점에서는 인류가 만들어 놓은 문화를 영역별로 체계화하여 조직해 놓은 것이 각 분야별 지식이며 각종의 교과이기 때문에 이러한 지식으로 구성된 교과내용이야말로 교육의 가장 주된 내용이 되어야 한다고 주장한다. 따라서 학습자는 각종 교과내용을 이해하고 새로운 경험을 해결하는 데에 도움이 되는 지식, 기술, 가치 등의 체계적인 교과 또는 지식을 학습함으로써 설정된 교육목표를 달성하게 한다는 것이다.

교육내용을 학습경험으로 보는 관점은 학습자의 경험을 통한 사고력의 향상, 기능, 태도 등을 중요시한다. 그러므로 교육목표 달성을 위하여 문화내용의 영역별 집약으로서 체계화된 지식을 학습자에게 전달하는 것이 아니라 어떤 구체적인 경험을 마련해 주어야 할 것인가를 고려한다. 즉 '어떤 교과내용을 학습자에게 제공할 것인가'라는 방향에서가 아니라 '어떤 학습경험을 하도록 할 것인가'라는 방향에서 교육내용을 선정한다.

교육내용을 선정하는 데 고려하여야 할 사항은 다음과 같다.

1) 기회의 원리

기회의 원리란 교육목표를 달성하기 위해서는 그 목표가 의미하는 행동을 학습자가 스스로 해결해 보는 기회를 가질 수 있어야 한다는 원리이다. 교육목표를 달성하기 위한 교육내용을 계획하는 데 있어서 지향하는 행동을 학습자가 실제로 해 볼 수 있는 기회를 갖지 못한다면 목표달성을 기대하기 어렵다. 이 기회의 원칙은 교육목표 속의 행동 측면뿐만 아니라 내용 측면에도 적용되어야 한다.

2) 만족의 원리

만족의 원리란 교육목표가 추구하는 학습활동을 통해서 학습자들이 만족감을 느낄 수 있어야 한다는 원리이다. 따라서 교육내용을 계획하는 교육과정 전문가나 교사는 학생들의 흥미, 필요뿐만 아니라 인간의 만족감의 원리에 대한 기본적인 이해가 요구된다.

3) 가능성의 원리

가능성의 원리란 주어진 학습경험을 통해 학습자들의 행동 변화가 가능해야 한다는 원리이다. 이는 학습자가 학습경험을 통해 성취감을 느낄 수 있을 때만이 의미 있는 학습이 가능하다는 것이다. 따라서 교육내용이 학습자의 학업성취능력, 발달 정도에 맞게 제시되어야 한다.

4) 동목표 다경험의 원리

동목표 다경험의 원리란 동일한 목표를 달성하는 데도 다양한 학습경험이 제공되어야 한다는 원리이다. 특정한 교육목표를 달성하도록 하는 데 제공되는 교육경험은 매우 다양할 수 있으며, 제시된 다양한 경험을 통해 학습자는 자신의 관심, 흥미에 적합한 것을 골라 경험하게 됨으로써 학습 효과를 높일 수 있다.

5) 일경험 다성과의 원리

일경험 다성과의 원리란 한 가지의 교육내용은 반드시 한 가지의 목표달성에 유용하거나 한 가지의 학습 성과를 가져오는 것이 아니라, 동시에 여러 가지 목표를 달성하게 하거나 여러 가지 학습 성과를 가져올 수 있는 경험을 선정해야 한다는 원리이다. 이렇듯 한 가지의 경험으로 여러 가지의 성과를 가져오는 경험이 선정될 수 있도록 노력해야 한다(김병희 외, 2012).

3. 교육내용의 조직

교육내용의 조직은 선정된 교육내용을 어떻게 계열화하고 조직화하며 체계화하여 상호관계를 만드는 것에 대한 해답을 찾는가 하는 것이다. 교육내용을 조직하는 데에 있어서 고려해야 할 핵심적인 요소는 범위와 계열이다.

범위(scope)란 교육내용의 폭과 깊이를 결정하는 것을 말하며, 교육내용의 수평적 조직과 연관된다. 이는 교육수준이 높아짐에 따라 교육내용의 폭과 깊이는 확대되고 심화되는데, 이는 학년이 올라갈수록 학습자의 신체적·지적 성장이 발달하기 때문에 배워야 하는 내용의 양이 늘어나고 내용의 수준도 깊어진다는 것을 의미한다.

계열(sequence)이란 학기 혹은 경우에 따라서 수년에 걸친 교육내용의 조직을 말하며, 교육내용의 수직적 조직과 연관된다. 어떤 시기에 무슨 내용을 학습시킬 것인가, 학년에 따라 어떤 내용을 배치할 것인가 등의 문제로 선 학습과 후 학습이 무엇인지의 순서를 결정하는 것을 말한다(한상길 외, 2014).

타일러(Tyler, 1949)는 교육내용의 효과적인 조직을 위한 원리로 수직적 관계와 수평적 관계를 고려해야 한다는 것을 강조하면서 다음을 제시하였다.

1) 계속성 또는 반복성의 원리

계속성(continuity)이란 교육내용을 조직함에 있어서 학습경험의 수직적 관계를 고려하는 조직 원리이다. 즉 선정된 내용 및 학습경험의 조직에서 중요한 학습내용과 경험을 반복함으로써 강화되는 효과를 얻자는 것이다. 어떤 교육내용이든 그것이 학습자들의 경험 속에 내면화, 생활화, 습관화되기 위해서는 일정 기간 동안 계속적인 반복 학습이 이루어져야 한다는 것이다.

2) 계열성의 원리

계열성(sequence)이란 계속성 또는 반복성의 원리와 마찬가지로 교육내용의 수직적 관계를 고려하는 조직 원리이다. 즉 학습내용과 경험의 여러 요인이 그 깊이와 넓이에 있어서 점진적인 증가가 되도록 조직되어야 한다는 것으로 교육내용 간의 관계, 확대, 심화를 강조한다. 전통적으로 교육내용을 조직할 때 사용하는 계열성의 원리는 다음과 같다. 교육내용의 순서를 단순한 내용에서 복잡한 내용으로, 부분에서 전체로(또는 전체에서 부분으로), 선수학습에 기초해서 그 다음 내용으로, 사건의 역사적 발생 순서대로, 현대에서 과거로(또는 과거에서 현대로), 구체적인 개념에서 추상적인 개념으로 내용을 조직해 나간다.

3) 통합성의 원리

통합성(integration)이란 교육내용들이 수평적 관계에서 상호 연결되어 통합됨으로써 보다 효율적인 학습, 성장 및 발달을 촉진할 수 있도록 조직하는 원리이다. 즉 교과와 교과 간 또는 경험과 경험 간의 조직원리로서 각 교과의 내용이나 경험의 내용이 서로 관계없이 독립적으로 구성하여 단절하는 것이 아니며, 각각의 경험들이 상호 연결되도록 통합함으로써 학습을 효과적으로 촉진하자는 것이다.

4. 교육과정의 평가

교육목표를 적절하게 설정하고, 목표달성을 위한 효과적인 학습경험을 선정하고 조직하여, 효율적인 교수-학습 과정을 통해 학습자들에게 교육과정을 투입했다면 최종적으로 확인해야 할 과정이 교육과정 투입의 성과를 정확하게 평가하는 교육과정 평가의 과정이다(김진환, 2004).

교육과정 평가는 교육과정의 값을 매기는 활동으로 교육과정의 가치를 판단하는 것이다. 교육과정 평가는 교육과정 계획의 수립에 해당하는 교육과정 개발 평가, 계획된 교육과정을 행동으로 옮기는 교육과정 운영 평가, 교육과정 운영의 결과적 산물에 대한 교육과정 성과 평가를 포함한다.

이와 같은 교육과정 평가는 구체적 교육목표의 도달 정도, 학습 결과의 양적·질적 수준, 추상적 교육목적의 성취 수준 등을 확인하는 것이 주목적이지만, 그러한 성과를 낳게 한 교육의 과정 전체에 대한 효과성을 함께 평가하려고 한다는 데 더 큰 의미를 두고 있다(김진한, 2007).

Ⅳ 한국 교육과정의 변천

1. 광복 이후부터 제1차 개정 이전(1945~1954년)

이 시기는 1945년부터 1954년 교육과정 시간배당 기준령이 공포되기까지 8·15 광복 이후 미 군정하에서 교수요목을 제정하여 교과서를 편찬하여 쓰던 시기를 말한다. 이 시기는 교육과정의 개념상 교수요목과 교육과정을 따로 구분하지 않았다. 교과내용 자체를 학습자들이 학습해 나가는 것으로 보고, 교사가 학습자들에게 가르칠 교수내용의 주제나 제목을 열거한 것이 교수요목이었다.

이 시기의 교수요목의 특징을 살펴보면 다음과 같다.

첫째, 교과의 지도내용을 상세히 표기하고, 기초능력을 기르는 데 주력하였다.

둘째, 교과는 체계적인 지도와 지적 능력의 배양에 중점을 두고 분과주의를 선택하였다.

셋째, 홍익인간의 정신에 입각해 애국애족의 교육을 강조하였으며, 정신적인 면이나 생활면에서 일제의 잔재를 제거하는 데 각별한 노력을 기울였다.

2. 제1차 교육과정(1955~1963년)

제1차 교육과정은 정부 수립과 6·25전쟁이 끝난 후 미국의 진보주의 교육사조에 따른 신교육의 강조시기인 1954년의 1차 교육과정 개정 또는 교과과정 시대를 의미한다. 이 시기는 교육과정의 기본 방향과 이념을 '각 학교의 교과목 및 기타 교육활동의 편제'라고 정의하였다. 법령상의 명칭이 '교과과정'이었기 때문에 이 시기의 교육과정을 '교과과정 시기' 또는 '교과중심 교육과정 시기' 이라고도 한다. 이때의 교육과정은 지적인 체계가 중심이 되어 있기는 하나, 반공교육, 도의교육, 실업교육도 강조하였으며, 도덕 교과를 신설하여 필수 교과로 수업을 하게 하였다. 제1차 교육과정은 미국의 진보주의 교육의 영향을 받은 결과이며, 교육과정 자체는 교과중심이었으나 교육과정을 기준으로 편찬하는 교과서는 벌써 생활중심을 지향하고 있었음을 알 수 있다.

제1차 교육과정은 우리나라가 최초로 만든 교육과정이다. 지적 체계를 중시하고 도덕교육을 강조하였다. 그러나 이 교육과정은 교육과정령으로서의 체계, 진술, 형식 등 여러 면에서 미흡한 점이 많았다.

3. 제2차 교육과정(1963~1973년)

제2차 교육과정은 5·16 군사정변 후 민족 주체성과 경제발전을 강조하여 1963년 2월 15일에 문교부령 제119호로 기존의 것을 전면 개정하여 1973년 학문중심 교육과정으로 개정한 시기까지를 말한다. 이 시기의 교육과정은 생활중심 교육과정, 경험중심 교육과정으로 '학생들의 경험 여하에 따라 그들이 어떤 인간으로 성장하게 되느냐가 결정되는 것이다.'라고 정의하고 있다. 그 후 1968년의 국민교육헌장의 선포, 중학교 무시험 진학 제도, 대입 예비교사제 실시에 따라 문교부는 가장 긴급한 것을 부분 개정하였다. 편제 및 운영 면에서는 교과활동, 특별활동, 반공·도덕활동의 3대 편제로 나누고 사회생활과가 사회과로 바뀌었다. 또한글전용을 위한 정책으로 국어과에서 한자교육을 하지 않도록 개정안을 마련하였다.

교육과정의 내용에서 자주성, 생산성, 유용성을 강조하여 명확한 사명감을 자각하고 수행하는 국민을 기르려 하였으며, 교육과정의 조직에서는 합리성을 강조하면서 학생의 성장 발달에 적용될 수 있고, 계통성과 발전성 있는 교육과정의 조직을 제시하였다. 교육과정의 운영 면에서는 지역성을 강조하여 교육과정에는 일반적인 기준만을 제시하고 그 구체적 운영은 지역사회에 맞게 해 나가도록 하였다.

4. 제3차 교육과정(1973~1981년)

제3차 교육과정은 학문중심 교육과정에 따라 산업화 사회에서의 국민의 자질함양과 인간교육을 강조하는 시기를 말하며, 학문중심 교육과정 이론에 바탕을 두고, 자아실현과 국가 발전 및 민주적 가치 함양에 교육목표를 둔 교육과정이다.

제3차 교육과정은 1968년 선포된 국민교육헌장의 이념과 1960년대 미국 교육계를 주도한 학문중심 교육과정 이론에 바탕을 두고 이루어졌지만, 내용이나 형식은 1·2차 교육과정과는 달리 국적 있는 교육을 슬로건으로 내세움으로써 여러 면에서 한국적인 교육과정의 성격을 띠고 있다고 볼 수 있다. 즉, 사회의 급격한 변화 속에서 팽창하는 학문적 지식을 보다 효과적으로 습득하기 위해서는 지식의 근간을 이루는 지식의 구조를 학생들에게 가르치되, 그 구조를 학습자 스스로가 발견하고 탐구할 수 있도록 해야 한다는 이론에 바탕을 둔 것이다. 반공·도덕 활동이 없어지고 도덕과가 독립된 교과로 바뀌었고, 중학교교육과정에서는 국사가 하나의 교과로 독립되어 신설되었다(신봉호 외, 2015).

5. 제4차 교육과정(1981~1987년)

제4차 교육과정 개정은 인간중심 교육과정으로 경제 제일주의로부터 복지사회와 정의사회의 실현이라는 방향에서 제5공화국의 출범과 함께 실시된 것으로 1981년 12월 31일 개정된 이후부터 1987년까지의 시기를 말한다. 이 시기의 교육과정 개정의 특징은 한국교육개발원에 위탁 개발한 연구개발형의 성격을 지니고 있으며, 교과중심, 경험중심, 학문중심, 미래지향적 교육과정, 인간중심 교육과정이 반영된 종합적이고 복합적인 성격을 띤 교육과정이라고 볼 수 있다.

제4차 교육과정에서는 민주주의의 토착화, 복지사회의 건설, 정의사회의 구현, 교육혁신과 문화 창달이라는 국정지표에 따라 민주, 복지, 정의사회의 건설에 적극적으로 이바지할 수 있는 자주적이고 창의적인 국민을 길러내고자 하였다.

지금까지 소홀히 해 온 인간중심 교육과정의 성격이 반영되고, 진로교육 개념이 도입되어 개인적·사회적·학문적 적합성을 고루 갖춘 종합적인 교육과정이라는 특색을 지니게 되었다. 또한 교육과정의 효율적인 시행에 대비하여 초·중학교 간의 연계성을 중시하였고, 초등학교 1~2학년의 통합지도 실시와 개별과정에 연구 및 개발모형을 적용한 것이 특징이라고 볼 수 있다(신봉호 외, 2015).

6. 제5차 교육과정(1987~1992년)

제5차 교육과정은 통합적 교육과정으로 교과, 경험, 학문 및 인간중심 교육과정을 조화시켜서 교육할 수 있도록 교육과정을 조직하였다. 고도 산업화, 국제관계의 다원화, 평화통일 등에 대한 대응으로 기초교육의 강화, 통합 교육과정의 구성, 미래사회 대비 교육의 강조, 교육과정 운영의 효율성 제고에 주안점을 두었다. 따라서 현행 교육과정 및 교과용 도서 중에서 개선이 필요한 부분만 개정하는 부분 개정을 기본 원칙으로 하여 1987년 6월 30일 개정되어 1992년까지 시행된 것이다. 통합적 교육과정은 기초교육을 강화하고, 정보화 사회에 대응하는 교육의 강화와 교육과정의 효율성 제고가 필요한 공교육과정이다.

7. 제6차 교육과정(1992~1997년)

제6차 교육과정은 21세기를 주도할 건강하고 자주적이며, 창의적이고 도덕적인 한국인을 육성하기 위해서 교육과정 편성·운영의 체계 개선으로 교육의 질 관리를 강화한 교육과정이다. 또한 우리나라 교육과정 사상 처음으로 '중앙집권형 교육과정'을 '지방분권형 교육과정'으로 전환하여, 시·도 교육청과 학교의 자율·재량 권한을 확대한 것으로 1992년 9월 30일에 고시되어 1995년 3월부터 적용한 교육과정이다.

제6차 교육과정은 시대적·학문적·개인적인 변화와 교육 수요의 요구에 따라 교육개혁의 일환으로 추진되어, 지금까지의 중앙집중형 교육과정을 유지하여 교육인적자원부가 전담하던 교육과정 편성·운영권을 지방화 시대에 맞게 분권화하기 시작하는 시기이다. 교육과정 및 교과용 도서 중 부분개정을 기본 원칙으로 하고 추구하는 인간상을 건강한 사람, 자주적인 사람, 창조적인 사람, 도덕적인 사람을 기르는 데 두었다. 또한 교육과정의 지역화를 강조하고 효율성을 중요시하였으며 국어, 수학, 과학 교과 등의 기초교육을 강화하고 컴퓨터교육, 경제교육 등에 관한 정보화 사회의 특성과 요구에 맞는 내용을 신설 또는 강화하였고, '기술'과 '가정' 교과목을 '기술·가정' 교과목으로 통합하여 남녀 공통으로 이수하도록 하였다(신봉호 외, 2015).

제6차 교육과정에서는 국가수준, 지역수준, 학교수준 교육과정을 명백히 구별하고, 교육인적자원부↔시·도 교육청↔학교로 이어지는 교육과정 편성↔운영 체제를 강조하였다. 따라서 교육과정의 편성과 운영에 있어서 시·도 교육청의 역할기능이 명확해졌고, 교육과정 운영의 효율화를 위해 학생의 적성, 능력, 진로를 고려하고 학습과 생활이 기초능력을 신장하며, 평가방법을 개선하였다.

8. 제7차 교육과정(1997~2008년)

제7차 교육과정은 1997년에 고시되어 2000년부터 2004년까지 연차적으로 적용된 교육과정으로 건전한 인성과 창의성을 함양하는 기초, 기본 교육을 목표로 두고 있다. 이 교육과정은 21세기의 지식기반사회에 대비하여 국가수준의 공통성과 함께 지역, 학교, 개인 수준의 다양성을 추구하는 교육과정, 자율성과 창의성을 신장하기 위한 학생중심 교육과정, 교육인적자원부, 교육청, 학교, 교원, 학부모, 학생이 함께 실현해 가는 교육과정, 학교교육체제를 교육중심으로 개선하기 위한 교육과정, 교육의 과정과 결과의 질적 수준을 유지·관리하기 위한 교육과정의 성격을 지니고 있다. 아울러 자기 주도적인 학습력 신장과 기초학습능력을 배양하고 교육내용의 양과 수준의 적정화를 위해 국민 공통 기본 과정과 선택중심 교육과정 체제 도입 및 수준별 교육과정, 재량활동의 교육과정을 운영하였다. 또한 지역학교의 자율성을 확대하고 주기적인 교육과정 평가체제를 구축하였다(신봉호 외, 2015).

제7차 교육과정에서는 국민공통 기본 교육기간 개념의 도입으로 학습자들은 초등학교부터 고등학교 1학년까지 10년 동안 반드시 배워야 할 열 개 교과를 꾸준히 일관성 있게 배우게 되고, 고등학교 2~3학년에서는 학생의 능력, 흥미, 진로에 알맞게 다양한 선택과목을 운영하는 학습자 선택중심 교육과정을 운영한다. 그러나 국민공통 기본 교육기간에 해당되는 1~10학년 과정에서 적용되는 수준별 교육과정은 학습자들의 학업성취 수준에 따른 교육과정 차별화가 두드러진다.

9. 2007 개정 교육과정(2009~2010년)

2007 개정 교육과정은 사회적 변화의 흐름을 주도할 수 있는 기본능력을 길러줄 수 있도록 교육과정을 변화의 요인이 발생할 때마다 수시로 개정할 수 있는 체

제를 도입하였다는 점이 가장 큰 특징이다. 또한, 교과의 효율적인 운영을 위해 중학교 및 고등학교의 경우, 학기 또는 학년 단위로 집중이수가 가능하도록 교과 집중이수제를 도입하였으며, 국어, 도덕, 역사 교과서가 국정 교과서 체제에서 검정·인정 교과서 체제로 변화하였다는 점을 특징으로 들 수 있다. 아울러, 단위 학교별 특성에 따라 교육과정의 편성과 운영에 있어서 현장의 자율성을 확대하였다(신봉호 외, 2015).

10. 2009 개정 교육과정(2011~2014년)

2009 개정 교육과정의 기본 방향은 교과(군)별 20% 범위 내 수업시수 자율 증감을 허용하는 교육과정 자율화를 통한 학교의 다양화를 유도하고, 중·고등학교에서 주당 11~13과목을 학습하던 것을 8과목 이내로 집중이수하도록 함으로써 학습부담 경감 및 학습의 집중력과 효율성을 제고하였으나, 집중이수제에 대한 폐단이 너무 많아 학기당 이수과목에서 예체능 과목을 제외시켰다. 이 교육과정에는 창의적 체험활동을 도입하여 배려와 나눔을 실천하는 창의·인재육성을 할 수 있도록 하였다(신봉호 외, 2015).

11. 2015 개정 교육과정(2015년~현재)

2015 개정 교육과정은 2015년 9월에 총론과 각론이 고시되었다. 2015 개정 교육과정은 문·이과 통합형 교육과정이라 부른다. 교육과정 개정의 배경은 문·이과 칸막이 없는 학교교육을 통해 학생들이 인문, 사회, 과학기술에 대한 기초 소양을 함양하여 인문학적 상상력과 과학기술 창조력을 갖춘 창의·융합형 인재로 성장할 수 있도록 우리 교육을 근본적으로 개혁하려고 하는 데 있다(교육부, 2014). 주요 개정방향은 인문, 사회, 과학기술에 관한 기초 소양 함양, 학생의 꿈과 끼를 키우는 교육과정 개발, 미래 사회가 요구하는 역량의 함양이 가능한 교

과교육과정 개발, 교육과정과 연계하여 교육정책 전반에 대한 종합적 개선 등으로 요약된다. 구체적인 개정 내용으로는 예술·체육 교육 활성화를 통한 인성교육 강화, 한자교육 활성화, 고교 '통합사회'와 '통합과학' 과목이 신설, 고교 과학교과 이수단위 조정, 소프트웨어 교육 강화 등이 제시되었다. 또한 안전의식 내면화를 위한 안전 교과 또는 단원 신설, 고교 교과(군)별 필수이수 단위 조정, 교육과정에 부합하는 수능 및 대입 제도 도입 검토 등이 제시되었다(교육부, 2014).

〈표 7-2〉 **한국 교육과정의 시기별 특징 비교**

구분	시기	특징
광복 이후부터 제1차 개정 이전	1945~1954	· 홍익인간의 정신에 입각하여 애국애족 교육 강조
제1차 교육과정	1954~1963	· 교과중심 교육과정
제2차 교육과정	1963~1973	· 경험중심 교육과정 - 한문 신설(1972) - 교련 신설(1969)
제3차 교육과정	1973~1981	· 학문중심 교육과정 - 도덕 신설(1973) - 국사 신설(1973) - 일본어 신설(1973)
제4차 교육과정	1981~1987	· 교육과정 개발에 연구, 개발 형태 도입 · 종합적이고 복합적 성격의 교육과정 · 국민정신 교육 강조 · 학습량·수준 축소 조정 · 초등학교 1~2학년 교과 통합 운영
제5차 교육과정	1987~1992	· 종합적 접근 방식 · 과학고·예술고 제정 · 초등학교 통합교육과정 제정 · 정보산업 신설 · 경제교육 강조 · 지역성 강조

구분	시기	특징
제6차 교육과정	1992~1997	· 교육개혁의 일환으로 추진 · 교육과정 편성 · 운영 체제 개선 - 지방분권형 교육과정: 국가, 지역, 학교의 역할 분담 - 컴퓨터, 환경, 러시아어, 진로 · 직업 신설 - 외국어에 관한 전문교과 신설 - 초등영어 교과 신설
제7차 교육과정	1997~2009	· 학생중심 교육과정 - 국민공통기본 교육과정 구성 - 고등학교 선택중심 교육과정 구성 - 수준별 교육과정 도입 - 재량활동의 신설 및 확대 - 목표(능력)중심의 교육내용 설정 - 지역 및 학교의 자율 · 재량 확대
2007 개정 교육과정	2009~2010	· 수시개정 체제 도입 · 역사 · 과학 교육 강화 · 다양한 선택교과 신설
2009 개정 교육과정	2011~2014	· 집중이수제 도입 · 공통 교육기간과 선택교육기간의 재설정 · 창의적 체험활동 도입 · 학교교육과정 편성의 자율권 확대
2015 개정 교육과정	2015~현재	· 1~2학년의 한글교육을 강화하고 신규과목 '안전한 생활' 편성 · 중학교 자유학기제를 실시해 장래진로 탐색 - 소프트웨어(SW) 교육을 위해 정보교과를 필수 지정 · 고등학교 공통과목 이수 후 선택과목을 수강, 진로선택과목 3개 이상 이수

‖ **학습목표** ‖

1. 교육평가의 정의 및 기능을 이해하고 검사, 측정, 총평의 차이를 설명할 수 있다.
2. 교육평가의 유형을 평가기준과 평가과정에 따라 설명할 수 있다.
3. 평가의 문항 유형에 따라 차이점을 설명할 수 있다.
4. 교육평가가 이루어지는 절차를 이해할 수 있다.

08 CHAPTER

교육평가

I 교육평가의 개념

교육을 통해 학습자가 달성하고자 하는 교육목표가 어느 정도 달성되었는지, 교수방법이 얼마나 효율적이었는지를 확인하여 교육을 개선하고, 그 결과를 바탕으로 학습자를 선발, 분류, 배치하는 등의 과정이 필요한데 이러한 활동을 교육평가라고 한다.

1. 교육평가의 정의

교육의 목적은 인간행동을 변화시키는 것으로 두뇌와 관련된 인지적 특성, 마음과 관련된 정의적 특성, 신체기능과 관련된 심동적 특성의 전인적 변화를 추구한다. 이러한 목적에 따라 교육을 실시한 후 교육이 제대로 이루어졌는지를 확인하는 행위를 교육평가라 한다. 교육평가라는 단어는 1930년대부터 미국에서 처음 등장하였는데 타일러(Tyle, 1942)는 교육목표의 달성 여부를 판단하는 행위를 교육평가라 정의하였다. 이후 Tyler(1949)는 교육평가를 교육과정과 수업활동을 통해 교육목표가 실제로 어느 정도 실현되었는지를 밝히는 과정으로 정의하였다.

크론바흐(Cronbach, 1984)와 스터플빔(Stufflebeam, 1971)은 교육평가를 교육과 관련된 의사결정을 내리는 데 필요한 정보를 수집하는 활동으로 정의하였으며, 스크리븐(Scriven)과 스테이크(Stake, 1967)는 교육평가를 교육과 관련된 어떤 대상의 장점, 질, 가치 등을 판단하는 과정과 그 산물로 정의하였다. 성태제(2014)는 교육과 관련된 모든 것의 양, 정도, 가치, 질, 장점 등을 체계적으로 측정하여 판단하는 주관적 행위로서 교육목적에 대한 가치를 판단하는 행위라 정의하였다.

즉 교육평가는 교육목적의 달성도를 판단하고 일정한 기준에 의하여 교육활동의 효율성을 평가하고, 이 평가를 통해 나타난 결과에 대한 가치를 판단하는 체계적 과정이라 할 수 있다.

2. 검사·측정·총평

1) 검사

검사(test)란 인간에게 내재된 잠재적 속성은 직접 측정이 불가능하기 때문에 간접 측정을 위해 사용되는 도구이다. 검사는 측정하고자 하는 내용 영역에 따라 여러 형태가 있을 수 있으며, 지필검사가 가장 일반적인 형태이나 컴퓨터를 이용한 컴퓨터화 검사가 보편화되고 있다.

핀드레이(Findley, 1963)는 검사의 기능을 교수적 기능, 행정적 기능, 상담적 기능으로 분류하여 제시하였다. 교수적 기능은 교수목표를 확인시켜 송환효과를 제공하여 학습동기를 유발시키고, 행정적 기능은 교사를 평가하고 학습자를 선발·분류·배치하는 것을 의미한다. 상담적 기능은 학습자의 정의적 행동특성을 진단하고 치료하는 데 있다. 이러한 검사는 인간의 잠재적 특성을 측정하는 도구로서 측정내용에 따라 매우 다양하다.

인간의 잠재적 특성은 인지적 특성, 정의적 특성, 심동적 특성으로 구분할 수 있다. 인지적 특성은 인간의 지적 능력과 관련된 영역으로 지능검사, 학업적성검사, 학업성취도검사가 있다. 지능검사는 개인이 가지고 있는 일반적인 지적 능력을 측정하기 위한 검사로 이때 지능을 '학습능력' 또는 '추상적 사고능력' 등으로 정의한다. 학업적성검사는 개인이 미래의 학습을 얼마나 잘할 수 있는지를 예견하기 위한 검사이다. 학업적성검사의 예로 대학수학능력시험, SATⅠ, GRE 등이 있다. 학업성취도검사는 현재 개인의 지식, 기술, 성취 수준을 측정하기 위한 검사로서 학습한 내용을 얼마만큼 알고 있느냐를 측정한다. 학업성취도검사의 예는 SAT Ⅱ, ACT 등이 있다.

정의적 특성은 매우 다양하기 때문에 이를 측정하기 위해 수많은 검사들이 제작되었으며, 성격검사, 흥미검사, 태도검사 등이 있다. 성격검사는 개인이 비교적 지속적으로 가지고 있는 성향이나 기질을 측정하는 검사이다. 흥미검사는 어떤 대상에 대하여 좋거나 싫은 정도, 수용하거나 배척하는 정도 등의 정서적 반응에 대한 심리적 경향성을 측정하는 검사이다. 태도검사는 인간이 사물이나 현상에 대하여 어떤 느낌을 가지고 있는지에 대한 반응경향이 어떠한가를 알아보는 검사이다. 심동적 특성은 가시적 인간행동에 대한 것으로 점검표나 채점표에 의하여 측정된다. 예로 무용의 실기동작이나 신체운동기능 등 어떤 행위의 숙련도를 측정하는 검사들이 여기에 해당된다.

2) 측정

측정(measurement)이란 어떤 대상이나 사건에 대하여 일정한 규칙에 따라 숫자를 부여하는 것이다. 손다이크(Thorndike, 1918)는 어떠한 것이 존재한다면 그것은 양으로 존재하기 때문에 측정할 수 있다고 주장하였다. 날씨가 덥거나 춥다든지, 길이가 짧거나 길다든지, 시간이 적게 또는 많이 걸린다든지 하는 말들은 재고자 하는 속성이 존재하기 때문에 이와 같은 속성은 얼마든지 측정할 수 있다는 것이다. 따라서 측정이란 사물의 성질을 구체화하여 수를 부여하는 절차라 할 수 있다(성태제, 2014).

사물이나 사람의 특성을 측정하고자 할 때 측정단위를 설정하여야 하는데, 이 측정단위를 척도라고 한다. 척도는 명명척도, 서열척도, 등간척도, 비율척도로 구분된다.

(1) 명명척도

명명척도(nominal scale)는 사물이나 사람을 구분하기 위하여 이름을 부여하는 척도이다. 예를 들어 성별, 인종, 학년, 거주지역 등을 들 수 있다. 명명척도에서 성별을 표시할 때 남성이나 여성이라는 말 대신 각각 1과 2로 표시하는 것이 그 예이다. 명명척도로 사물의 특성을 구분할 수 있으나 수열의 연속성이 없기 때문에 크기나 순서를 의미하지 않는다. 따라서 수치의 의미를 가지고 있지 않기 때문에 가감승제와 같은 수리적 분석에는 적당하지 않은 척도이다.

(2) 서열척도

서열척도(ordinal scale)는 사물이나 사람의 속성에 대하여 상대적 서열을 표기하기 위하여 사용되는 척도로 부여된 숫자 간에 대소나 서열의 구분이 가능하다. 서열척도의 예로는 학생들의 성적 등위, 키순서 등을 들 수 있다. 서열척도는 서열 간의 간격이 같지 않으므로 측정단위 간격 간에 동간성이 유지되지 않는다. 예를 들어 1등과 2등의 점수 차이와 9등과 10등의 점수 차이를 비교할 때 등위의 차이는 각 1등급으로 같으나 점수의 차이는 같지 않다. 따라서 서열 간에 동간성이 없어 대소 구분은 가능하나 더하기와 빼기는 불가능하다.

(3) 등간척도

등간척도(interval scale)는 동일한 측정단위 간격에 동일한 수적 차이를 부여하는 척도로 동간척도라고도 한다. 임의 영점과 가상적 단위를 지니고 있어 더하기, 빼기의 계산은 가능하지만 곱하기와 나누기의 계산은 가능하지 않다. 예를 들어, 온도를 측정하는 단위에서 '0'은 온도가 전혀 없음을 뜻하는 것이 아니라 물이 어는 온도 점이라는 임의 영점을 말한다. 또한 수학시험 80점을 받은 학생이 40점을 받은 학생보다 두 배의 능력을 가졌다고 할 수 없으며, 0점을 받은 학생의 학습능력이 전혀 없다고 할 수 없는 것이다.

(4) 비율척도

비율척도(ratio scale)는 서열성과 동간성을 지니는 동시에 절대 영점을 가지는 척도이다. 여기서 절대 영점은 어떤 특성이 '0', 즉 전혀 없는, 아무것도 존재하지 않은 것을 의미한다. 무게, 길이 등이 비율척도의 예인데 무게가 '0'이라는 것은 무게가 없음을 나타낸다. 따라서 비율척도는 사물의 분류, 서열, 동간성, 비율을 나타내는 절대 영점을 지니고 있다는 점에서 여러 척도 중 가장 완전하다. 그래서 비율척도는 더하기, 빼기, 곱하기, 나누기의 모든 수학적 계산이 가능하다.

〈표 8-1〉 **각 척도별 특성 비교**

척도의 종류	특징	수학	적용 예
명목척도	범주로 구분을 위해 수치를 부여	=	성별, 결혼 유무, 종교
서열척도	측정대상들의 등급순위 결정	=, <, >	석차, 소득수준, 자격등급
등간척도	측정대상이 그 간격에 있어서 동일함을 부여	<, >, +, −	IQ, 성적, 사회지표
비율척도	절대 영점을 가짐으로써 비율의 성격을 지님	<, >, +, −, ×, ÷	무게, 신장, 출생률, 수입

3) 총평

총평(assessment)이란 개인의 행동특성을 하나의 검사도구로 측정하여 평가하는 것이 아니라 다양한 방법을 동원하여 종합적으로 평가하는 방법이다. 총평이란 용어를 처음 사용한 머레이(Murray, 1938)는 총평의 개념을 특별한 목적과 환경, 과업과 준거에 비추어 개인의 특성에 대한 의사결정을 위한 전인적 평가로 정의하고 있다.

성태제(2014)는 총평의 목적에 대하여 학생의 장단점을 진단하고, 학생의 진행 상황을 모니터링하며, 학생에게 성적을 부여하고, 교육의 효과성을 검증하는 데 있다고 하였다. 따라서 전인적인 평가를 위해서는 관찰, 검사, 시험, 구술, 면접 등의 다양한 방법을 통해 얻은 자료를 수집하는 것이 중요하다. 이러한 총평의 특징은 다음과 같다(김대현 · 김석우, 2011).

첫째, 총평에서는 판단을 위해 다양한 측정방법을 사용하는 동시에 전체적이고도 직관적인 그리고 질적인 평가방법 등을 사용한다. 총평에서 사용하는 정보는 다양한 양적·질적 형태로서 구조화된 객관식 검사를 사용할 수도 있고, 역할놀이나 자유연상법 등 투사적 검사와 같은 비구조화된 방법을 사용할 수도 있다.

둘째, 총평에서는 대체로 개인과 환경의 상호작용에 관심을 둔다. 따라서 총평의 분석방법은 개인이 달성해야 할 준거분석과 그 개인이 속한 환경 분석에서 시작된다.

셋째, 총평에서는 환경을 학습자의 행동 변화를 강요하는 압력으로 간주한다. 따라서 환경이 요구하는 압력이나 역할을 분석하고, 다음으로 개인의 특성이 이에 적합한지를 분석하고 결정한다.

넷째, 총평에서는 개인과 환경 사이의 상호작용을 분석함에 있어서 주로 구인타당도(construct validity)를 활용한다. 이는 인간 행동 특성과 환경, 이들의 상호작용에 대한 체계적 자료들이 형성된 구인과 이론에 얼마나 일치하느냐를 보는 것으로 구인타당도와 직결되기 때문이다.

다섯째, 총평의 결과는 흔히 예언, 실험, 분류에 활용된다.

3. 교육평가의 기능

교육평가의 기능은 보는 시각에 따라 다양하다. 학교교육과 관련하여 교육평가가 지니고 있는 기능을 살펴보면 다음과 같다(김대현·김석우, 2011).

첫째, 학습자의 학업성취도 평가의 기능이다. 교육이 인간의 행동 특성을 계획적으로 변화시키는 목표 지향적 활동이라면, 교육활동으로 인하여 학습자가 목표에 어느 정도 도달했는지는 학업성취도를 확인함으로써 가능해진다. 즉, 교육평가는 교육적 성과나 미리 설정한 교육목표의 달성 정도를 확인하기 위한 기능을 수행한다.

둘째, 학습 곤란점을 진단하고 치료하는 기능이다. 평가는 개별 학습자 또는 한 학급 전체가 직면하고 있는 학습 곤란점을 진단하는 기능을 한다. 교육평가가 개개 학생이 학습에 곤란을 느끼는 과제의 내용을 구체적으로 확인하도록 하여 학습 곤란의 원인이 학습자체에 있는 것인지, 지능이나 적성과 같은 기본 능력의 부족 때문인지, 또는 정서적 불안정 때문인지를 진단한다면, 교육의 과정은 한결 구체화되면서 원활한 관계로 조정될 수 있을 것이다.

셋째, 교육 프로그램의 교육적 효과에 대한 평가 기능이다. 교육 프로그램이란 교육과정, 수업 계열과 절차, 수업자료, 학급조직 등이 통합된 개념이다. 이러한 교육 프로그램에 의해 학업성취도 결과가 발생하는데, 이는 교육 프로그램의 질을 나타내는 것이다. 교육 프로그램의 평가를 평가의 중요한 기능으로 포함시키는 이유는 그 결과를 확인하여 프로그램의 질적 개선을 위한 시사를 받을 수 있기 때문이다. 예를 들어, 초·중등학교 평가, 대학평가, 시·도 교육청 평가 등이 교육 프로그램의 평가에 해당된다.

넷째, 개별 학습자의 진로지도를 위한 자료를 수집하는 기능이다. 다양한 평가를 통하여 수집된 자료는 학습자의 장래 진로지도를 위한 자료로 쓰일 수 있다. 예를 들어 학교현장에서 진학지도나 취업지도를 하기 위해서는 학습자의 학업성취도, 적성, 흥미, 성격을 포함한 학습자를 둘러싼 가정, 학급, 사회환경 등에 대한 정확한 이해가 필수적이다.

다섯째, 교육의 제반 문제를 이해하고 올바른 교육정책 및 일반 정책을 수립하는 데 도움을 주는 기능을 한다. 전국적 평가 연구나 국제학력 비교연구 등을 통해 전체 학습자 또는 국민이 꼭 습득해야 할 기본적 능력이 어느 정도인가를 확인할 수 있는데, 이는 교육정책의 방향을 수립하는 데 도움을 줄 수 있다. 전국단위의 초·중·고등교육은 물론 일반 사회교육을 평가하는 것도 교육평가의 기능 중 하나이다.

Ⅱ 교육평가의 유형

1. 평가기준에 따른 구분

교육평가는 평가기준에 따라 두 가지로 구분할 수 있다. 그 하나는 '학습자의 현재 성취수준이나 학습목표의 달성 정도를 알아보기 위한 것'이고 다른 하나는 '학습자의 성취수준이 학습자가 속해 있는 집단의 규준에 비추어 상대적 위치를 알아보기 위한 것'으로 전자를 준거지향평가(criterion-referenced evaluation)라 하고 후자를 규준지향평가(norm-referenced evaluation)라 한다.

1) 준거지향평가

준거지향평가는 학습자들이 정해진 교육목표를 얼마만큼 달성했는지를 측정하는 평가로서 목표지향평가, 혹은 절대평가라고 부른다. 글레이저(Glaser, 1963)는 "학생의 능력을 비교하거나 변별하는 목적이 아니고, 개별 학생의 능력을 측정하기 위해서는 학생이 달성하도록 기대한 최소한의 과정 목표를 행동적으로 기술할 필요가 있다. 또는 연속해서 다음 과정으로 수행하기 위해서는 필요한 최소한의 수행 수준을 행동적으로 기술할 필요가 있다."고 준거지향평가의 필요성을 주장하였다. 즉 다른 학습자와 상대적인 비교를 하는 것이 아니라 교육목표에 비추어 평가하는 것이다.

준거지향평가에서 가장 중요한 요소는 준거의 설정이며, 자격증을 부여할 때 준거지향평가가 이용된다. 예를 들면, 의사 자격시험이나, 간호사시험, 각종 국가자격증시험에서 성패나 당락을 구분하는 점수가 해당된다고 하겠다.

준거지향평가는 모든 학습자에게 의도하는 대로 적절한 교수-학습방법을 제공할 수 있다면 주어진 학습목표에 도달할 수 있다는 발달적 교육관에 바탕을 둔다.

준거지향평가의 장점으로는 첫째, 학생이 무엇을 알고 모르는지의 정보를 직접적으로 제공하여 무엇을 어떻게 가르쳐야 할 것인지에 대한 시사점을 제공해 주기 때문에 교수-학습 이론에 적합하다. 둘째, 제공된 정보를 기초로 교육목표, 교육과정, 교수방법 등의 개선에 용이하다. 셋째, 상대비교에 치중하지 않으므로 탐구정신과 고등정신능력을 배양할 수 있다는 장점이 있다.

이에 비해 준거지향평가의 단점으로는 첫째, 개인차의 변별이 쉽지 않다는 것이다. 일반적으로 학업성취도에서 교과내용을 이해하였다고 가정하는 준거는 최저학습목표라 할 수 있기 때문에 학습자 개인 간의 비교 및 우열을 판별하기 어렵다. 둘째, 준거의 설정기준을 마련하는 것이 문제가 될 수 있다. 교육에서의 절대 기준은 교수목표이지만 이러한 교수목표를 누가 정하느냐는 고도의 전문성이 요구되는 문제이다. 셋째, 검사 점수의 통계적 활용이 불가능하다. 준거지향평가에서는 검사 점수의 정상분포를 부정하기 때문에 점수를 통계적으로 활용하기 어렵다(김대현 · 김석우, 1999).

2) 규준지향평가

규준지향평가란 개인이 얻은 점수나 측정치를 비교 집단의 규준에 비추어서 상대적인 서열을 판단하는 평가로서 상대평가라고도 부른다. 학습자가 학습과제의 영역에 대해 얼마만큼 알고 있느냐보다는 학습자의 성취수준이 집단 내의 규준에 비추어 상대적으로 어떤 위치에 있는가를 평가하는 방식이다.

규준지향평가는 준거나 목표의 달성 여부보다는 서열이나 상대적 위치를 부여하여 분류하는 평가방법으로 학생의 상대적 서열에 관심을 둔다. 따라서 선발적 교육관에 바탕을 두기 때문에 선발 · 분류 · 배치의 상황에서는 유용하게 사용될 수 있다. 이러한 평가관은 소수의 우수자, 즉 목표 수준에 도달한 학습자를 선별해 내거나 학습 후 그 집단 내에서 학업성취 수준의 차이를 밝히는 데 초점을 둔다.

규준지향평가의 목적은 상호비교에 있으며, 상호비교를 위해 필요한 기준을 규준이라고 한다. 규준(norm)이란 원점수의 상대적인 위치를 설명하기 위해 쓰이는 자료로서 모집단을 대표하는 표본에서 얻은 점수를 기초로 하여 만들어진다. 예를 들면 영어시험에서 80점을 받은 학생이 있다면, 집단 내에서 그 학생의 상대적 위치가 어디에 있는지를 알기 위하여 규준이 필요하다. 현재 우리나라 고등학교에서 사용하고 있는 1~9등급으로 구분한 고교 내신점수 등급이 규준점수의 예라고 할 수 있다.

규준지향평가의 장점으로는 서열화가 쉽고 경쟁을 통해 학습동기를 유발할 수 있다. 그러나 다음과 같은 단점을 가진다.

첫째, 학생이 무엇을 얼마만큼 아느냐에 중점을 두지 않으므로 무엇을 가르치고 배워야 하는가에 대한 기준이 모호하다.

둘째, 개인 또는 집단의 성취를 기초로 한 상대적 서열을 중시하므로 교수-학습 이론에 부적절하다.

셋째, 경쟁심 조장으로 경쟁을 통한 교육은 당연한 윤리로 받아들여져 협동심을 상실하게 할 수 있다.

넷째, 다른 학습자보다 1점이라도 높은 점수를 얻기 위한 경쟁이 강조되기 때문에 충분한 시간 동안의 지적 탐구를 통해 문제를 해결하기보다는 암기 위주의 교육을 조장할 우려가 있다.

다섯째, 이해력, 분석력, 창조력, 탐구정신이 결여된다.

여섯째, 서열주의식 사고가 팽배해진다.

일곱째, 정신건강에 좋지 않은 영향을 미친다. 즉, 경쟁심 조장, 검사 불안 등으로 인해 학습자의 정의적 행동특성에 부정적 영향을 미친다(성태제, 2002).

〈표 8-2〉 준거지향평가, 규준지향평가의 비교

구분 내용	준거지향평가	규준지향평가
평가목적	학업성취도 도달 확인	학습자의 서열화
교육신념	완전학습	개인차 인정
인간관	발달적 교육관	선발적 교육관
평가준거	개인의 학습목표 달성도	집단 내에서의 상대적 서열

2. 평가과정에 따른 구분

교수-학습의 진행 과정에 따라 이루어지는 평가의 종류를 진단평가(diagnostic assessment), 형성평가(formative assessment)와 총합평가(summative assessment)로 구분할 수 있다.

1) 진단평가

진단평가란 학습이 시작되기 전에 학습자의 특성을 체계적으로 측정하는 행위로 학습자의 사전학습 정도, 적성, 흥미, 동기, 지능 등을 분석한다. 이를 통해 학생들의 기본적인 학습능력, 학습동기, 선수학습의 정도에 대한 정보를 체계적으로 수집하여, 학습의 성과를 극대화시킬 수 있는 가장 효과적인 학습 지도방법을 강구하는 것이 진단평가의 목적이다. 그러므로 진단평가를 통해서 교사는 학습자가 지닌 다음과 같은 특성들을 분석해야 한다(성태제, 2014).

① 학습 부진요소나 결손 정도

② 적절한 교수-학습방법 탐색을 위한 학생의 특성

③ 단위학습목표나 교과목표의 사전 달성 여부

④ 학습목표와 밀접한 관련이 있는 출발점 행동 및 기능의 소유 여부

진단평가의 구체적인 기능은 다음과 같다. 본 수업이 시작되기 이전에 실시하는 진단평가는 학생이 학습을 시작하기 전에 그가 어떤 단계, 수준에 놓여 있는가를 파악하기 위해 실시한다. 학습목표를 성취하는 데 선수조건이 된다고 추측되는 기능을 학생이 소유하고 있는가, 주어진 학습목표를 이미 통달했는가를 확인하여 보충학습 프로그램과 심화학습 프로그램 제공 여부를 결정한다. 또한 지능, 적성, 동기 등 학생이 지니고 있는 여러 가지 특성에 대한 정보를 확인하여 그에 대한 적절한 교수전략이나 교수방법의 대안을 결정한다. 또한 진단평가의 결과는 교수전략의 효과가 극대화될 수 있도록 학생을 분류하고 집단화하는 기준이 되기도 한다. 이때 집단화는 인간규정의 관점에서 고착시키려는 것이 아니라 그들을 이해하려는 과정의 하나로서 이용하는 수단에 불과하다. 학생집단을 여러 가지 형태의 동질집단으로 분류하고 그에 따라 적절한 교수방법을 투입하는 데 진단평가의 결과가 중요한 역할을 한다(황정규, 2005).

진단평가의 예로는 수업시작 전에 학습단원에 대한 쪽지시험이나 퀴즈를 실시한다든지, 지난 학습의 복습 여부를 묻는 질문 등을 들 수 있다.

2) 형성평가

형성평가란 교수-학습이 진행되는 과정에서 학습자에게 피드백을 주고 교과과정과 수업방법을 개선시키기 위해서 실시하는 평가를 말한다. 즉 교수-학습과정 중에 가르치고 배우는 내용을 학습자들이 얼마만큼 이해하고 있는지 수시로 점검하고 학습자들의 수업능력, 태도, 학습방법 등을 확인할 수 있다. 따라서 형성평가는 학습 및 교수가 진행되고 있는 도중에 학습의 진전 상황에 관한 필요한 정보를 수집하고 분석하여 교수-학습과정을 개선하기 위해 실시하는 활동이다.

형성평가는 교수-학습 과정 중에 실시하는 평가이기 때문에 학습 증진의 극대화가 이루어지도록 하려는 것이 최대의 목적이다.

황정규(1998)는 형성평가의 특징을 다음과 같이 제시하고 있다.

첫째, 형성평가의 가장 주된 특징은 학습정보의 피드백(feedback)과 교정이다. 학생과 교사에게 학습 실패의 오류나 곤란이 발생했을 때 즉시 알려 주는 송환작용과 적절한 교정(corrective)을 제공해 줌으로써 학급의 교수체제를 자체 수정체제(self-corrective system)로 만들 수 있다.

둘째, 학생의 학습을 증진시키기 위해 무엇인가 개선해야 할 것을 찾으려는 개선추구의 평가이다.

셋째, 형성평가는 교수-학습 과정을 일차적으로 이끌어 가고 개선해 가야 할 교사가 제작하는 것이 원칙이다. 형성평가는 지금 진행 중인 수업 프로그램에 관해 필요한 모종의 정보를 얻으려는 것이기 때문에 당면한 상황의 역동성을 가장 잘 파악할 위치에 있는 가르치는 교사 자신이 제작하는 것이 목적에 부합한다.

넷째, 수업목표에 기초한 평가를 하는 것 즉, 목표 지향평가이다. 그래서 형성평가는 설정된 목표를 학생이 잘 수긍하고 성취하고 있는지 확인하는 것이라 할 수 있다.

형성평가의 예로는 수업시간 중 교사가 학생을 호명해서 하는 질문, 학생이 교사에게 하는 질문 등 교사가 학생을 관찰하여 기록하는 행위, 쪽지시험, 퀴즈, 과제 등이 있다.

3) 총합평가

총합평가란 총괄평가라고도 하며 교수-학습이 끝난 다음 교수목표의 달성 또는 성취 여부를 종합적으로 판정하는 평가를 말한다. Scriven(1967b)이 처음 사용한 용어로서, 교육과정이 끝난 다음에 처음 설정된 프로그램의 성공기준에 비추어 교수-학습 과정에서 학습자의 성장이 이루어졌는가를 규정하고 교육목표의 성취여부를 판정하는 평가를 총합평가라 하였다. 이는 교육프로그램 개발자나 실행자에게 체계적인 피드백을 제공하고자 하는 형성평가와 대비되는 개념으로서, 총합평가는 교수목표의 달성, 성취, 통달 여부를 종합적으로 판정하려는 평가형태이다.

총합평가는 대개 학습의 대단원, 교과과정, 교육프로그램의 종료단계에서 교육의 효과를 알아보기 위한 평가로 다음과 같은 목적을 가진다(성태제, 2014).

첫째, 성취수준의 도달 여부를 판정하여 서열 부여
둘째, 자격증 부여의 역할
셋째, 집단 간 비교
넷째, 학생들에게 송환작용
다섯째, 프로그램 시행 여부 결정
여섯째, 책무성 부여

이상에서 살펴본 진단평가, 형성평가, 총합평가를 비교하면 〈표 8-3〉과 같다.

〈표 8-3〉 **진단평가, 형성평가, 총합평가의 비교**

구분내용	진단평가	형성평가	총합평가
평가목적	선수기능의 습득 여부 확인 학습 전 성취 수준의 확인	학습과제 성취 여부 결정 수업방법의 개선	학기·학년 말에 학업성적 판정 자격부여 및 합격여부 결정
평가시기	수업 전, 수업초기	수업도중	학기 말, 학년 말
평가대상	학생의 학습준비도	학습과제 수행과정	학습과제 수행 결과
활용	수업 시작 전 정보 제공	학습과정 중 수업의 개선	학업성취 결과 통보

Ⅲ 교육평가의 문항 유형

일반적으로 사용되는 평가문항의 유형은 채점방법에 따라 주관식(subjective type) 문항과 객관식(objective type) 문항이 있으며, 피검사자의 반응에 따라 선택형(selection type) 문항과 서답형(supply type) 문항으로 나눈다. 즉 선택형 문항은 문항 내에 주어져 있는 답지 중에 하나를 선택하는 형식으로 객관식 문항이 여기에 속하며, 서답형 문항은 답을 써 넣는 형태의 문항으로 주관식 문항의 형태가 여기에 속한다. 그러나 답을 써 넣은 형태의 모든 문항을 주관식으로 분류하는 데는 주의를 기울여야 한다. 채점 과정에서 주관성의 개입수준으로 볼 때, 선다형, 진위형, 연결형, 단답형, 완성형은 객관식 문항으로 논술형은 주관식 문항으로 분류해야 한다. 이는 정답 1개만을 갖는 단답형과 완성형 문항이 있다면 채점 과정에서 주관성이 개입될 여지가 거의 없기 때문에 객관식 문항에 더 가깝다고 할 수 있기 때문이다.

1. 선택형 문항

선택형 문항은 주어진 답지 중에서 정답을 선택하는 문항이다. 선택형 문항에는 선다형, 진위형, 연결형이 있으며 각 문항 유형에 대한 특징은 다음과 같다.

첫째, 선다형 문항은 선택형 문항 중 가장 보편적으로 사용되는 문항으로 두 개 이상의 답지가 부여되어 지시에 따라 그중 알맞은 답지를 선택하는 문항이다. 선다형 문항은 문제의 난이도를 조절하여 제작할 수 있다. 답지들을 매우 단순하게 제작하면 단순한 기억력을 측정하게 되며, 복합적인 답지를 제작하면 고등정신능력까지 측정할 수 있다는 특징을 가지고 있다. 선다형 문항의 적절한 답지

수에 대한 합의된 결과는 없으나 보통 사지선다형이나 오지선다형 문항이 일반적인 경향이다.

둘째, 진위형 문항은 제시된 진술문이 맞는지 틀리는지를 피험자가 응답하는 문항 형태이다. 진위형 문항은 간단한 진술문장에 의하여 질문하므로 제작이 용이하고 채점의 객관성을 높일 수 있는 장점이 있는 반면, 문항의 답을 알지 못하더라도 문항의 정답을 맞힐 확률이 50%에 있으므로 추측에 의하여 문항의 답을 맞힐 가능성이 높다. 또한, 단순정신능력을 측정할 가능성이 높고, 문항의 변별력이 감소할 수 있다는 단점이 있다.

셋째, 연결형 문항은 일련의 문제군과 답지군을 배열하여 문제군의 질문에 대한 정답을 답지군에서 찾아 연결하는 문항 형태이다. 연결형 문항은 두 가지 내용의 연관성에 대한 기초지식을 측정하는 데 적합하며, 그림, 지도, 표 등을 사용할 수 있다. 연결형 문항은 채점이 객관적이고 용이하며, 유사한 사실을 비교하여 구분하고 판단하는 능력을 측정하기에 용이한 장점이 있다. 하지만 단순한 사실이나 역사적 사건을 질문하므로 고등정신능력을 측정하기가 어렵다.

〈표 8-4〉 **선다형, 진위형, 연결형 문항의 예**

<table>
<tr><th>문항 유형</th><th>문항 예</th></tr>
<tr><td>선다형</td><td>축구경기에서 한 팀의 구성 인원은?
① 9명 ② 13명 ③ 11명 ④ 12명</td></tr>
<tr><td>진위형</td><td>대한민국의 수도는 서울이다(　　　)</td></tr>
<tr><td>연결형</td><td>다음 보기에서 역사적 사실과 연도를 바르게 연결하세요.<table><tr><th>〈역사적 사건〉</th><th>〈연도〉</th></tr><tr><td>① 강화도조약
② 갑신정변
③ 신미양요</td><td>Ⓐ 1884
Ⓑ 1871
Ⓒ 1876
Ⓓ 1894</td></tr></table></td></tr>
</table>

2. 서답형 문항

서답형 문항에는 논술형, 단답형, 완성형이 있으며 각 문항 유형에 대한 특징은 다음과 같다.

첫째, 논술형 문항은 주어진 질문에 제한 없이 여러 개의 문장으로 응답하는 문항 형태를 말한다. 그러므로 논술형 문항은 피험자의 논리력, 분석력, 종합력, 문제해결력, 창의력을 측정할 수 있다. 논술형은 피험자가 지니고 있는 모든 정신능력을 측정할 수 있는 장점에 비하여 여러 채점자가 채점할 때, 채점의 객관성을 확보하기가 어렵고, 많은 문항을 출제하기 용이하지 않으므로 넓은 교과영역을 측정해야 하는 학업성취도검사에는 용이하지 않다.

둘째, 단답형 문항은 간단한 단어, 구, 절 혹은 기호로 응답하는 문항 형태이다. 단답형 문항의 장점은 정의, 개념, 사실 등의 넓은 범위의 내용을 측정할 수 있으며, 추측에 의하여 정답을 맞힐 수 있는 요인을 제거할 수 있다. 단점으로는 정답이 하나가 되도록 문항을 제작하기가 쉽지 않고 답에 틀린 글자가 있을 경우 채점 처리의 기준을 설정하기가 용이하지 않다.

셋째, 완성형 문항은 질문을 위한 문장에 여백을 두어 응답을 유도하는 문항 형태이다. 여백의 형태는 괄호, 상자, 밑줄 등의 다양한 형태가 있을 수 있으며, 여백 앞뒤의 문맥을 파악하는 독해능력을 측정하기 위해 사용된다. 완성형 문항의 장점으로는 개념, 간단한 사실 등의 인지 여부와 관련된 광범위한 내용을 측정할 수 있으며, 정답에 대한 추측요인의 배제가 가능하고, 문항제작이 용이하고 신뢰도가 높다. 단점으로는 단순한 지식, 개념, 사실 등만을 측정할 가능성이 높다.

〈표 8-5〉 논술형, 단답형, 완성형 문항의 예

문항 유형	문항 예
논술형	진단평가와 형성평가에 대하여 비교분석하고 특징을 논하시오.
단답형	학습이 시작되기 전에 학습자의 사전학습 정도를 확인하는 평가는 무엇인가? ( )
완성형	서답형 문항에는 논술형, 단답형, ( )이 있다.

Ⅳ 교육평가의 절차

교육평가가 이루어지는 절차는 일반적으로 교육목표의 확인, 평가방법의 결정, 평가도구의 선정, 평가의 실시와 결과처리, 평가결과의 해석 및 활용 등의 단계를 거친다.

1. 교육목표의 확인

교육평가의 첫 번째 단계는 교육목표를 확인하는 것이다. 교육평가 활동을 실시하려면 교수–학습 활동이 시작되기 전에 교육목표가 이미 설정되고 일련의 수업활동이 지금까지 이루어져 왔으므로 교육목표를 확인하는 것에서 출발한다. 따라서 교육목표에 적합한 교육목표 이원분류표를 작성하고 분석하는 등의 평가계획이 수립되어야 한다.

2. 평가방법의 결정

교육평가 목표가 결정되면 이를 평가하기 위하여 어떠한 평가방법이나 검사가 가장 적절한가를 결정하여야 한다. 즉 평가하려는 내용을 가장 잘 드러내고 변별해 낼 수 있는 평가방법을 선택하는 것이다. 평가목표에 따라 선택할 수 있는 평가방법에는 필답고사(지필검사), 질문지, 행동관찰, 면접, 기록물 분석, 투사법, 현장실습 및 실기 등이 있다.

3. 평가도구의 선정

평가방법이 선정되면 교육목표에서 제시한 행동을 실제로 측정하기 위한 평가도구를 선정 또는 제작하여야 한다. 평가도구는 교사 자신이 직접 제작하여 사용할 수도 있고 이미 제작된 도구를 사용할 수도 있다. 교육목표에 설정된 행동을 제대로 평가하기 위해서는 좋은 평가도구가 필요하다.

1) 바람직한 평가도구의 조건

바람직한 평가도구로서 갖추어야 할 조건으로 타당도, 신뢰도, 객관도, 실용도를 들 수 있다.

(1) 타당도(validity)

타당도는 측정하고자 하는 내용을 측정하였는가의 문제로 검사 점수가 검사의 사용목적에 얼마나 부합하는가를 말한다. 예를 들어 키를 재기 위해 자를 사용하였다면 타당한 도구라고 할 수 있지만 지능을 측정하는 검사가 학업스트레스 측정이었다면 타당한 검사라고 할 수 없다. 타당도에는 측정하고자 하는 속성을 논리적으로 분석하여 판단하는 내용타당도, 조작적으로 정의된 내용을 제대로 측정하고 있는지 정도를 파악하는 구인타당도, 어떤 검사의 점수가 다른 종류의 검사와 얼마나 일치하는 정도를 확인하는 공인타당도, 현재의 어떤 검사가 미래 행동을 예언하는 정도를 의미하는 예언타당도가 있다.

(2) 신뢰도(reliability)

신뢰도는 측정하려는 것을 얼마나 안정적으로 일관성 있게 측정하였느냐의 문제로, 검사도구가 얼마나 정확하게 오차 없이 측정하였느냐의 정도를 말한다. 예를 들면, 같은 물체의 무게를 잴 때마다 다르게 측정된다면 측정의 일관성이 없으므로 오차가 크고 측정도구를 신뢰할 수 없다.

신뢰도를 측정하는 방법으로는 동일한 검사를 동일한 피험자에게 일정 간격을 두고 반복 실시하는 방법의 검사-재검사 신뢰도, 두 개의 동형검사를 제작하여 두 검사를 동일 피험자 집단에게 실시하는 방법인 동형검사 신뢰도, 한 개의 검사를 한 피험자 집단에게 한 번 실시한 다음 검사결과를 적절한 방법으로 양분하여 신뢰도를 추정하는 방법인 반분검사 신뢰도, 검사에 포함된 문항 하나하나를 하나의 검사로 간주하여 문항 간의 유사성을 추정하는 방법의 문항 내적 합치도가 있다.

(3) 객관도(objectivity)

객관도는 채점자에 의해서 결정되는 신뢰도라고 할 수 있다. 한 채점자가 다른 채점자와 얼마나 유사하게 평가하는가, 즉 채점자 간 채점결과가 일치하는 정도로 채점자 간 신뢰도라 한다. 또한 한 채점자가 여러 측정대상자에 대하여 계속적으로 일관성 있게 채점하는가를 채점자 내 신뢰도라고 한다.

(4) 실용도(usability)

실용도는 평가도구가 얼마나 경비, 시간, 노력 등을 적게 들이고 평가의 목적을 달성할 수 있느냐의 정도를 말한다.

2) 평가도구의 유형

평가도구의 유형에는 필답고사, 행동관찰법, 질문지법, 면접법, 투사법 등이 사용된다.

첫째, 필답고사의 문항 유형은 피험자의 반응 형태에 따라서 선택형과 서답형으로 분류되고, 채점방식에 따라서 객관식과 주관식으로 분류된다.

둘째, 행동관찰법은 어떤 특정한 행동의 빈도, 지속기간 등을 측정하는 것으로 자연적 관찰법, 전기적 관찰법, 행동요약법, 시간표집법, 장면표집법, 참가관찰법, 실험적 관찰법 등이 있다.

셋째, 질문지법은 어떤 문제 또는 주제에 관련된 일련의 질문에 대해서 피험자가 응답을 하는 방법으로서, 자유반응법, 선택법, 체크리스트법, 평정척도법 등이 있다.

넷째, 면접법은 피험자를 직접 대면해서 질의·응답을 하는 형식으로서 구조화된 면접과 비구조화된 면접, 반구조화된 면접법 등이 있다.

다섯째, 투사법은 인간의 심층에 있는 성격 특성을 외부의 어떤 불확실한 자극에 투사시켜서 파악하는 기술로서 켄트-로사노프자유연상법(Kent-Rosanoff free association method)과 로르샤흐 테스트법(Rorschach`s ink blot method)이 있고, 주제통각검사(Thematic Apperception Test: TAT), 문장완성 검사법 등이 있다.

4. 평가의 실시와 결과 처리

평가의 실시는 교육목표에서 제시된 학습자의 행동이 얼마만큼 변화되었는가를 실제적으로 확인할 수 있는 증거를 수집하는 단계라 할 수 있다. 따라서 피험자들이 심리적·신체적으로 최적의 상태에서 실시할 수 있도록 상황을 조성하는 일이 무엇보다 중요하다. 또한 검사실시의 시기, 횟수, 방법, 필요 시설, 장비 및 감독·관리체제 등 평가도구의 검사조건이 표준화된 상황에서 실시하여야 한다. 평가를 실시한 후에는 검사결과를 채점하고 필요한 통계처리를 하여 분석한다. 이때 채점은 컴퓨터에 의하여 이루어지는 경우도 있고 검사 제작자가 고안한 채점방식을 이용하기도 하는데 측정의 오차를 줄이고 검사의 객관성과 신뢰성을 확보하는 것이 중요하다. 또한 검사의 결과는 학업지도 및 생활지도 등 학생을 이해하는 자료로 활용할 수 있도록 기록하고 관리해야 한다.

5. 평가결과의 해석 및 활용

평가의 결과는 종합적이면서도 분석적으로 해석되어야 한다. 먼저 평가를 실시한 집단의 평균, 표준편차, 분산도 등 점수분포의 특성을 비교 분석한 후 개인 점수가 집단 내에서 의미하는 바를 해석한다. 그리고 개개 학생의 점수가 다른 집단 또는 전국 규준에 비추어 상대적으로 어떤 위치에 있는가를 확인하는 데 활용한다. 또한 개인내 차에 입각해서 개인의 다른 검사 점수와 비교하여 개인별 특성에 관한 심층적 이해와 해당 검사 결과의 원인에 대하여 진단적 해석을 시도할 수도 있다.

평가결과의 해석자료는 향후 교육과정을 계획하고 교수방법의 개선과 각 피험자의 상담자료로 활용된다. 특히 평가 그 자체의 개선을 위한 증빙자료, 학교의 종합적인 교육계획과 진학지도 및 직업지도의 기본 자료로 활용된다.

‖ **학습목표** ‖

1. 교직이란 직업의 본질에 대한 이해와 바람직한 교직관에 대해 이해한다.
2. 교직의 윤리 개념과 내용을 이해한다.
3. 교직의 윤리에 대해 알고 교사의 발달과정을 이해한다.
4. 교사들이 전문적 교육활동을 성실히 수행하기 위한 권리와 의무에 대해 이해한다.

09 CHAPTER

교직과 교사론

I 교직의 성격

교사의 역할을 이해하기 위해서는 교직의 성격과 특성에 대한 이해와 논의가 필요하다. 교직관이란 교직이라는 직업의 본질과 교사라는 직무의 기본 성격을 어떻게 바라보고 생각할 것인가에 관한 관점을 의미한다. 교사의 교직관에 따라 교사의 사고나 행동이 다르게 나타나게 되고, 교육현장에서 교사, 학생 그리고 지역사회의 모든 사람들에게 미치는 영향이나 반응도 다르게 나타난다. 일반적으로 교직관에 대한 견해는 성직관, 노동직관, 전문직관의 세 가지 관점으로 나누어지고 있다.

1. 성직관

성직관이란 교직을 성직자와 같이 소명의식을 가진 직무로 보는 견해이다. 교사를 성직자로 볼 때 교사의 속된 사회성은 부정되고, 도덕적 윤리가 가장 높은 덕목으로 간주되기 때문에 비록 사회경제적 지위가 낮아도 감수해야 한다고 보는 것이다(신봉호 외, 2015). 세속적인 것은 명예나 금전욕, 그리고 정치권력을 추구하는 것 등을 말한다. 이와 같은 입장을 가지게 된 것은 중세 공교육 이전에는 성직자가 교사의 역할을 하였고, 교회나 사원에서 교육을 맡아 왔으며, 세속적인 것과는 거리가 있는 성스런 희생과 봉사를 바탕으로 하는 정신적 활동이 요구되는 인격형성을 추구한 것에 영향을 받았기 때문이다. 따라서 성직관의 교사상은 사랑과 봉사를 중시하는 성스러운 직업의 기본 성격의 관점에서 인격과 학식을 우선한 반면, 교수-학습에 관한 기술을 중시하지 아니하며, 경제적 욕심과 정치에 대한 권력에서 거리를 두어야 한다고 본다. 그러나 현 시대를 살아가는 한 인간인 교사에게 성직자로서의 자세를 견지해야 한다는 의무를 지우는 것은 시대의 변화에 적응하기에는 지나치게 윤리적인 측면이 강조된 이상적이면서 동시에 도덕적이라는 비판이 있다.

2. 노동직관

노동직관이란 교사가 정신적 노동을 주로 하는 것은 인정하지만 정신적 노동과 육체적, 물질적 노동을 구분하는 것은 부당하다는 전제로 보는 견해이다. 교사가 학교라는 직장에서 관계자와의 계약에 따라 정신적 노동의 대가로 보수를 받는 일종의 근로자이기 때문에 그들의 노동에 대한 보수와 근무조건의 개선을 위해 노동자와 같은 수준의 노동법적 권리가 추구되어야 한다는 것이다.

노동직관에서 보는 교사상은 교사를 정신적 노동의 대가로 보수를 받는 노동자라는 관점에서 노동자와 같이 처우 개선을 위해 경제적 측면에서 세속적이고 실리적인 정치적 투쟁활동과 파업을 인정한다. 그러나 전통적으로 인간의 인격형성을 위해 정신적으로 숭고하고 차원 높은 인격을 추구하며, 사랑과 봉사, 희생과 헌신을 소명으로 보는 교사라는 관점에서는 지나치게 세속적이고 실리적이며 투쟁적이라는 비판이 있다.

3. 전문직관

전문직관이란 교사역할 기대로 비교적 광범위하게 받아들여지는 것으로 보는 견해이다. 전문직관에서 보는 교사상은 국가가 인정하는 엄격하고 전문적인 자격을 갖춘 자이어야 하고, 전문성을 유지·향상시키기 위한 연수에 적극 참여하는 것을 말한다. 성직관이 갖고 있는 지나치게 강조된 윤리적 측면과 노동직관의 세속적·실리적인 단점을 극복하여 전문성 신장을 위해 교사가 그 역할을 성실하게 수행해야 하는 전문직관이 오늘날의 주된 교육관이다.

이상에서 살펴본 바와 같이 교직을 바라보는 세 가지 교사관은 서로 다른 관점에 따라 각각의 기능을 수행하고 있다고 볼 수도 있다. 그러나 오늘날 시대의 변화에 따라 각각의 관점도 한 가지 성격을 가지는 것이 아니라 상호 복합적으로 작용하고, 그 특성이 혼합된 상태를 유지하며 발전해 가고 있음을 알 수 있다.

Ⅱ 교직의 윤리

1. 교직윤리의 개념과 내용

교직의 전문성을 논의하는 데 있어서 반드시 제기되는 것 중 하나가 윤리문제이며, 그것은 교직뿐만 아니라 다른 모든 전문직에서도 중요하게 요구되는 기본조건의 하나이다. 전문직 종사자는 다른 직업 종사자보다 더 높은 직업윤리와 도덕수준을 사회로부터 필요조건으로 요구받고 있다. '사도가 땅에 떨어졌다', '교사는 있어도 스승은 없다.'는 등의 비판이 그 좋은 예라고 할 수 있는 것처럼 교직도 그러한 기대에서 예외일 수 없으며 사실 교사에 대한 사회적 비판의 대부분이 교직윤리와 관련된 문제들이라고 볼 수 있다.

교사는 가르치는 사람이며, 가르친다는 것은 지식을 가르친다는 의미에 더하여 사회적·도덕적인 면에서도 모범을 보여야 한다는 의미를 포함하고 있다. 단적으로 말해, 교사에게서 윤리와 도덕의 개념을 제외한다면 그것은 이미 교사라고 할 수 없다. 그것은 마치 성직자를 바라볼 때 도덕이나 윤리의 개념을 뺄 수 없는 것과 같다. 이와 같은 관점으로 볼 때 교사에게 있어서도 도덕과 윤리가 얼마나 중요한가를 알 수 있다. 교직윤리의 내용은 대체로 교사 자신과 교직, 학생, 동료교사, 사회와의 관계에서 교사가 어떠한 태도와 의식을 가지느냐로 나누어서 보고 있다(이찬교 · 최정숙, 2000).

즉 교사의 사회적 지위, 경제적 지위, 지적 우수성 등은 모두 중요하고 어느 하나도 소홀히 생각할 수 없는 일이지만, 이것보다 가장 먼저 생각해야 할 것은 교사의 윤리문제이다. 교사의 윤리는 교직에 종사하는 교사가 가져야 할 행위의 규범 혹은 도덕적 의무를 뜻한다. 즉 강제적, 법률적 성격을 갖는 의무와는 달리, 이는 교사들이 전문적 종사자로서 반드시 지켜야 할 비공식적, 내적 규율체제로서의 실천적 행동강령이라는 의무를 가진다(정명화, 2009).

1) 교과와 관련된 윤리

교사는 지식의 최고 통달자로서 교과의 지식뿐만이 아니라 교과 외에 대한 지식까지 풍부하게 가져야 한다(박영진 · 장성화, 2016). 그것은 실력 있는 교사가 되는 일이며, 교육을 하는 사람으로서 최소한의 윤리적 조건이다.

지식에 대해 실력 있는 교사가 되기 위해서는 다음과 같은 것이 요구된다.

첫째, 교과에 대한 실력을 쌓아야 한다. 가르치는 교사는 일반교양에 대한 지식은 물론이고 전문분야와 교과에 대한 지식이 풍부해야 한다는 것이다.

둘째, 항상 탐구하는 자세로 진지하게 교육에 임해야 한다. 그런 모습을 보면서 학생들은 함께 연구하고 학습하려는 의지를 보인다는 것이다.

셋째, 새로운 지식의 수용에 민감하게 판단해야 한다. 사회적 변화로 인해 많은 지식정보들이 쏟아지고 있는 것에 민감하게 다양한 가치를 찾아낼 수 있어야 한다는 것이다.

넷째, 끊임없이 교수-학습 내용과 방법을 연구하여 학생에게 보다 잘 전달할 수 있어야 한다. 학생에게 효과적으로 지식을 전달할 수 있도록 노력해야 한다는 것이다.

2) 학생과 관련된 윤리

교사는 학생에 대한 충분한 이해를 바탕으로 지도력을 갖추어야 하며, 학생과 상호작용을 통해 얻어진 정보에 대해서는 신의를 지켜야 한다(박영진·장성화, 2016). 따라서 교사는 기본적으로 학생을 이해하는 데 최선을 다해야 하며, 그것을 토대로 학생에 대한 관심을 기울이고 배려를 위한 조치를 취해야 한다. 그러기 위해서는 다음과 같은 것이 요구된다.

첫째, 학생을 사랑하는 마음을 가져야 한다. 학생을 사랑하는 기본적 마음이 없는 사람은 교사라 할 수 없다. 학생을 사랑하는 마음이 있기 때문에 교사는 가르치는 것을 즐거워하고 배우기에 힘쓰는 것이다.

둘째, 개인의 특성과 차이를 인정하고 그에 적합한 교육적 처방을 내려야 한다. 학생 개개인의 차이를 인정하고 개성을 존중하여 발전시켜 나가도록 도와야 한다.

셋째, 학생들을 하나의 인격체로 대우해야 한다. 현대 민주사회에서는 개인의 특성이나 연령, 성별, 신분 등에 관계없이 모든 개인은 동등하게 존중받아야 한다는 것이다.

넷째, 학생들에게 교사의 모든 행동은 모범적이어야 한다. 동일시 대상으로서의 교사의 모습을 보여 주어야 하며 모범적 자세와 태도를 견지해야 한다.

3) 동료들과 관련된 윤리

교사와의 단합과 협동은 교육의 목적을 위해 동료에 의하여 정당화되어야 하며, 교사는 학생들에 대해 동료들의 정당한 권위를 손상시켜서는 안 된다(박영진·장성화, 2016).

교사도 같은 직업인으로서 상사나 동료와 동직자 간의 원활한 관계를 유지해야 한다. 특히 교직은 전문인들이 모여 활동하는 곳이기 때문에 서로의 인격과 전문성을 존중하고 인정해 주는 관계를 만드는 것이 절대적으로 필요하다. 따라서 교사들은 평생 같은 길을 걸어가는 동료로서 서로를 존중하고 단결하여 '학교'라는 장소에 대한 인식에 대해 교육을 위한 최선의 장소로 만들어 나가는 데 최선을 다해야 한다. 그러기 위해서는 다음과 같은 것이 요구된다.

첫째, 선배 교사를 존경하고 후배 교사를 아끼고 배려하는 풍토와 관계가 조성되어야 한다.

둘째, 동료 교사들과 협동하고 단결하는 분위기를 조성해야 한다.

셋째, 관련 행정직원과의 관계에도 관심을 기울여야 한다.

4) 일반사회에 대한 윤리

교사는 사회적 기구의 하나로 학교가 추구하고 있는 다양한 가치에 대해 중립적이어야 한다(박영진 · 장성화, 2016). 과거는 물론 현재까지 우리나라에서는 교사들이 사회적으로 상당한 신뢰와 존경을 받고 있다. 교사가 학부모와 일반사회에 대한 윤리적 책임을 다하기 위해서는 다음과 같은 것이 요구된다.

첫째, 교사는 항상 모범이 되는 태도와 행동을 보여 주어야 한다.

둘째, 교육이 사회적 기구로서의 역할을 실현하는 데 최선을 다해야 한다.

셋째, 학부모 및 지역사회와의 교육적 협력을 유지하고 활성화해야 한다.

넷째, 교사의 법적인 의무를 성실히 준수해야 한다.

5) 직업 관련 윤리

교사는 교직이라는 직업을 통해 교육을 수행하고 교직이 수반해야 하는 모든 직무와 윤리를 이행해야 한다.

직업과 관련된 윤리의 책임을 다하기 위해서는 다음과 같은 것이 요구된다.

첫째, 교직에 대하여 직업적 긍지를 가져야 한다. 가르치는 일에 긍지와 만족을 느끼는 교사들은 열심히 수업을 준비하고, 열정적으로 수업을 진행하며, 학생들을 지도하는 데 보다 헌신적으로 임한다. 자신이 하는 일에 긍지를 가지지 못하는 사람은 자기의 직무를 제대로 수행할 수가 없는 것이다.

둘째, 전문적 자질의 배양과 유지에 노력을 기울여야 한다. 끊임없는 연구와 노력으로 스스로의 능력과 자질을 함양하고, 그것을 토대로 하여 보다 나은 교육활동을 수행해야 한다. 교사들은 이미 충분한 자격요건을 갖추고 교직에 들어오는데, 그것으로 만족하지 말고 지속적인 노력을 기울여야 한다.

셋째, 교직단체의 활동에 참여하여 전문성을 키우고 윤리강령을 준수해야 한다.

넷째, 교직에 대한 헌신의 필요성을 인식해야 한다. 교육은 미성숙한 아동에게 영속적이고 큰 영향을 미치는 일을 하는 만큼, 그 교직에 대한 직무를 수행함에 있어서 항상 최선을 다해 헌신하는 마음을 가져야 한다.

2. 교원윤리강령

교직윤리의 확립을 위하여 대한교육연합회에서는 교사의 윤리에 관련되는 강령을 1958년의 교원윤리강령과 1982년의 사도헌장과 사도강령에서 두 차례에 걸쳐서 제정한 바 있다. 이러한 윤리강령에서 일관되게 강조하고 있는 내용은 다음과 같다.

첫째, 교사와 학생의 관계에서 교사는 애정을 가지고 공평하고 공정하게 대하며, 학생 개개인의 개성을 존중하며 성심껏 학생을 지도해야 한다는 점이다. 이미 사도강령에서 강조하고 있는 바와 같이 교직윤리에서 가장 강조되어야 할 것은 스승은 모든 제자를 사랑하고 차별하지 않아야 한다는 것이다.

둘째, 교사의 윤리와 관련하여 또 한 가지 중요한 것은 교사 자신의 정신적 자세이다. 교사 자신이 교직에 대하여 불만을 가지고 있거나 개인의 부정적인 감정에 사로잡혀 있다면 학생들을 바르게 지도할 수 없을 것이며, 이는 교사의 윤리 문제로 사회의 지탄을 받는다. 그러므로 이러한 부정적 감정의 자세는 결코 바람직한 것이 되지 못하며, 교사는 좀 더 자신감을 가지고 교직에 대하여 긍정적 자긍심을 느끼는 것이 중요하다.

대한교육연합회가 1982년 5월 15일 '스승의 날'에 선포한 사도헌장과 사도강령은 다음과 같다.

〈사도헌장〉

오늘의 교육은 개인의 성장과 사회의 발전과 내일의 국운을 좌우한다. 우리는 국민교육의 후임자로서 존경받는 스승이요, 신뢰받는 선도자임을 자각한다. 이에 긍지와 사명을 새로이 명심하고 스승의 길을 밝힌다.

1. 우리는 제자를 사랑하고 개성을 존중하며, 한마음 한뜻으로 명랑한 학풍을 조성한다.
2. 우리는 폭넓은 교양과 부단한 연찬으로 교직의 전문성을 높여 국민의 사표가 된다.
3. 우리는 원대하고 치밀한 교육계획의 수립과 성실한 실천으로 맡은 바 책임을 완수한다.
4. 우리는 서로 협동하여 교육의 자주 혁신과 교육자의 지위 향상에 적극 노력한다.
5. 우리는 가정교육·사회교육 간의 유대를 강화하여 복지국가 건설에 공헌한다.

〈사도강령〉

민주국가의 주인은 국민이므로 나라의 주인을 주인답게 길러내는 교육이 가장 중대한 국가적 과업이다.

우리 겨레가 오랜 역사와 찬란한 문화를 계승·발전시키며, 선진국과 어깨를 나란히 하여 인류복지 증진에 주도적으로 기여하려면, 무엇보다도 문화국민으로서의 의식개혁과 미래사회에 대비한 창의적이고 자주적인 인간육성에 온 힘을 기울여야 한다. 그러기 위하여 우리 교육자는 국가발전과 민족중흥의 선도자로서의 사명과 긍지를 지니고 교육을 통하여 국민 각자의 능력을 최대한으로 계발하여, 개인의 자아실현과 국력의 신장, 그리고 민족의 번영에 열과 성을 다하여야 한다.

또한 교육자의 품성과 언행이 학생의 성장·발달을 좌우할 뿐만 아니라 국민윤리 재건의 관건이 된다는 사실을 명심하고 사랑과 봉사, 정직과 성실, 청렴과 품위, 준법과 질서에 바탕을 둔 사도확립에 우리 스스로 헌신하여야 한다.

이러한 우리의 뜻은 교직에 종사하는 모든 교육자가 공동체 의식을 가지고 노력하여야 이루어질 수 있다는 것을 인식하고, 사도헌장 제정에 때맞추어 우리의 행동지표인 현행 교원 윤리강령을 사도강령으로 개정하여 이를 실천함으로써 국민의 사표가 될 것을 다짐한다.

제1장 스승과 제자

스승의 주된 임무는 제자로 하여금 고매한 인격과 자주정신을 가지고 국가사회에 봉사할 수 있는 유능한 국민을 육성하는 데 있다. 그러므로

1. 우리는 제자를 사랑하고 그 인격을 존중한다.
2. 우리는 제자의 심신발달이나 가정의 환경에 따라 차별을 두지 아니하고 공정하게 지도한다.
3. 우리는 제자의 개성을 존중하며, 그들의 개인차와 욕구에 맞도록 지도한다.
4. 우리는 제자에게 직업의 존귀함을 깨닫게 하고, 그들의 능력에 알맞은 직업을 선택하도록 지도한다.
5. 우리는 제자 스스로가 원대한 이상을 세우고, 그 실현을 위하여 정진하도록 사제동행한다.

제2장 스승의 자질

스승은 스승다워야 하며, 제자의 거울이 되고 국민의 사표가 되어야 한다. 그러므로

1. 우리는 확고한 교직관과 긍지를 가지고 교직에 종사한다.
2. 우리는 언행이 건전하고 생활이 청렴하여 제자와 사회의 존경을 받도록 한다.
3. 우리는 단란한 가정을 이룩하고, 국법을 준수하여 사회의 모범이 된다.
4. 우리는 학부모의 경제적·사회적 지위를 이용하지 아니하며, 또 이에 좌우되지 아니한다.
5. 우리는 자기 향상을 위하여 전문적인 지식과 전문화된 기술을 계속 연마하는 데 주력한다.

제3장 스승의 책임

스승은 제자교육에 열과 성을 다하여 맡은 바 책임을 다하여야 한다. 그러므로

1. 우리는 사회의 일원으로서 모든 책임과 의무를 다한다.
2. 우리는 교재연구와 교육자료 개발에 만전을 기하여 수업에 최선을 다한다.
3. 우리는 생활지도의 중요성을 인식하여 제자들이 올바른 사람이 될 수 있도록 지도에 철저를 기한다.
4. 우리는 교육의 성과를 공정하게 평가하고, 이를 교육에 충분히 활용한다.
5. 우리는 제자와 성인들을 위한 정규 교과 외 활동에 적극 참여한다.

제4장 교육자와 단체

교육자는 그 지위의 향상과 복지의 증진을 위하여 교직단체를 조직하고 적극 참여함으로써 단결된 힘을 발휘할 수 있다. 그러므로

1. 우리는 교직단체 활동을 통하여 교육자의 처우와 근무조건의 개선을 꾸준히 추진한다.
2. 우리는 교직단체의 활동을 통하여 교육자의 자질 향상과 교권의 확립에 박차를 가한다.
3. 우리는 편당적·편파적 활동에 참가하지 아니하고, 교육을 그 방편으로 삼지 아니한다.
4. 교직단체는 국가의 주요 교육정책 결정에 참여하여, 교육자의 여망과 주장을 충분히 반영시킨다.
5. 교직단체는 교육의 혁신과 국가의 발전을 위하여 다른 직능단체나 사회단체와 연대 협동한다.

제5장 스승과 사회

스승은 제자의 성장·발달을 돕기 위하여 학부모와 협력하며, 학교와 사회의 상호작용의 원동력이 되고, 국가발전의 선도자가 된다. 그러므로

1. 우리는 학교의 방침과 제자의 발달상황을 가정에 알리고, 학부모의 정당한 의견을 학교교육에 반영시킨다.
2. 우리는 사회의 실정을 정확하게 파악하고, 지역사회의 생활과 문화향상을 위하여 봉사한다.
3. 우리는 사회의 요구를 교육계획에 반영하여, 학교의 교육활동을 사회에 널리 알린다.
4. 우리는 국민의 평생교육을 위하여 광범위하게 협조하고 그 핵심이 된다.
5. 우리는 확고한 국가관과 건전한 가치관을 가지고 국민의식 개혁에 솔선수범하며, 국가발전의 선도자가 된다.

3. 교사의 직무

교사의 직무는 교사가 일상적으로 직접 수행해야 하는 구체적인 업무로 법규적 직무와 과업적인 실제적이고 구체적인 직무가 있다. 교사들은 법을 근거로 실제적이고 구체적인 직무를 수행하는데, 다음과 같은 법에 규정되어 수행할 직무가 있다. 「대한민국헌법」 제31조 6항에 의거하여 법률로 정해져 있으며, 「교육기본법」, 「초·중등교육법 및 시행령」, 「교육공무원법」, 「국가공무원법」, 「학교보건법」 등에 제시되어 있다(성태제 외, 2010).

1) 법규적 직무

법규적 직무의 영역에는 학생교육 및 관리, 전문성 신장, 복무 대외관계 관련의 직무가 있다.

(1) 학생교육 및 관리

학생교육 및 관리에는 교육과정 및 수업, 학생평가, 학생 생활지도, 학생자치활동지도, 건강증진지도의 하위영역이 있다.

영역	내용	관련 법률
교육과정 및 수업	교사는 법령이 정하는 바에 따라 학생을 교육하며, 교육과정을 운영하고, 방송프로그램, 정보 통신매체, 교외 체험학습 등을 활용하여 학생에게 수업한다.	「초·중등교육법」 제20조 3항과 제23조 1항 및 같은 법 시행령 제48조
학생평가	학생의 학업성취도 및 인성 등을 종합적으로 관찰·평가하여 학생지도 및 상급학교의 학생선발에 활용할 수 있는 자료를 작성하고 관리한다.	「초·중등교육법」 제25조
학생생활지도	학생의 인격이 존중되는 교육적 방법으로, 훈육과 훈계 등의 방법으로 지도한다.	「초·중등교육법」 제18조 및 같은 법 시행령 제31조
학생자치활동지도	학생의 자치 활동을 권장하고 보호하기 위해 필요한 사항을 지원해야 한다.	「초·중등교육법 시행령」 제30조
건강증진지도	학생의 체위 향상, 영양관리, 질병의 치료와 예방 등을 위한 필요한 지도를 해야 하며, 체력 향상을 도모하기 위해 신체검사를 실시한다.	「학교보건법」 제7조와 제9조, 학교신체검사규칙 제2조

(2) 전문성 신장

전문성 신장에는 자질 함양, 연구 개발, 연수의 하위영역이 있다.

영역	내용	관련 법률
자질 함양	교원은 교육자로서 갖추어야 할 품성과 자질을 향상시키기 위해 노력해야 한다.	「교육기본법」 제14조 2항
연구 개발	교육공무원은 그 직책을 수행하기 위해 연구와 수양에 노력해야 한다.	「교육공무원법」 제38조 1항
연수	교원은 수업에 지장이 없는 한 소속기관장의 승인을 얻어 연수기관 또는 근무장소 이외의 시설이나 장소에서 연수할 수 있다.	「교육공무원법」 제41조

(3) 이행의무와 금지의무

「국가공무원법」 제7장에 따르면 복무에는 이행의무와 금지의무가 있다.

영역	내용	관련 법률
이행의무	공무원은 성실, 복종, 친절, 공정, 비밀 엄수, 청렴, 품위 유지의 의무 등을 수행해야 한다.	「국가공무원법」 제56~61조
금지의무	직장이탈금지, 정치운동 금지, 영리업무 및 겸직 금지, 집단행위 금지의 의무 등이 있다.	「국가공무원법」 제58조 및 64~66조

(4) 대외관계

영역	내용	관련 법률
교원단체 조직	교원은 상호 협동하여 교육의 진흥과 문화의 창달에 노력하며, 교원의 경제적·사회적 지위를 향상시키기 위해 각 지방자치단체 및 중앙에 교원단체를 조직할 수 있다.	「교육기본법」 제15조 1항

2) 과업적인 실제적이고 구체적인 직무

교사의 실제적이고 구체적인 직무에는 교과지도, 특별활동지도, 담임으로서의 생활지도, 학급경영, 학교경영 참여, 학부모와 지역사회의 관계 유지, 전문성 개발 등이 있다.

(1) 교과지도

① 수업준비: 학생의 학습활동 관련 특성 파악, 교재연구, 학습지도안, 수업자료 및 각종 기자재 준비 등

② 수업 진행: 학생의 동기유발, 수업주제 및 목표의 명료화, 학습지도안에 따른 수업 운영, 적절한 학습지도방법 활용, 효과적인 질문, 효과적인 의사소통, 수업자료와 각종 기자재의 적절한 활용, 학생들의 개인차 고려, 간결하고 명료한 판서, 학습기회의 균등한 분배 등

③ 수업의 정리 및 평가: 수업내용의 정리 및 차시 예고, 과제물 부여와 처리, 학습활동에 대한 평가, 수업지도에 대한 교사 자신의 반성과 평가 등

(2) 특별활동지도

특별활동지도를 할 때에는 적절한 특별(재량)활동 계획 수립, 특별활동에 대한 적극적인 자세지도, 지도에 필요한 능력과 기능의 구비, 학생 전체의 적극적인 참여 유도, 학생의 특별활동 결과에 대한 평가, 특별활동지도에 대한 교사 자신의 반성과 평가가 이루어져야 한다.

(3) 담임으로서의 생활지도

① 생활지도 계획: 학생의 개인적 문제와 부적응행동에 대한 자료 수집, 학생들의 일반적인 성장 패턴과 행동의 이해, 생활지도 계획 수립 등

② 생활지도 실행: 적절한 생활지도 활동, 각종 심리검사 활용, 생활습관의 생활화 지도, 교내·외 순시지도, 생활지도에 대한 자세 등

③ 생활지도 결과의 정리 및 평가: 생활지도과정 및 결과의 정리와 기록, 생활지도에 대한 반성과 평가, 상담결과의 비밀 유지 등

④ 학생들에 대한 진로 및 진학지도: 학생들의 진로 및 진학지도 관련 자료 수집, 진로 및 진학 자료의 활용, 합리적인 진로 및 진학지도, 진로 및 진학지도에 대한 적극적인 자세, 졸업생에 대한 추수지도 등

(4) 학급경영

학급경영을 할 때 해야 할 직무에는 자율학습지도, HR 및 학급생활위원회 활동지도, 학급환경조성, 학급관리, 조·종례 실시, 학생들의 신상 파악, 성적 유지 및 향상 독려, 학급 내 규율과 질서 유지, 각종 성금 및 폐품 등의 수합 및 독려, 학급 학생들의 사기 앙양, 학급 전체 학생에 대한 공평한 관심이 있다.

(5) 학교경영 참여

학교경영에 참여해야 할 경우도 있는데 참여에는 직원회의 참여, 각종 위원회 참여 등이 있으며, 참여자로서 할 수 있는 일을 살펴보면 담당 교무 분장업무처리, 각종 규정·규칙·내규 숙지, 각종 학교 행사 참여, 학교 운영 개선에 관한 건설적 제안이 있다.

(6) 학부모와 지역사회의 관계 유지

학부모와 지역사회의 관계 유지를 위한 노력에는 학생의 학교 및 가정생활에 대한 정보 교환, 학교 일에 대한 학부모의 관심과 참여 유도, 학부모와의 원만한 인간 관계 유지, 학생 문제해결을 위한 학부모와의 긴밀한 협조, 학교·학급 일에 대한 동문들과의 협조관계 유지, 지역사회 주민과의 협조관계 유지가 있다.

(7) 전문성 개발

전문성 개발을 위한 각종 프로그램을 살펴보면 교내 자체연수 참여, 각종 교외 연수 및 워크숍 참여, 교과교육 연구모임 참여, 동료교사들 간 공동연구, 협의 및 자료 개발, 교내·외 연구, 공개수업 참여, 대학원 과정 이수가 있으며, 개인적으로 할 수 있는 직무에는 개인별 연구, 저술, 창작활동, 전문단체와 기관 방문을 통한 교육자료 및 정보 수집, 교육 관련 서적과 시청각매체를 통한 전문지식 습득, 녹음과 녹화를 통한 자기수업 분석, 교사로서의 능력 개발을 위한 강좌 수강 등이 있다.

4. 교사발달

교사는 교직생활을 거치면서 제반영역에서 변화하고 발달한다. 교사발달은 교직과 관련된 영역에서 가치관, 신념, 태도, 지식, 기능, 행동에서 보이는 양적·질적 변화와 발달을 의미한다. 교사발달이 처음 시작되는 시기는 초임교사로서 교직생활을 시작하는 순간부터지만 넓은 의미에서는 교사 양성교육을 받는 대학생활부터라고도 할 수 있다(성태제 외, 2010). 이러한 교사의 발달단계를 생존단계, 강화단계, 갱신단계, 성숙단계의 4단계로 분류하고 있다(권건일·송경애, 2006).

1) 생존단계

생존단계는 신임교사가 교직세계에 처음으로 발을 딛게 되면서 두려움과 걱정에 휩싸이는 시기이다. 이 시기의 교사에게는 현장에서의 지원과 기술적 보조가 필요하며, 주위에 있는 선배교사의 지원, 이해, 격려, 위로, 지도 등의 도움으로 신임교사들의 어려움을 극복할 수 있다.

2) 강화단계

강화단계는 일반적으로 교직을 시작한 지 1년이나 2년이 지난 시기로 자신이 교사로서 잘 지낼 수 있다는 자신감을 갖게 되는 시기이다. 교사로서 부족한 것이 무엇인지, 새롭게 익혀야 할 것이 무엇인지를 연구하게 되고, 전문가와의 접촉, 동료교사의 조언 및 상호 연구, 상담을 통해 어려움을 극복할 수 있다.

3) 갱신단계

갱신단계는 혼란에서 벗어나 어느 정도 자리를 잡은 교사가 자신이 하는 똑같은 일에 대해서 회의와 싫증을 느끼기 시작하는 시기이다. 학교 안보다는 학교 밖의 다양한 교육 프로그램이나 저널, 잡지, 영화 등의 문화적 교류로 극복할 수 있다.

4) 성숙단계

성숙단계에서는 교사로서 어느 정도 안정을 찾아 가고 나름대로 자신을 갱신하려는 노력으로 자신을 스스로 교사로 인정하고 성숙해져 가는 시기이다. 이 시기는 교육에 관한 학문적 이론을 접함으로써 해결될 수 있는 교육관, 자신의 노력 등에 대해 질문을 한다.

Ⅲ 교사의 역할과 자질

교육을 '인간 행동의 계획적인 변화'라고 규정할 때 교사는 그러한 교육을 담당하는 전문적 직업인이라는 면에서 교육과 불가분의 관계를 갖고 있다. 또, 교육에서의 교사의 중요성은 '교육의 질은 교사의 질을 능가할 수 없다'는 말로 비유되기도 한다(신봉호 외, 2015). 교육의 3대 요소 중 가장 핵심적인 교사의 역할은 단순히 지식만을 전달하는 전달자로서의 역할이 아니다. 학생에게 장래의 진학과 직업진로를 위한 학습지도를 하고, 원만한 인격체로서 사회생활을 영위하기 위한 인성을 기르게 한다. 또한 학급경영자로서, 학교의 구성원으로서 학생교육활동에 필요한 제반 여건을 확보하며, 지역사회 주민과의 협조관계를 유지하는 등 교육의 목적을 효과적으로 달성하기 위해 교사가 학교에서 수행하는 다양한 역할을 구체적으로 구분하여 살펴보고자 한다.

1. 교사의 역할

1) 가르치는 역할

교사의 가장 중요한 역할은 시대를 불문하고 학생들을 가르치는 일이다. 이것은 그들을 이해하고 성장·발달을 돕는 전문적인 과업이다. 또한 교사는 전문적 지식과 기술을 동시에 갖추어야 하며, 지속적으로 전문성을 유지, 계발하기 위해 노력하여야 한다. 그 이유는 교사들이 훌륭한 인격과 해박한 지식을 갖추어야 학생을 가르치는 역할을 효과적으로 수행할 수 있기 때문이다.

교사가 가르치는 일은 학생들의 과업수행 발달을 위해 필요한 교과교육과 사회의 한 구성원으로서 성숙한 인간이 되게 하기 위해 필요한 인성교육으로 나누어 볼 수 있다.

교과교육은 교사가 학생들의 과업수행능력과 필요성에 따라 지식을 전수하는 일이다. 즉 학생이 그가 속한 사회의 특정한 지위에서 요구되는 역할을 충분히 수행할 수 있는 수준의 교육을 실행하여 역량 있는 사회의 구성원으로 성장하게 하는 일이다. 교과교육이 지식을 전수하는 것이라면 인성교육은 인간의 훌륭한 품성을 갖추도록 하는 일이다. 구체적으로는 상대방에 대한 이해심과 철저한 자기관리를 통해 원만한 인간관계가 바탕이 될 때 교과교육을 성공적으로 실천할 수 있다고 본다.

교사는 학생들이 현대사회의 한 구성원으로서 시기에 맞는 발달과업을 수행할 능력과 훌륭한 인간의 품성을 함께 갖춘 전인적 인간으로 성장할 수 있도록 가르치는 역할을 다하여야 할 것이다.

2) 학습조력자의 역할

교사의 가장 큰 역할은 가르치는 일이며, 학생들이 지식을 습득할 수 있도록 적극적으로 이해하고 도와주는 일이다. 학교와 그 밖의 환경에 적응하고 변화하는 과정에서 성장하고 있는 학생들의 다양한 문제를 해결할 수 있도록 도와주어 그들이 필요한 지식을 습득하도록 돕는 것이 교사의 역할이다. 그러한 상황에서 획일적인 지도보다는 학생들 개개인의 발달단계에 따른 그들의 개인적인 능력차를 인정하고 각각의 달성 가능한 목표를 설정해 주고 그 목표를 달성할 수 있도록 도와주는 역할을 수행하여야 한다.

3) 학생의 사회화 역할

학생들이 사회 속에서 사회 규범의 중요성을 인식하게 도와주어 건강한 사회의 구성원으로서 역할을 다할 수 있도록 도와주는 일이다. 학교에서는 학생들이 장래에 진출해야 하는 사회생활에 익숙하도록 사전에 학습을 하여야 한다. 예컨대, 교사는 학생들이 학급동료, 친구 그리고 일반인들과의 원만한 인간관계를 새롭게 맺고 유지하는 가운데 사회를 살아가는 기술과 방식을 터득할 수 있도록 도와주는 역할을 해야 하는 것이다.

그러나 학교교육에서 지식전달이 강조되면서 사회화 과정은 경시되는 가능성을 내포하고 있으므로 학교교육에서는 학교 자체에서 사회화 프로그램을 적용하여 경험해 보게 함으로써 그 역할을 키워야 할 것이다(이종재 외, 2006).

4) 지도자의 역할

교사는 학교에서 학급을 운영하는 경영자로서 학생들이 건전한 학습활동을 할 수 있도록 환경을 조성하고 효과적인 교육활동을 위해 노력하여야 한다. 또한 학생들이 추구하는 지적 욕구인 학습에 대한 목표를 달성할 수 있도록 각각 개인적인 능력과 욕구의 차이를 고려하고 숨겨진 잠재력을 찾아내어 성취감을 갖도록 이끌어 가는 지도자 역할을 하여야 한다. 그러기 위해서 교사는 교과에 대한 기본적인 전문적 지식을 갖추고 학습상황에 맞는 효과적인 지도성을 발휘할 수 있는 역할을 수행하여야 한다.

5) 모델링으로서의 역할

교사는 학생들이 닮고 싶은 하나의 모델링이라 할 수 있다. 학생들은 교사의 인격과 지식, 가치관, 사상 등 교사의 삶의 모든 방식들을 모방하려는 심리가 있다. 따라서 교사의 사회적 가치와 규범은 학생들의 발달에 지대한 영향을 미치게 되므로 교사는 학생들이 본받아야 할 교사상의 체면이나 명예를 실추시키지 말아야 한다.

6) 학급경영자의 역할

교사는 학급을 운영하는 학급경영자의 역할을 수행해야 한다. 학습의 목표를 효율적으로 달성하기 위해 학급에서 교사의 임무를 학급경영 실제와 관련하여 열거하면 다음과 같다(남정걸, 2006). 학급경영계획의 수립, 학급경영안의 작성, 학급교육과정의 구성과 운영, 생활지도, 학생평가, 교실의 환경구성, 학급사무처리, 학급경영평가, 학부모 상담 및 지역사회 관계 등이다. 이때 교사는 학생들의 학력신장을 위한 교과학습 활동을 가장 우선시해야 하겠지만 이상에서 열거해 놓은 교사의 임무도 교과활동을 지원하기 위한 학급경영자로서 학급경영의 영역에서 교사가 수행해야 할 중요한 역할이라 하겠다.

2. 교사의 자질

교사의 자질이란 교사가 좋은 교육을 할 수 있도록 교사에게 요구되는 역량을 말한다. 교사가 갖추어야 할 자질에 대해서는 여러 학자들의 다양한 논의가 이루어져 왔다.

우수한 교사의 자질에 대한 연구로서 박영만과 송민영(2006)은 좋은 교사는 어느 시대, 어느 국가, 어느 사회에서도 원하고 기대하는 인간상이며 직업인인 동시에 윤리적 이상이며 실천인으로, 사회, 국가, 학교, 학생, 학부모, 교원단체,

지역사회, 매스컴, 대학, 연구기관, 정부, 교육청 등 수많은 기관과 사람들과 관련을 맺으며 교직업무를 수행해야 하는 전문인이라고 하였다(신봉호 외, 2015).

류동훈(2004)은 교사의 자질과 역할은 직접적인 요인으로 작용한다고 보았다. 인간으로서의 자질은 심신의 건강, 풍부한 교양, 소명의식, 민주적 사고, 이해심, 사랑과 봉사, 도덕적 윤리규범 등이 있고, 전문가로서의 자질은 체계적인 지식, 실천하는 사람, 전인적인 인격 형성, 전문적인 능력 등이 있고, 지도자로서의 자질은 능력발휘 조성, 목표 설정에 대한 조력, 믿음 등이 있다.

김회용(2006)은 좋은 교사는 인격을 갖춘 교사, 전문성을 갖춘 교사, 미래 사회가 요구하는 역량을 갖춘 교사라고 하였다. 인격을 갖춘 교사의 현실적인 모습은 학생들과 강한 유대와 신뢰를 형성하고 있는 교사, 전문성을 갖춘 교사는 학습자의 학습 성공 가능성을 최대화할 수 있는 교사, 미래사회가 요구하는 역량을 갖춘 교사는 지도자적인 교사로 설정하였다.

교육사조에 따라 바람직한 교사의 자질을 고찰해 보면, 교과와 교사중심의 교육을 주장하는 전통주의의 입장에서는 인격적 감화자로서의 교사, 문화유산 전달자로서의 교사, 사회통제자로서의 교사, 권위자로서의 교사를 바람직한 교사의 자질로 보고 있으며, 아동중심의 생활적응 교육을 강조하는 진보주의의 입장에서는 아동의 흥미와 욕구를 찾아내고 충족시키는 교사, 학생들이 스스로 학습하도록 돕는 조력자로서의 교사, 학생의 개인차를 존중하고 자유로운 활동을 최대한 보장해 주는 교사, 특정 교과에 대한 깊은 지식, 기술보다는 다방면에 걸친 지식, 기술의 소유자로서의 교사, 교과에 대한 지식과 기술 못지않게 심리학 및 사회학에 관한 지식의 소유자로서의 교사, 융통성이 있고 학생과 더불어 공동 계획을 세울 줄 아는 민주적인 지도자로서의 교사, 학생을 민주적 해결 집단으로 조직·운영하는 능력을 갖춘 교사를 바람직한 교사의 자질로 보고 있다(신봉호 외, 2015).

여러 학자들의 훌륭한 교사가 갖추어야 할 바람직한 자질을 정리하면 〈표 9-1〉과 같다.

〈표 9-1〉 교사가 갖추어야 할 바람직한 자질

전문적 자질	교직에 대한 태도 및 가치관	· 교직에 대한 사명감 · 건전한 교직관
	교직에 대한 지식 및 이해	· 교과에 대한 지식 및 이해 · 학생에 대한 지식 및 이해 · 교육조직 생활 및 업무처리에 대한 지식 및 이해
	교직에 대한 기술 및 실기능력	· 교과지도에 대한 기술 및 실기능력 · 학생지도에 대한 기술 및 지도능력 · 특별활동지도에 대한 기술 및 능력 · 교육 조직생활 및 업무처리에 대한 기술 및 능력
개인적 자질	인성과 인품	· 원만한 성격 · 올바른 언행과 예절 · 건전한 자아개념과 인생관
	정신적 건강	· 정서 심리적 안정감 및 건강
	신체적 건강	· 교직수행에 필요한 신체적 건강

출처: 성태제 외(2010). 최신 교육학개론. 학지사.

Ⅳ 교원의 권리와 의무

교원이 직무를 성실하게 수행하여 교육목표를 효과적으로 달성하기 위해서는 전문적 교육활동에 전념할 수 있는 제반여건이 조성되어야 한다. 이러한 교원의 권리와 책임과 의무는 법률로써 보장되고 규정되어 있다. 이는 일반인들보다도 직업적 특성이 다른 교사들의 권리와 의무를 법률로써 뿐만 아니라 일반 직무상에 있어서도 특별히 강조하고 있다.

우리나라에서 법규로 규정하고 있는 교사의 권리와 의무는 국제노동기구(ILO)에서 권고하고 있는 내용이다. 교사의 권리와 의무에 대해 살펴보면 다음과 같다(강영삼 외, 2007).

1. 교사의 권리

교사의 권리는 적극적 권리와 소극적 권리로 구분된다. 적극적 권리는 교육을 담당하는 교사의 사기를 진작시키고 전문성을 발휘할 수 있도록 도와주는 권리이고 소극적 권리는 법에 의해 보호되는 최소한의 권리이다.

첫째, 조성적 권리인 적극적 권리에는 교육자율권, 생활보장권, 적정량의 근무 부담을 위한 근무조건 개선, 복지후생제도의 확충이 있다. 교육자율권은 교직은 전문직으로서의 직능이 유감없이 발휘되고 업무수행이 온전하게 이루어지도록 하기 위해 교육자율권을 부여한다는 것이다. 교사는 전문직 종사자로서 자율권을 통한 교육 전문성을 지녀야 하고, 교과 및 학습지도영역에서도 학부모의 간섭이나 교육행정청의 획일적인 지시나 통제를 받지 않고 자율성이 보장되어야 함을 의미한다. 생활보장권은 교사들이 가르치는 일에만 전념할 수 있도록 경제적·사회적 생활보장을 약속하는 것이다. 즉, 적절한 금전적 보상을 통해 교사의 지위를 높이고 공익에 충실하도록 한다. 적정량의 근무 부담을 위한 근무조건 개선을 위해 과밀 학급, 과도한 잡무를 지양하고 교사의 적절한 주당 시수를 통해 최적의 환경에서 학생을 지도할 수 있도록 배려받아야 하는 권리이다. 복지후생제도의 확충은 연금체제, 자녀교육비 지급, 교사의 연찬비용 보조, 무주택 교사 지원, 학교안전사고 대비 지원 등을 통해 교사의 생활 안정을 지원함으로써 교사가 교육활동에 전념할 수 있도록 하는 것이다.

둘째, 법규적 권리인 소극적 권리에는 신분보장권, 쟁송제기권, 불체포특권, 교직단체활동권이 있다. 신분보장권이란 교사는 형의 선고, 징계 처분 또는 교육공무원법에서 정하는 사유에 의하지 않고는 의사에 반해 휴직·강임 또는 면직을 당하지 않으며, 권고에 의해 사직을 당하지 않는다는 것이다. 이는 공직자로서 교사가 안정된 직무를 수행하기 위해 신분을 보장하는 것으로서 부당하게 해고당하지 않으며, 교사의 권리가 존중되는 것이다. 쟁송제기권은 교사들의 신분과 권익을 최대한 보장하기 위해 교사가 억울하게 징계 처분, 강임, 면직과 같은 불리한 처분을 받았을 때 그 처분에 불복하기 위한 행정상 소청 또는 쟁송제기권과 그 절차상의 권리를 가진다는 것이다. 불체포특권은 교사가 현행범이 아닌 경우에 소속 학교장의 동의 없이 학원 안에서 체포되지 않는다는 것이다. 교직단체활동권은 교사가 자신의 사회적·경제적 지위 향상과 교직의 전문성 확립을 위해 단체활동을 할 수 있으며, 그러한 목적을 달성하기 위해 단체를 조직하고 교육의 발전과 교원 자신들에게 관한 제반 정책 형성에 압력단체로서의 역할을 할 수 있다는 것이다.

2. 교사의 의무

교사가 지켜야 할 의무는 「국가공무원법」, 「교육공무원법」, 「국가공무원 복무규정」과 각급 학교별로 복무지침 등에 규정되어 있다. 교사의 의무도 수행금지와 관련된 소극적 의무와 교사역할로서 수행해야 하는 적극적 의무가 있다.

첫째, 교사가 하지 말아야 하는 소극적 의무에는 집단행위 금지의 의무, 영리업무와 겸직 금지의 의무, 정치활동 금지의 의무(단, 대학교수는 예외), 직장이탈 금지의 의무가 있다.

둘째, 교사가 수행해야 하는 적극적 의무인 직무상의 의무에는 선서의 의무, 성실의 의무, 복종의 의무, 친절과 공정의 의무, 청렴의 의무, 교육 및 연구활동의 의무, 품위유지의 의무, 비밀 엄수의 의무, 근무규칙 준수의 의무, 직무 전념의 의무가 있다.

‖ **학습목표** ‖

1. 생활지도에 대한 개념과 중요성을 이해한다.
2. 생활지도의 활동 영역을 설명할 수 있다.
3. 상담의 개념과 목표, 원리를 이해한다.
4. 생활지도와 상담에 임하는 교사로서 학생 개개인을 이해하고 도와줄 수 있는 지에 대한 통찰을 갖도록 한다.

10 CHAPTER 생활지도와 상담

Ⅰ. 생활지도의 이해

1. 생활지도의 개념
2. 생활지도의 원리
3. 생활지도의 필요성

Ⅱ. 생활지도의 영역과 활동

1. 생활지도의 영역
2. 생활지도의 활동

Ⅲ. 상담의 이해

1. 상담의 개념
2. 상담의 원리
3. 상담의 대표적 이론
4. 집단상담

I 생활지도의 이해

1. 생활지도의 개념

인간은 살아가면서 늘 새로운 문제에 부딪치게 되는데 이를 해결할 수 있도록 도와주는 것을 생활지도라고 말한다. 생활지도는 안내 혹은 지도라는 '가이던스(guidance)'의 의미를 가진다. 이는 '안내하다(guide)'의 의미와 더불어 '방향을 가리키다(direct)', '이끌다(lead)', '감독하다(manage)', '조종하다(pilot)' 등과 같은 어원적 의미를 지니고 있다. 학교에서 사용하는 '가이던스'는 학생들의 학업, 진로, 인성 등의 영역에서 발달, 의사결정, 문제해결 등의 과정을 돕는 활동을 의미한다. 이러한 생활지도는 학생의 성장과정에서 당면한 문제를 해결할 수 있는 힘을 갖도록 도와주고, '지(智)·덕(德)·체(體)'가 조화롭게 발달된 전인적 인간이 될 수 있도록 도와주는 행동지도이다.

생활지도는 모든 학생들로 하여금 건전한 사회의 일원으로서 성장할 수 있도록 자기 자신과 주위 세계를 잘 이해해서 현명한 선택과 적응을 하도록 주어지는 지속적인 조력과정이라고 할 수 있다. 교사는 학생이 지닌 능력과 흥미, 그리고 잠재력을 발견하여 이를 최대한으로 개발해 가는 전문기술이 필요하다. 교사측면에서 생활지도는 학생들을 올바르고 바람직한 방향으로 안내하고 이끌어 주므로 지도·감독하는 활동의 의미가 담겨 있다. 이와 같이 학생의 건전한 성장과 발달을 촉진하기 위하여 생활과정에서 나타나는 현실적 문제를 개인의 특성에 맞게 지도하는 일이 생활지도라고 볼 수 있다. 결국 생활지도란 학생 각자로 하여금 자신이 가지고 있는 능력, 흥미, 성격적 특성을 이해하게 하여 이를 최대한으로 발전시켜 나가며 자신의 생활목표와 결부시켜 민주주의의 바람직한 시민으로서 원만하고 성숙한 자기 지도를 이루게 하는 과정인 것이다(Traxler & North,

1966). 이런 의미에서 생활지도는 특정교사가 담당하기보다는 모든 교사가 담당해야 하며, 본인이 담당한 교과지식만 가르침으로써 의무를 다하는 것이 아니라 그 교과를 지도받는 학생들의 수업태도 및 학업발달 등의 모든 부분까지 지도영역에 포함시켜야 할 것이다(성태제 외, 2015). 다시 말해 학교와 가정 그리고 지역사회에 가장 잘 적응하기 위하여 자기 자신을 이해하고(self-understanding) 자기주도(self-direction)의 주요결정을 내리는(self-decision making) 능력을 기르고 닦을 수 있도록 돕는 과정이 생활지도인 것이다.

이런 의미에서 볼 때 개인의 흥미와 이익이 공동사회의 이익과 조화를 이룰 수 있도록 도움을 제공하는 책임을 갖기 위한 기본 전제를 살펴보면 다음과 같다(Gysbers & Henderson, 2006).

첫째, 생활지도는 학생의 바람직한 성장을 돕기 위해 그 발달단계에 따라 체계적이고 총체적으로 제공되는 교육영역으로, 일생을 살아갈 독립된 인간으로서 필요한 자질이 갖추어지도록 지원하는 일련의 교육활동이다.

둘째, 학생들의 신체적 성장과 더불어 원만한 인성을 기를 수 있도록 계획하고 시행하는 활동이며, 교사는 학생이 지닌 능력과 잠재력 및 흥미를 발견하여 그것을 최대한으로 개발하고 자기관리의 태도를 기르는 데 도움이 될 수 있는 전문기술이 필요하다.

셋째, 생활지도는 개인이 인간으로서의 존재 가치를 인정하고 각자 가지고 있는 고유한 특성을 인식하며, 이를 개발하여 독특한 개성을 가진 인간으로 일정한 분야에서 어떠한 역할을 해낼 수 있도록 조력하는 활동이다.

이와 같이 생활지도는 학생의 잠재능력을 스스로의 힘으로 최대한 개발해 갈 수 있는 능력을 함양하도록 돕는 종합적인 학생지원 활동임을 알 수 있다.

2. 생활지도의 원리

생활지도는 학생 개인의 운명을 아름답게 다듬을 수 있는 책임을 스스로 가지고 있는 것을 전제로 하고 있다. 학생 개인의 바람직한 습관이나 태도를 갖도록 생활지도 활동을 수행할 때에 전문적인 원리를 이해하고 적용하면 더욱 효율적으로 수행할 수 있을 것이다. 이에 생활지도의 원리를 좀 더 구체적으로 살펴보고자 한다(김태호, 2004; Shertzer & Stone, 1981).

첫째, 생활지도는 모든 학생을 대상으로 한다. 생활지도 대상은 문제 학생에 국한되지 않으며, 학생들이 겪는 문제는 고정적이거나 영구적이지 않기 때문에 모든 학생으로 보아야 한다고 보았다(성태제 외, 2015).

둘째, 생활지도는 정확한 자료와 객관적이고 과학적인 근거를 바탕으로 행해져야 한다. 학생에 대한 객관적인 자료의 수집에 근본이 되는 것은 공정하고 편견이 없는 교사의 태도인 것이다. 따라서 통계학적·심리적 교양을 바탕으로 한 과학적인 조언과 지도가 이루어져야 한다.

셋째, 생활지도는 치료보다는 '예방'에 중점을 두어야 한다. 생활지도는 문제 발생 후 문제를 해결하기보다 문제를 조기에 해결하거나 조기에 발견하는 능력 등을 키워줌으로써 사전 예방을 추구하는 것이 훨씬 효과적이다. 그러므로 생활지도의 예방적 기능은 상담보다도 중요하다. 일차적 예방은 문제의 원인 자체를 차단하는 것이다. 이차적 예방은 문제가 이미 발생했지만 다른 사람들에게 퍼지거나 문제가 강화되는 것을 막는 것이다.

넷째, 생활지도 시 강요보다는 협조를, 처벌보다는 지도를 통해 건전한 성장을 돕도록 한다. 생활지도는 학생의 건전한 성장을 돕고자 하는 것이므로 문제가 발생했을 때 처벌하기 전에 먼저 지도를 해야 한다. 훈육적 지도는 학생이 단지 규칙이나 규율을 지키도록 하고 지도방법도 권위적인 체벌에 의존하고 있으므로 어떤 문제가 발생하여 생활지도를 할 때에는 민주주의 교육철학을 바탕으로 민주적 절차로 강화해야 할 것이다.

다섯째, 생활지도는 학생의 발달과정에서 가질 수 있는 사회적, 신체적, 가정적, 정서적 등 여러 가지 교육적 문제들을 대상으로 하기 때문에 학생 개인의 존엄성, 개성, 자율성, 가치 등을 존중해 줌으로써 개인적 발달에 대해서 기본적이고 체계적인 관심을 갖는다.

여섯째, 생활지도는 학교교육의 통합된 일부이고, 학교교육의 필수영역이므로 학생의 전인교육 측면에서 행해져야 한다. 오늘날 개인의 지식교육에 많이 치중하고 있지만 전인적 발달과 자아실현의 도모도 중요하다. 특히 개인 한 사람이 아닌 사회의 구성원이 되므로 시민교육, 인성교육, 세계화 교육과 더불어 직업분야의 발달을 촉진하기 위한 활동이 관심의 대상이 되고 있다. 따라서 생활지도를 통해 일반교사뿐만 아니라 학교와 가정, 지역사회가 상호유기적인 관계를 맺고 학생 개인의 올바른 성장과 발달을 도모해야 할 것이다.

3. 생활지도의 필요성

우리나라의 학생들은 태어나면서부터 상급학교 진학을 위한 경쟁의 상황 속에 놓이게 되며 학교교육은 이에 치중한 나머지 그 본연의 목적인 전인교육의 기능을 담당하지 못하고 있어 그로 인한 학생들의 부적응 현상이 증가되고 있다(김대현 외, 2015). 이것은 학생들의 지적인 발달과는 다르다. 교육적 측면에서 학생들이 학교생활에 잘 적응하고 나아가 다원화되고 복잡한 사회에 잘 적응하면서 다양하게 접하게 되는 문제를 해결해 나갈 수 있도록 돕기 위하여 생활지도가 필요하다. 일반적으로 생활지도는 전반적인 학교교육을 통해 자연스럽게 잠재적으로 이루어지는 과정이다. 따라서 생활지도의 필요성을 사회적 측면과 개인적인 측면으로 나누어 살펴보도록 한다.

1) 사회적 측면

급속히 변화하고 발전하는 현대사회에서 현실적으로 풍부한 경험을 제공하고 현대사회에 알맞은 유능한 인재를 육성하고 공급하는 보고로서의 역할수행을 위한 생활지도가 필요하다.

사회적 측면에 있어서 생활지도의 필요성은 다음과 같다(이형행, 2013).

첫째, 취업기회의 확대로 적성 발견과 직업선택의 지도가 필요하다.

둘째, 학교교육의 양적 팽창으로 인한 사회적 부적응을 예방하고 지도할 필요가 있다.

셋째, 청소년의 일탈행동을 학교가 예방하고 책임지고 해결해 줄 것을 사회가 기대하고 있다.

넷째, 가족제도가 달라짐에 따라 가정문제에서 원인을 두는 부적응 문제를 지도할 필요성이 있다.

2) 개인적 측면

생활지도는 학생 개인의 행복과 발전은 물론 사회와 국가의 발전에도 기여할 수 있도록 지도해야 한다. 학생의 개인적 특성을 이해하여 자기 자신을 발견하고 건전한 자아개념을 형성하도록 도와주며 그 욕구에 부합되는 기회와 환경 및 경험을 제공하여 학생 스스로 문제를 해결하고 환경에 잘 적응하여 자아실현을 이루도록 학생을 돕거나 지도하는 과정의 생활지도가 필요하다. 이는 개인의 존엄성과 가치에 초점을 두고 자신의 올바른 이해와 발전 가능한 잠재능력을 개발하는 데 있다. 그리고 자율적인 문제해결능력의 신장, 현명한 선택과 적응, 전인적 인간개발과 자아실현, 사회봉사자로서의 민주시민 육성이 목표이다.

개인적 측면에 있어서 생활지도의 필요성은 다음과 같다(이형행, 2013).

첫째, 학생의 문제행동을 올바르게 이해시켜 주고 해결해 나갈 수 있도록 도와준다.

둘째, 학생 개개인의 부적응을 예방하고 적극적인 이해를 통해 학생의 발달과 성장을 도와줄 필요가 있다.

셋째, 통합된 전인적 존재로서 균형 있는 삶을 살아갈 수 있도록 도와준다.

넷째, 학생의 문제행동을 올바르게 이해시켜 주고 해결해 나갈 수 있도록 도와준다.

이러한 생활지도의 필요성 측면을 고려하여 학생이 자신을 더 잘 이해하고 잠재능력을 파악하여 최대한 신장시키도록 돕는 것이 생활지도의 직접적인 목적이라면, 학생을 정확하게 이해하고 지도할 수 있도록 돕고 더 나아가 생활지도 활동을 통해 학생의 행동을 이해하고 분석하는 기술을 갖추도록 하는 것이 생활지도의 간접적인 목적이라 볼 수 있다.

Ⅱ 생활지도의 영역과 활동

1. 생활지도의 영역

생활지도는 학생 개개인의 전인적 발달을 지향하고 있으므로 학교에서 실시하는 전반적인 교육활동이 모두 관심의 대상이지만 일반적으로 인성지도, 교육지도, 진로지도, 건강지도, 사회성지도, 여가지도, 성교육 등을 들 수 있다.

1) 인성지도(personality guidance)

인성지도는 성격지도 또는 인격지도라고도 한다. 인성지도는 심리적으로 문제가 되는 성격, 정서적 문제, 대인관계 문제, 가족관계 문제, 가치관 문제 등 모든 영역을 포함하며, 교육·심리적 차원에서 개개인이 긍정적 성격의 소유자가 될 수 있도록 지도한다. 인성지도의 목표는 개인이 자신의 성격을 올바르게 인식하고 원만한 인격적 소질을 육성하도록 지도하고 조언하는 것이다. 인간의 기본적 욕구불만, 신경과민, 우월감, 열등감, 정서적 불안감, 이성문제로 인한 갈등, 공격적 태도, 자만심 등의 문제를 해결하고 제거하여 개인의 건전하고 조화로운 인성발달을 도와줌으로써 원만한 사회생활을 할 수 있도록 한다.

2) 교육지도(educational guidance)

교육지도는 학업지도 또는 면학지도라고도 한다. 교육지도는 학생의 개성, 흥미, 능력에 따라 학교교육을 받는 데 필요한 방법에 대하여 지도·조언함으로써 학생 자신의 가능성을 최대한 발전시키기 위한 활동이다. 학업상의 문제를 일으키는 원인 중에는 개인의 지적 특성 이외에도 심리적 요인과 환경적 요인들이 관여한다. 특히 학업의 실패는 단지 개인의 학업부진에 그치는 것이 아니라 자기존중감의 저하와 자기효능감의 상실, 우울증, 부모와의 관계 악화 등 다양한 문제를 수반하기 때문에 올바른 학습 습관이나 학습태도를 바로잡아 주고 교과목의 기초를 다질 수 있도록 도와주어야 한다. 따라서 생활지도자로서 교사에게는 학업성적으로 인해 학생이 자존감과 자신감을 잃지 않도록 격려와 지지가 요구된다.

3) 진로지도(counseling guidance)

진로지도는 진학지도와 직업지도를 포함한다. 진로지도는 학생의 진로와 직업선택을 위한 적성, 흥미조사, 직업정보의 제공, 직업이 요구하는 태도, 지식, 기능을 개발함으로써 올바른 직업관을 가지도록 하는 활동이다. 올바른 진로발달 조력자로서의 역할을 수행하기 위하여 교사는 학생의 심리적 특성에 대한 이해와 일과 직업 세계에 대한 이해, 진로정보 자료 수집 및 활용에 대한 이해, 의사결정에 대한 이해를 가져야 한다. 즉 교사는 학생 개인이 직업세계를 보다 정확하게 이해할 수 있도록 하고, 합리적인 의사결정능력을 키워 주는 등의 목표를 설정하여야 할 것이다. 이러한 목표설정의 방법은 다음과 같다.

첫째, 개인으로 하여금 자신의 진로에 대한 의식을 가지도록 하며 자신의 현실에 대한 이해를 바탕으로 자신의 직업적 적합성을 파악한다.

둘째, 직업 세계에 대한 이해를 바탕으로 자신의 진학과 직업의 선택을 위한 방향을 탐색한다.

셋째, 자신의 환경에 대한 이해를 기초로 자신의 생애를 설계한다. 이러한 진로지도는 학교와 사회, 교사나 전문가와의 유기적인 협조하에 체계적으로 이루어져야 할 것이다.

4) 건강지도(health guidance)

건강지도는 신체적 건강과 정신적 건강을 위한 지도를 포함한다. 건강지도는 개인의 신체적 발달 유지와 증진을 위한 적절한 조언과 조력 활동, 신체적 건강, 정신위생 및 정신건강 교육, 공중위생(흡연, 음주, 약물 복용), 안전사고 대책지도 등에 대한 활동이다. 건강지도의 내용은 다음과 같다.

첫째, 가정생활에서의 건강지도 내용은 올바른 식습관, 의복, 수면 등의 생활습관과 위생관념에 대한 지도와 조언이다.

둘째, 학교생활에서의 건강지도 내용은 건강에 대한 일반적인 지식, 공중위생, 전염병 예방방법에 대한 관념 등에 대한 지도이다.

5) 사회성지도(sociability guidance)

인간은 사회적 존재이기 때문에 사회인으로서 충실한 사회생활을 영위할 수 있는 사회적 자질 배양, 기술, 생활태도를 위한 조력활동이 필요하다. 다시 말해 사회성지도가 필요하다는 것이다. 사회성지도는 민주시민으로서 갖추어야 할 자질, 준법정신, 책임과 의무를 수행하는 대인관계의 유지 및 증진, 예의범절의 준수, 친구의 선택과 교제, 봉사정신의 발휘, 인성과 협동정신 함양 등에 초점을 둔다. 이러한 사회성지도는 개인의 사회에 대한 바람직한 적응을 통해 사회적 가치를 높이는 것에 궁극적인 목적을 두고 있다.

6) 여가지도(recreational guidance)

여가지도는 사회나 학교에서 개인이 여가를 보람 있게 보낼 수 있도록 조력하는 지도활동이다. 이는 휴식, 취미, 오락, 감상, 창작활동 등 개인적 발달을 향상시킬 수 있을 뿐만 아니라 보다 나은 인생을 즐기고 남을 돕는 생활을 할 수 있도록 지도하는 활동도 포함한다. 여가는 직접적인 만족을 보상받지 않더라도 단순히 휴식을 하는 것이 아니라 자아발견 및 새로운 창조를 위한 자아실현의 기회이다. 여가활동에는 건전한 놀이, 취미활동, 특기신장, 음악 및 미술 감상, 독서, 특별활동 등이 포함되며, 개인의 흥미, 요구, 능력, 성격 등에 따라 개인이 가치 있게 활용할 수 있는 것을 선택하고 그 활동을 통해 건전한 취미생활과 정신건강의 발달을 도모하도록 지도한다.

7) 성교육(sex education)

성교육은 여성과 남성의 심리적·신체적인 특성 및 역할에 대한 이해를 바탕으로 건전한 이성 관계를 형성·유지·발전시켜 나가도록 지도하는 활동이다. 성교육내용은 다음과 같다.

첫째, 성과 성적 현상 및 문화에 대한 건전한 태도를 형성하도록 지도한다.

둘째, 남녀 간의 예의범절을 포함한 올바른 성 역할 행동의 실천에 대해 지도한다.

셋째, 자신의 몸과 성에 대한 올바른 지식과 태도를 습득하도록 지도한다.

이러한 성교육은 '성'에 대해 좀 더 넓은 시각을 갖도록 교육시키며, 성폭력이나 성 피해 방지보다는 아름다운 세상을 만들려는 의지로서 좀 더 진보적으로 학년에 따라 가르치는 내용과 가르치는 방식도 신중히 고려하여 지도해야 할 것이다.

2. 생활지도의 활동

생활지도는 학생들의 전인적 발달을 위하여 교사나 학교행정가 및 학부모들이 직면하는 전문적인 도움을 필요로 하는 문제를 해결할 수 있도록 돕는 활동이다. 생활지도의 활동단계로는 학생조사활동, 정보 제공활동, 상담활동, 정치활동, 추수활동을 들 수 있다.

1) 학생조사활동(inventory service)

학생조사활동은 학생들을 정확하게 이해하는 데 필요한 자료수집 활동으로, 지능검사, 적성검사, 학력검사, 흥미검사, 성격검사, 진로검사 및 관찰, 면접, 사례 연구 등을 통하여 학생들의 개별정보를 파악하는 활동이다. 담당교사는 학생 간 개인차의 존재를 인식하고 그 개인차를 이해하기 위해 조사활동을 한다. 효과적인 학생지도를 위해서는 학생 개인과 가정환경에 대해서 알고 있을 필요가 있다.

2) 정보 제공활동(informational service)

정보 제공활동은 담당교사가 필요한 정보를 수집해서 학부모와 다른 교사들에게 제공하는 활동도 하지만 학생들이 필요로 하는 각종 정보 및 자료를 효과적으로 제공함으로써 학생들에게 교육정보, 직업정보, 사회적 정보를 제공해 주어 자신이 자율적으로 처리하고 탐색할 수 있도록 개인적 성장과 사회적 적응을 도와주는 활동이다. 특히 진로정보를 제공할 때에는 지역사회와 긴밀한 협조를 이루어 실시할 필요가 있다. 따라서 진로지도 담당자는 진로나 직업과 관련된 학생들의 사고방식을 잘 알고 있어야 할 것이다.

3) 상담활동(counseling service)

상담활동은 생활지도 활동 중에서 가장 중심이 되는 활동이다. 대부분의 학교에서는 주로 담임교사가 상담활동을 맡고 있으나 전문상담교사를 두고 있는 학교에서는 전문상담교사가 상담활동을 하고 있다. 상담에서 가장 중요한 기술인 경청, 이해, 공감을 토대로 학생들이 각자 가지고 있는 문제를 자율적으로 해결할 수 있도록 학생들의 적절한 감정처리를 위하여 조력함으로써 정신건강을 향상시키고 사회적 적응을 돕는 활동이다.

4) 정치활동(placement service)

정치활동은 진학지도나 취업지도 등에 있어 학생의 적성 및 각 진로의 특성을 정확하게 이해하여 학생이 진로를 현명하게 선택하도록 도와주는 활동이다. 점차적으로 학생들이 선택해야 할 기회가 많아지고 이에 따라 학생들은 어려움을 겪게 되는데 이러한 문제들을 해결해 주고 나아가 선택한 사항들을 잘 실행할 수 있는 계기를 만들어 주는 활동이다. 이러한 정치활동은 상급학교와 학과, 특별활동, 동아리활동, 진로선택, 직업선택이나 아르바이트 알선과 같은 활동이 포함되며, 전체 교직원 및 지역사회 인사와의 상호협력을 통한 지도가 필요하다.

5) 추수활동(follow-up service)

추수활동은 지도를 받은 학생들의 조사활동, 정보 제공활동, 상담활동, 정치활동의 종결과정으로 가정, 학교, 사회, 직업생활 등 추후 적응상태를 점검하고 조력하는 지도활동이다. 적합한 환경에 있다 하더라도 지속적인 정보와 지도가 요구되기도 하고, 상담교사와 긴밀한 관계를 유지해야 할 필요가 있기 때문이다.

특히 특별히 관심을 가져야 할 학생일 경우 그 학생의 문제해결을 위해서는 지속적인 추수활동이 필요하다.

Ⅲ 상담의 이해

1. 상담의 개념

우리 삶의 모든 영역에서 일반적으로 통용되고 있는 '상담'은 상담자를 찾아온 내담자가 있고, 그 내담자를 맞이하는 상담자가 있으며, 내담자와 상담자가 서로 대면 상태에서 어떤 상호작용이 이루어지는 과정이 있다는 것은 누구나 떠올릴 수 있을 것이다. 상담을 필요로 하는 내담자들은 자기 잠재력의 극히 일부밖에 사용하지 못하고, 그들의 삶은 일정한 격식의 틀에 박혀 있으며, 언제나 같은 역할만을 되풀이하고 자신의 능력을 증명할 수 있는 기회마저 포기하고 있다. 상담의 목적은 이러한 사람들이 자신이 가지고 있는 잠재력을 어떻게 실현할 수 있는가를 깨달아 순간순간을 유익하게 살도록 하는 데 있다. 내담자는 상담과정을 통하여 상담자와 지금까지와는 다른 인간관계를 맺고 진솔한 의사소통과 새로운 학습과정을 통하여 현재 내담자가 당면하고 있는 문제해결뿐만 아니라 그가 앞으로 만나게 될 삶의 고난을 극복하고 행복한 삶을 추구할 수 있는 성숙한 사람으로 변화되는 과정을 연습한다. 그러다 보면 다른 사람에게 의지하지 않고도 스스로 원하는 것을 할 수 있다는 것을 자각하여 자신이 가진 능력으로 새로운 변화와 성장을 향해 나아갈 수 있을 것이다. 이처럼 도움을 필요로 하는 내담자가 전문적인 훈련을 받은 상담자와의 대면관계에서 생활과제의 해결과 사고, 행동, 감정 측면의 인간적인 성장을 위해 노력하는 학습과정이 상담이다(이장호 외, 2001).

상담을 통해 내담자의 행복한 생활을 하는 데 방해가 되는 요소를 감소시켜 행동변화를 일으키고, 보다 적극적으로 문제를 예방하여 내담자의 다양한 문제 상황의 대처능력과 문제해결에 도움을 줌으로써 내담자가 보다 성숙되게 자신의 삶을 헤쳐 나가고 자신에게 책임감을 갖도록 정신건강에 조력하기도 한다.

2. 상담의 원리

상담은 내담자의 심리적 갈등이나 현실적인 문제들을 합리적이고 올바른 방법으로 대처하고 해결해 나갈 수 있도록 도와주는 과정으로, 상담자는 상담을 전개할 때 기본적인 원리에 바탕을 두고 실천하는 능력이 필요하다. 이러한 상담의 원리를 살펴보도록 한다(김계현 외, 2009; 김춘경 외, 2010).

첫째, 개별화의 원리이다. 이것은 내담자 개개인의 독특한 자질을 이해하는 것으로 상담 시 내담자의 차별화된 특성에 따라 상이한 원리나 방법을 적용해야 한다. 이는 개인으로서 처우 받고 싶은 욕구에 의한 것이다.

둘째, 통제된 정서적 관여의 원리이다. 문제에 대해 공감을 얻고 싶은 욕구로서 상담자는 내담자의 감정에 호응하기 위해 내담자의 정서표현에 민감하게 반응하고 적극적인 자세의 유지가 필요한데 완전한 관여가 아닌 통제된 정서를 유지하면서 관여해야 한다.

셋째, 의도적 감정표현의 원리이다. 내담자의 감정을 인정받고 싶은 욕구에 대한 인식으로 긍정적·부정적 감정을 자유롭게 드러내어 명백히 밝히고 내담자에게 심리적 지지를 말이나 글 또는 표정, 행동 따위로 나타낸다. 상담자는 내담자의 말에 의도적으로 주의를 기울이는데 특히 내담자의 부정적인 말에 주의를 기울일 필요성이 있다. 이때 비난조의 어투를 피하고 격려하는 태도를 보이며, 내담자의 감정 표현을 경청하고 내담자로 하여금 긴장이나 압박으로부터 벗어나도록 하여 자신의 문제를 좀 더 객관적으로 바라볼 수 있도록 도와준다. 상담자는 진지한 경청의 자세를 유지해야 하며 섣부른 충고나 해결책을 제시하지 않도록 주의해야 한다.

넷째, 비심판적 태도의 원리이다. 상담자는 내담자의 바람직한 성격과 바람직하지 않은 성격, 강점과 약점, 건설적·파괴적 행동, 긍정적·부정적 감정 등 내담자가 그대로 이해하고 다루어 나가도록 행동표정이나 말에 거부적인 반응을 표현하지 않으며, 객관적이고 중립적인 자세를 유지해야 한다.

다섯째, 수용의 원리이다. 상담자는 내담자의 장점과 약점, 긍정적·부정적인 감정 등 내담자의 다양한 특징들을 있는 그대로 이해하고 다루어야 한다.

여섯째, 자기 결정의 원리이다. 상담자는 내담자의 자기 결정권을 존중하여 스스로 해결책을 선택하고 의사결정을 할 수 있도록 한다.

일곱째, 비밀보장의 원리이다. 상담자는 상담과정에 얻은 상담자 관련 정보, 상담내용, 상담진행 관련사항 등의 정보를 내담자의 성장과 발달을 위한 목적으로 사용될 경우를 제외하고 다른 용도로 사용하거나 공개해서는 안 된다. 이는 상담자의 윤리적 의무이며 법적 의무이다.

3. 상담의 대표적 이론

1) 정신분석적 상담이론

정신분석적 상담은 프로이트(Freud, 1949)의 원리에 근거하여 인간이 갖고 있는 무의식(unconscious) 곧 인간이 피하려는 생각이나 그러한 기억들을 끌어내어 의식화시킨다. 그러면서 내담자는 무의식에 대한 불안이나 공포가 사라지고 자신의 나약했던 자아를 되돌아보게 되어 자아의 힘이 강해지게 된다. 이러한 정신분석치료의 목표는 무의식적 갈등을 의식화시켜서 개인의 성격구조를 재구성하는 데 있다. 따라서 프로이트는 무의식적 동기에 의해서 유발되고 지속되는 정신적인 문제나 부적응 행동을 수정하기 위해서 다음과 같은 기법을 활용하였다.

첫째, 자유연상(free association)은 내담자가 상담자에게 자신의 마음속에 떠오른 것을 있는 그대로 이야기하는 것이다. 내담자가 자신의 마음속에 떠오르는 것이 아무리 사소하고 말하기 어려운 내용일지라도 전혀 거르지 않고 상담자에게 이야기하면 상담자는 그것을 통해 내담자의 마음속에 억압된 자료를 수집하고 해석하여 내담자의 통찰을 돕는다.

둘째, 꿈의 분석(dream analysis)은 내담자의 무의식 세계에 접근할 수 있는 또 하나의 방법으로서 잠잘 때 내담자의 억압된 욕망과 갈등이 의식표현에 떠오르는데 상담자는 이러한 꿈의 특성을 활용하여 내담자의 꿈을 분석하고 해석해서 내담자로 하여금 자신이 가진 심리적 갈등을 통찰하게 한다.

셋째, 전이(transference)란 내담자가 상담상황에 대해 가지고 있는 일종의 왜곡으로 과거에 중요한 사람에게 느꼈던 감정을 현재의 상담자에게 느끼는 것을 의미한다. 이러한 전이를 분석하고 해석함으로써 내담자가 무의식적 갈등과 문제의 의미를 통찰하도록 돕는다.

넷째, 저항(resistance)이란 상담진행을 방해하고 현재 상태를 유지하려는 의식적·무의식적 태도, 감정, 행동, 생각을 의미한다. 상담자는 저항과 무의식적인 갈등의 의미를 파악하여 내담자가 통찰을 얻도록 돕는다.

다섯째, 해석(interpretation)은 내담자의 연상이나 정신작용 가운데서 명확하지 않은 부분에 대해서 상담자가 추리하여 내담자에게 설명해 주는 것이다.

여섯째, 훈습(working through)은 내담자가 상담과정에서 자신의 심리적 갈등을 깨달아 현실생활에서 자신의 사고와 행동을 실제로 수정하거나 적응방법을 실행해 나가는 과정에서 내담자에게 변화가 일어나는 것이다. 이러한 정신분석에서의 상담은 무의식적으로 자기 행동의 의미를 이해하고자 노력할 때 무의식의 지배에서 벗어나 보다 자유로운 삶을 추구하도록 돕는 것이다.

2) 행동수정적 상담이론

행동수정적 상담은 문제행동을 수정하거나 바람직한 행동을 획득하기 위하여 학습 이론(learning theory)을 체계적으로 적용시키는 것을 말한다. 대부분 비정상적인 행동이 학습에 의하여 획득되고 유지되는 것으로 가정하고 내담자의 행동을 수정하기 위해 학습의 원리를 적용하는 상담방법이다. 이러한 상담은 학습된 문제행동을 소거하고 보다 효율적이고 바람직한 행동을 새롭게 학습하도록 내담자를 도와주는 것이 목적이라 할 수 있다. 행동수정적 상담과정은 바로 교육과정이다. 상담자가 여러 학습의 원리를 사용하여 내담자가 원하는 새로운 행동을 학습하도록 돕는 것이 상담과정이다.

행동주의적 접근은 특정 학자에 의해 완전히 체계화되지 않았고 고전적 조건형성, 조작적 조건형성, 사회학습 이론, 인지적 상담의 네 영역에서 발전되었다고 볼 수 있다.

첫째, 파블로프(Pavlov, 1927)의 고전적 조건형성(classical conditioning)은 원래 중립적인 조건자극(conditioned stimulus)과 반응을 유발시키는 무조건 자극(unconditioned stimulus) 간의 연합에 의해 일어난다. 이러한 고전적 조건형성을 통하여 우리는 인간의 정서나 감정뿐만 아니라 공포증의 형성에 대해서도 설명이 부분적으로 가능하다.

둘째, 조작적 조건형성(operant conditioning)의 연구에 큰 공헌을 한 학자는 손다이크(Thorndike, 1924)와 스키너(Skinner, 1953)를 들 수 있다. 손다이크는 효과의 법칙(law of effect)을 발견하였는데 이는 만족스러운 결과를 가져오게 하는 행동은 강해지고 불만족스러운 결과를 가져오는 행동은 약해지는 형상을 말한다. 손다이크의 영향을 받은 스키너는 조작적 조건형성이라는 용어를 사용하면서 사람들이 바람직한 결과를 이끌어 내기 위해 단지 어떤 자극에 대해 수동적으로만 반응하는 것이 아니라 환경을 '조작'한다는 의미에서 나왔다고 할 수 있다. 조작적 조건형성의 원리로는 정적 강화(positive reinforcement), 부적 강화(negative reinforcement), 소거(extinction), 처벌(punishment) 등을 들 수 있다. 이러한 원리는 어떤 행동이 유지되거나 없어지는 것이 그 행동의 결과에 의하여 결정된다는 것인데 우리의 실생활에서 광범위하게 적용할 수 있다.

셋째, 반두라(Bandura, 1977)의 사회학습 이론이다. 그는 인간의 행동은 보상이나 처벌의 결과로서만 형성되는 것이 아니라 관찰학습 또는 모방학습의 결과로서도 형성된다는 것을 강조한다. 또한 관찰학습은 주의집중, 파지, 운동재생, 동기유발의 네 가지 과정을 거쳐서 이루어지며, 한 과정이라도 빠지면 성공적인 모방이 이루어지지 않는다고 보았다.

넷째, 학습에 대한 인지적 관점은 인지적 요소의 역할을 강조하고 학습을 지식 습득측면으로 보고 있다. 예를 들어 시험을 위해 오랫동안 공부한 학생이 시험에서 낙제 점수를 받았다고 한다면 학습이 일어났으나 단지 그것이 제대로 표현되지 못했을 수도 있을 것이다. 이처럼 학습과 수행은 분리되어 생각될 수 있다는 것이다.

최근 행동수정적 상담에서는 개인의 행동과 환경의 결과에서 일어나는 끊임없는 상호작용을 강조하고, 이를 통한 자기 지시적 행동변화를 추구함으로써 행동의 문제를 이해하고 상담하는 데 있어 사고의 과정을 중요하게 다루는 인지적 요인을 중심역할로 상정하고 있다.

3) 인간중심적 상담이론

인간중심적 상담은 로저스(Rogers, 1961)의 원리를 근거하여 발전되었다. 정신분석적 상담이 인간의 본능적 욕구를 지나치게 강조하면서 상담자가 진단적이고 해석적이며 지시적인 태도를 취하는 측면과 행동주의적 상담이론이 인간의 행동을 자극에 대한 반응으로 지나치게 단순화한 측면을 비판하였다. 그리하여 이 이론을 대체할 새로운 이론으로 인본주의에 기반을 둔 비지시적인 인간중심적 상담을 주장하였다. 이러한 주장을 통해 인간본성에 대한 인본주의적 관점에서 상담자가 감정이입으로 무조건적인 긍정적 존중(unconditional positive regard)을 가지고 내담자를 수용하고 진정한 관심을 보이면 긍정적 변화가 일어난다고 보았다. 이는 내담자의 입장에서 내담자가 생각하고 느끼는 것을 이해하는 것은 물론 내담자가 표현하지 않는 내적 느낌이나 사고에 대한 공감적 이해(empathetic understanding)까지도 전달하는 것이 상담자의 능력이며, 상담자가 자신의 진실된 반응을 신뢰하고 그러한 반응이나 감정을 전달하는 진실성(congruence)은 관계 속에서 허위나 방어적인 태도가 없는 참된 존재가 되도록 해 준다.

이처럼 인간중심적 상담에서는 상담의 기법보다 상담자와 내담자 간의 본질이 치료에서 가장 핵심적인 부분으로 간주된다. 모든 인간이 자아실현의 욕구를 지녔다고 가정하며 자아실현 욕구는 자신을 유지하거나 향상시키는 방향으로 자신의 모든 능력을 개발하려는 인간의 타고난 성향이다. 자기개념과 개인의 경험 간의 불일치가 자아실현을 향한 유기체적인 힘과 그것들을 의식이나 활동으로 바꿀 수 있는 인간의 능력 사이에서 성장하는 것으로 개인에게 어떤 다른 조건이 주어지면 이를 극복해 나갈 수 있다고 본다. 이러한 인간중심적 상담은 인간에 대한 긍정적인 시각을 가지고 내담자의 능력에 대한 신뢰를 기반으로 하고 있다는 것을 알 수 있다. 또한 내담자의 자기성장을 향한 잠재력이 발현될 수 있는 분위기를 조성하는 데 상담의 목적을 두고 있기 때문에 내담자에게 해석을 내리는 권위주의적 관계구조에 반대하는 입장을 취한다. 내담자와 상담자와의 인간적인 관계를 중시하고, 개입의 방향에 대한 일차적인 책임이 내담자에게 있도록 내담자의 과거 문제보다 '지금-여기(now and here)'를 강조하기도 한다.

한편 로저스는 인간성격의 주요한 요소를 유기체(organism), 현상학적 장(phenomenal field), 자기(self)라고 하였다. 먼저 유기체란 인간의 신체, 정서, 지식을 말하여 총체적(holistic) 입장을 띤다. 현상학적 장이란 끊임없이 변화하는 경험적 세계 또는 주관적 경험을 의미한다. 여기서 중요한 것은 실제적 사실이 아니라 사실에 대한 개인의 지각이다. 따라서 로저스는 현상학적 장을 동일한 현상이라도 개인에 따라 다르게 지각하고 경험하기 때문에 이 세상에는 개인적 현실 즉 현상학적 장만이 존재한다고 보고 있다.

로저스의 입장에서 충분히 기능하는 사람은 현재 자신의 자아를 완전히 자각하는 사람으로서 그 특징으로는 다음과 같다(Rogers, 1961).

첫째, 충분히 기능하는 사람은 경험에 개방적이다.

둘째, 충분히 기능하는 사람은 실존의 삶 즉 하나하나의 모든 순간마다 충실한 삶을 영위한다.

셋째, 충분히 기능하는 사람은 자신의 유기체를 신뢰한다.

넷째, 충분히 기능하는 사람은 창조적이다.

다섯째, 충분히 기능하는 사람은 제약 없이 자유롭다.

이러한 인간중심적 상담은 상담분야뿐만 아니라 교육, 철학, 산업계, 종교와 문화 등 여러 분야에 미친 광범위한 영향으로 말미암아 다른 여러 유형의 상담에서도 상담자와 내담자의 관계를 중요하게 여기고 상담자와 내담자의 관계가 상담효과에 큰 영향을 미친다는 것을 인식하게 되었다.

4) 개인심리학적 상담이론

아들러(Adler, 1979)의 '개인심리학'의 원리를 근거하여 집단에서 개인들의 문제를 다루는 접근방법이다. 아들러는 인간은 단일하여 분할할 수 없으며 그 자체로서 통합된 총체적인 존재로 보았다. 이는 사회적 존재로서 창의적, 목표 지향적, 독립적인 행동을 할 수 있는 존재임을 강조하는 것이다.

개인심리학의 주요한 이론은 다음과 같다(Adler, 1979).

첫째, 가상적 목적론이다. 아들러는 개인의 행동을 이끄는 마음속의 중심목표를 가상적 목표라고 하고 모든 행동에는 목적이 있으며, 설명하기 어려운 행동들도 일단 그들의 무의식적 목표나 목적을 알게 되면 이해할 수 있다고 보았다. 그리하여 상담의 목표를 증상의 제거보다는 열등감을 극복하고, 잘못된 목표와 생활양식을 수정하며, 사회에서 다른 사람과 상호작용할 수 있도록 타인과 동등한 감정을 갖고 사회적 관심을 증진시키고자 한다. 또한 생활양식은 사람들이 행동하고 사고하고 느끼는 이유와 삶의 목적, 자아개념, 가치, 태도 등 개인의 독특성을 설명하려는 아들러의 독자적 원리로서 생활양식의 유형은 사회적 관심과 활동성 수준에 따라서 구분되기도 한다.

둘째, 우월의 추구이다. 아들러는 보상의 궁극적인 목적을 우월의 추구라고 하였다. 우월의 추구는 삶의 기초적 사실로서 모든 인간이 문제에 직면하였을 때 부족한 것은 보충하며, 낮은 것은 높이고, 미완성의 것은 완성하며, 무능한 것은 유능하게 만드는 경향성을 말한다.

셋째, 열등감과 보상기제이다. 아들러는 인간은 누구나 열등한 존재로 태어나므로 인간이 된다는 것이 곧 열등감을 갖는 것이라고 말한다. 그리고 이 열등감이 인간의 발달을 위해 무한한 에너지를 제공해 주는 것이라고 보았다. 이와 같이 열등감이 긍정적이고 생산적인 것으로 인식될 수 있는 것은 보상개념 때문이다.

넷째, 공동체감이다. 아들러는 인간의 불안은 단지 협력을 통해서만 제거될 수 있고 이것은 개인을 공동체와 묶는 것이며 자신을 타인과의 연합에서 인식하는 자만이 인생을 평안하게 살아갈 수 있다고 하였다. 즉 개인의 완전에의 욕구가 완전한 사회로의 관심으로 대체된 것으로 인간은 사회와 결속되어 있을 때 안정감을 갖게 된다는 것이다.

이러한 개인심리학적 상담에서는 내담자에게 스스로 변화할 수 있는 능력이 있다고 믿기 때문에 그러한 믿음을 내담자에게 보여 줄 수 있는 상담기법을 사용하기도 한다.

5) 합리적-정서적 상담이론

인지치료가인 엘리스(Elis, 1970)에 의해 창시된 합리적-정서적 상담은 인간의 감정과 문제가 대부분 비합리적인 사고로부터 생겨나는 것이라는 믿음에 기초하고 있다. 인지(rational), 정서(emotive), 행동(behavior), 치료(therapy)는 인간을 이루는 세 가지 영역인 인지, 정서, 행동이 서로 상호작용하는 과정에서 인지가 핵심이 되어 정서와 행동에 영향을 준다고 강조하였다. 이러한 REBT는 인간이 그 자극을 어떻게 지각하느냐에 따라 반응이 달라진다. 이 이론은 1955년 '합리적 치료(rational therapy)'로 시작하였으나 1961년 엘리스는 인간의 정서적 측면의 중요성을 알리기 위해 '합리적-정서적 치료(Rational Emotive Therapy)'로 개명한 후 1993년 행동적 측면도 받아들여 '합리적-정서적 행동치료(Rational Emotive Behavior Therapy: REBT)'로 바꾸었다.

REBT의 주요한 특징은 다음과 같다(Elis, 1970).

첫째, 심리적 장애의 생성과 치료에 있어서 '인지'를 강하게 강조함으로써 내담자에게 비합리적 신념체계를 무너뜨리기 위하여 심리적 장애나 정신건강을 결정하는 데 '인지'를 핵심요소로 보았다.

둘째, 내담자의 비합리적 신념을 찾아내고 논박하는 데 초점을 둔다. 논박에 따른 합리적 사고는 보다 사실에 가깝다. 많은 사람들이 불편한 감정을 갖는 것은 사실에 근거를 둔 것이 아닌 것이 많다. 단지 사실이 아닌 것을 사실로 받아들이기 때문에 문제 제기가 있는 것이다. 합리적 사고는 논리적이고 자신과 타인에게 유용성이 있으며, 경직되지 않고 융통성이 있다는 것이다. 그래서 합리적 사고는 정서와 행동을 낳고 행동의 결과를 보면 그 사람의 사고가 합리적인지 혹은 비합리적인지에 대한 파급효과를 알 수 있다. 즉 내담자가 자신의 가장 대표적인 비합리적인 신념들을 선택하여 체계적인 방법으로 그것을 논박하는데 상담자는 질문을 통해 그들의 신념에 반박한다. 이러한 REBT는 내담자의 자기 파괴적이고 비합리적인 신념을 줄이고 현실적, 이상적, 생산적, 합리적 삶을 살아가게 도와주는 데 목적이 있다.

셋째, 변화의 지속을 촉진하기 위하여 철학적인 방법을 강조한다. 일반적으로 적극적·지시적 접근이 적절히 사용될 때, 내담자와 라포(rapport)형성을 촉진하여 내담자에 의한 조기종결의 가능성을 완화시킬 수 있다. 따라서 내담자의 변화를 촉진할 수 있는 가능성을 가진 기법을 선택하고, 단순히 일시적으로 억제하는 방법과 상담자의 내담자에 대한 과도한 사랑이나 따스함 등을 통해 부주의하게 비합리적 생각을 강화할지도 모르는 방법은 피해야 할 것이다.

4. 집단상담

1) 집단상담의 이해

집단상담은 집단구성원의 상호작용적 관계를 바탕으로 내담자 개개인의 문제해결 및 변화가 이루어지는 집단적 접근법을 사용한다(이장호 외, 2001). 이러한 상담은 한 사람의 상담자가 동시에 몇 명의 내담자들을 상대로 각 내담자의 관심사나 대인관계 및 사고·행동양식의 변화를 가져오는 노력이 필요하다. 따라서 집단상담은 의식적 사고와 행동 그리고 허용적 현실에 초점을 둔 정화, 상호신뢰, 돌봄, 지지, 이해, 수용 등의 치료적 기능을 포함하는 하나의 역동적 대인관계의 과정 과정이라고 볼 수 있다(이형득, 2003).

(1) 집단상담의 목적

대인관계 기술의 습득과 생활적인 문제, 개인적 관심사에 대한 객관적 검토와 그 해결을 위한 실천적 행동의 습득을 위한 집단상담의 목적을 살펴보도록 한다(금명자 외, 2004; 이장호 외, 2001; 천성문 외, 2004).

첫째, 이해한 그대로 자신을 인정하고 받아들이는 것은 자기만을 수용하는 것이 아니라 다른 사람들도 수용할 수 있게 되어 개인 및 사회생활 면에서의 발달과제를 해결해 나가는 데 필요한 사회적 기술과 대인관계 능력을 발전시킨다.

둘째, 자기에 대한 이해를 증가시키고 개인적 성장에의 자신감을 갖도록 한다. 자신에 대한 이해는 다른 사람에 대한 이해를 촉진시키고 자신을 정확하게 볼 수 있는 능력이 생길 때 다른 사람도 정확히 볼 수 있다.

셋째, 자기통제, 문제해결 및 의사결정능력을 개발하고 타인과의 상호이해의 폭을 넓혀 신뢰를 근거로 더 깊은 연쇄반응으로 이어지도록 함으로써 다른 사회적 장면에서도 발휘할 수 있게 한다.

넷째, 타인과의 대화에서 공감의 경청자이면서 동시에 자기가 생각하고 믿는 의견, 생각, 느낌 등을 정확하게 표현할 수 있는 의사소통능력을 향상시킨다.

(2) 집단상담의 장점과 단점

가) 집단상담의 장점(금명자 외, 2004; 천성문 외, 2004)

첫째, 개인상담은 내담자와 상담자와의 일대일 관계에서 오는 부담감을 느끼지만 집단상담은 훨씬 편안함과 안정감을 가지게 된다.

둘째, 개인으로 하여금 어떤 외적인 비난이나 처벌에 대한 두려움 없이 새로운 행동을 검증해 볼 수 있는 실험실 역할을 하게 되어 집단 안에서 안전하게 가상현실을 검증할 수 있다.

셋째, 집단원들 간에 서로 감정을 터놓고 이야기할 수 있기 때문에 소속감과 동료의식을 발전시킬 수 있다.

넷째, 집단원들에게 넓은 범위의 다양한 성격의 소유자들과 접할 수 있는 기회를 부여해 준다.

다섯째, 집단 속에서는 개인이 한편으로는 직접 참여하면서도 다른 한편으로는 물러서서 관찰할 기회가 있다.

여섯째, 개인상담을 회피해 온 사람이 집단상담에서 용기를 내어 개인상담을 신청할 기회를 제공한다.

일곱째, 사회축소판이기 때문에 현실적 생활에 근접한 사회장면의 제공이다.

나) 집단상담의 단점(금명자 외, 2004; 천성문 외, 2004)

첫째, 집단경험 그 자체를 목적으로 삼는 경우 집단이 현실도피의 기회가 되는 수가 있다.

둘째, 참여자가 심리적으로 준비가 되기 전에 자기개방에 대한 집단압력을 받을 수 있기 때문에 자신이 쓰려고 하는 기법은 설명해 주어야 한다.

셋째, 집단상담 지도자가 적절한 훈련을 받아야 하며 그렇지 않을 경우 자신과 타인에게 해를 끼칠 수 있다.

이처럼 집단상담은 행동변화를 위한 만병통치약이 아니며, 모든 사람이 집단상담에 적합한 것은 아니다. 내담자가 매우 복잡한 위기적 문제를 가지고 있을 경우, 전반적인 대인관계에 실패했을 경우, 집단 앞에서 이야기하는 것에 대한 두려움이 클 경우, 인정이나 주목에 대한 욕구가 너무 강할 경우는 개인상담이 더 필요하다.

(3) 집단상담의 유형

집단상담의 유형에는 집단지도와 집단상담 및 집단치료가 있다(이형득, 2003).

가) 집단지도

집단지도는 바람직하고 건전한 학습 및 생활태도를 촉진하기 위해 주로 정보와 자료를 제공하는 예방적인 접근방법이다. 필요한 정보 제공, 문제 상황에 대한 방향 안내, 학습방법, 진로결정방법, 여가선용, 성교육 등 교육적이고 직업적인 지식 지도자의 역할은 권위적인 책임자여야 한다. 주로 교육적이고 직업적인 지식습득을 목적으로 둔다.

나) 집단상담

집단상담은 주제보다는 개인에게 초점을 두고 내담자의 심리적 문제해결을 위해 현재의 문제에 관련되는 요인들을 검토하고 앞으로의 성장 발달을 위한 태도변화를 강조한다. 예방적, 성숙지향적 지도자의 역할은 안내자나 민주적인 촉진자이어야 한다. 주로 참여자의 개인의 발달적 측면의 문제에 초점을 두기 때문에 현재의 문제와 관련한 성숙 지향적 행동변화에 목적을 둔다.

다) 집단치료

집단치료는 내담자의 심리적 문제해결을 위한 교정적 접근방법을 사용한다. 증상과 갈등의 해소, 성격변화, 이상행동의 수정에 주력한다. 주로 참여자 개인의 증상을 완화시키는 데 초점을 두기 때문에 무의식적 동기를 주로 탐색, 해석하여 정서적 장애치료에 목적을 둔다.

(4) 집단상담의 집단

집단상담의 집단은 비구조화 집단과 구조화 집단으로 나눌 수 있다.

가) 비구조화 집단

비구조화 집단은 집단의 목표, 과제, 활동방법 등에 대해 미리 정해 놓지 않고 집단 스스로 정해 나간다. 이는 집단원들 간의 관계를 분석하여 개인 내 또는 개인 간 갈등을 이해하고 해결하고자 한다.

나) 구조화 집단

구조화 집단은 특정한 주제에 초점을 맞추어 지도자가 집단 프로그램의 내용과 절차를 주도적으로 이끌어 간다. 이는 개인적인 문제나 태도보다는 집단 공통의 관심사가 주로 다루어지고 있으며 동일한 학습 및 훈련 목표에 따라 스트레스 관리훈련집단, 주장훈련집단, 불안관리집단, 자기표현훈련집단, 대인관계향상집단, 자기성장집단 등으로 진행된다.

2) 집단상담의 과정

집단상담을 수행하기 전에 준비해야 할 사항과, 집단 지도자의 자질, 그리고 집단상담의 과정을 살펴보면 다음과 같다.

(1) 집단상담의 준비

① 대상 선정: 집단원을 선정하는 데는 연령, 성별, 과거의 배경, 현재의 직업 등을 고려하여야 한다. 다양성이 경험을 더 풍부하게 할 수도 있고 동질성이 더 작업을 잘 수행하도록 도와주기도 하므로 집단상담의 목적과 기능에

맞게 내담자들을 선정하여야 한다.

② 집단의 크기: 집단의 목표와 내담자들의 기대에 따라 정도를 고려하되 일반적으로는 8~12명 정도가 적절하다. 코리와 코리(Corey & Corey, 1997)는는 아동 3~4명을 제안하였다.

③ 모임의 빈도: 문제의 심각성이나 집단의 목표에 따라 다르나 보통 일주일에 1회에서 2회 정도가 좋다.

④ 모임의 시간: 연령이나 모임의 빈도에 따라 달라지나 성인의 경우 90~120분 정도, 아동의 경우 20~40분 정도가 좋다. 일반적으로 학교장면에서는 수업시간과 일치하게 하는 것이 좋다.

⑤ 물리적 장치: 외부로부터 방해를 받지 않는 공간, 모든 참여자들이 서로를 잘 볼 수 있는 공간이다.

⑥ 집단참여에의 준비: 가능하다면 개별 면담을 통하여 비현실적인 기대와 불안을 줄이고 적극적인 자세로 참여하도록 도와준다.

⑦ 폐쇄집단과 개방집단: 우리나라에서 대부분 해당되는 폐쇄집단은 집단이 시작될 때 참여했던 사람을 그대로 밀고 나가는 것이다. 개방집단은 집단원의 논의를 거쳐 집단이 허용하는 범위 내에서 새로운 사람을 받아들이는 것이다.

(2) 집단상담자의 자질

집단상담자는 자질 및 전문성을 가지고 있어야 하며, 집단상담에 대한 지식과 훈련을 통해 효율적인 집단상담자로서 요구되는 전문성을 가져야 할 것이다. 집단상담자는 집단이론에 관한 지식, 집단상담에 적용되는 다양한 기법과 전략, 집단상담의 유형에 따른 참여 및 지도경험을 쌓음으로써 일대일의 관계가 아닌 집단의 역동을 치료적 의미에서 활용하는 자신감과 편안함을 가져야 한다(박성수 외, 2017). 여기에서는 집단상담을 지도하는 상담자의 인간적 자질과 전문적 기술에 대해 소개해 보도록 하겠다.

가) 집단상담자의 인간적 자질

집단상담자의 인간적 자질은 집단원의 기쁨과 고통, 어려움 등을 함께 경험한다는 의미로서 집단원의 경험에 대한 공감과 온정을 갖는 것을 포함한다. 또한 상담자의 집단상담의 활동과 가치에 대한 신념과 열정은 집단원들의 집단참여에 대한 동기와 성실함 등에 중요한 영향을 미친다. 집단원과의 상호작용 속에서 진실된 모습으로 자신을 드러낼 수 있는 용기, 방어적이지 않은 태도, 수용적인 태도, 적정 수준의 에너지, 신선한 생각으로 집단상담에 대해 접근하여 집단경험을 의미 있게 만들 수 있는 창의성, 유머감각, 유연성 등을 가지고 있어야 한다.

나) 집단상담자의 전문적 기술

첫째, 대상의 특성에 대한 이해측면이다. 예를 들어 청소년기의 특징은 정체성 탐색, 자신감과 자존감을 갖게 하는 성공경험이 중요하며 의사소통기술 습득, 다양한 감정의 인식과 수용이 필요하다.

둘째, 집단상담 운영에 대한 기술측면이다. 집단원의 상호작용에 의한 효과와 힘을 중시하는 집단의 역동과 집단상담의 기법이 있다. 이장호 등(2001)은 집단상담기법을 바람직한 상담기법과 바람직하지 않은 상담기법으로 비교하였다.

바람직한 집단상담기법에는 감정, 행동, 인지적 내용이 반영 및 명료화, 초점자료의 탐색 및 요약, 직면적(confronting) 태도의 촉진, 반복적 표현, 관찰된 정보의 제공, 생산적인 참여행동의 촉진 격려, 침묵의 자연스러운 처리, 간결하고 의미 있는 의사소통의 시범, 해석, 바람직한 종결의 유도가 있다.

바람직하지 않은 상담기법에는 감정표현의 과잉강조, 지나치게 지적이고 권위적인 개입, 비난하듯 지적 및 행동탐색을 막는 질문, 내담자의 지각과 행동의 불일치를 부적절하게 직면시키는 행위, 상담자 자신의 생각만으로 부적절한 요약을 하거나 무책임하게 화제를 유도하는 것, 지나친 전문적인 용어의 사용, 감상적·피상적 격려, 침묵을 다루는 방식에서 내담자들에게 부담을 주는 방법, 비언어 사용 등이 있다.

〈표 11-3〉 집단상담자에게 필요한 기본적 기술

기법	내용	목표 및 기대효과
경청하기	판단이나 평가를 하지 않고 의사소통 내용의 언어적·비언어적 측면에 주의를 기울인다.	집단원의 신뢰감, 자기공개 및 탐색을 촉진한다.
감정 반영하기	집단원의 감정에 들어 있는 내용에 대한 상담자의 이해를 전달한다.	집단원으로 하여금 자신들의 이야기가 경청되고 표현된 말 이상으로 이해됨을 알게 한다.
명료화하기	집단원의 말의 내용에 대한 핵심을 파악하고 그 핵심의 내용에 초점을 두고 말해 줌으로써 집단원의 말을 단순화시켜 준다.	집단원이 자신의 혼란스럽고 복잡한 생각들을 분류하고, 의미 있는 이해를 갖도록 도와준다.
요약하기	집단원의 상호작용이나 한 회기 내에서 중요한 요소들을 묶어 준다.	주제들이 흩어지는 것을 막고 한 회기에서의 방향을 제시하며, 주제의 연속성과 의미를 제공한다.
촉진하기	집단 안에서의 명확하고 직접적인 의사소통을 열어 주고, 집단의 진행방향에 대한 책임감을 갖게 한다.	집단원들 간의 효과적인 의사소통을 증진하고, 집단 내에서의 목표를 달성하도록 도와준다.
질문하기	집단원이 자신의 행동의 '무엇'과 '어떻게'에 대한 탐색을 하도록 유도하는 개방형의 질문을 한다.	토론을 더 할 수 있도록 유도하고 정보를 얻고, 생각을 자극하고, 명확성과 초점을 증가시키고, 자기탐색을 촉진한다.
자기공개하기	집단에서의 지금-여기에서의 사건들에 대한 집단원 개인의 반응을 나타낸다.	집단 내에서의 상호작용을 좀 더 깊은 수준으로 촉진시키고, 신뢰감을 조성하며 자신을 다른 사람에게 알리는 방법들을 시범적으로 하게 된다.
해석하기	집단원의 어떤 행동, 감정, 사고 등에 관한 가능한 설명을 제시한다.	집단원의 깊은 자기탐색을 촉진하고, 자신의 행동을 생각해 보고 이해하는 데 있어서 새로운 관점과 시각을 제시한다.
직면하기	집단원들이 자신의 말과 행동 간에 언어적 표현과 비언어적 표현 사이에 불일치가 있는가를 보게 하고, 갈등이 되는 정보와 내용들을 지적해 준다.	집단원의 정직한 자기탐색을 촉진하고, 알지 못했던 잠재력의 활용을 증진시키며, 자기모순에 대한 통찰을 가져오도록 한다.

출처: 박성수 외(2017). 상담심리학. 한국방송통신대학교출판부.

(3) 집단상담의 과정

집단상담 과정을 중심으로 살펴보도록 한다(Corey & Corey, 1997).

첫째, 시작단계에서는 집단의 목적과 집단시간을 어떻게 유용하게 이용할 것인가를 알려 주고 활동의 발판에서 고려되어야 할 문제점을 탐색하여 기본규칙과 방침을 토론한다. 이 단계에서는 참가자들이 정체감을 가지도록 돕고 자신의 두려움, 기대, 개인적인 목표를 표현하게 해 주며, 신뢰감을 형성하는 것이 매우 중요하다. 또한 집단원에 대한 존중, 의사소통 및 상호작용 촉진을 위한 시범을 보여 주어야 한다.

둘째, 전환단계에서는 갈등과 방어 및 저항 다루기가 있다. 특징으로는 불안과 방어가 증가하고 통제를 위한 갈등과 투쟁, 집단상담자에 대한 도전과 저항이 일어난다. 이에 집단상담의 상담자는 적당한 때에 즉각적으로 개입하여 갈등과 불안에 대한 저항과 방어에 직면하고 해결을 위한 지지와 도전을 제공해야 할 것이다.

셋째, 작업단계에서는 응집력과 생산성이다. 특징으로는 의미 있는 문제들에 대한 더 깊은 탐색과 바람직한 행동변화를 일으키는 효과적인 행동이 나타난다. 이 단계에서는 참가자들이 집단에 대해 느끼는 매력, 소속감, 융합, 단결의 응집력이 생성되고 집단원이 리더의 역할을 분담하여 실험적 행동을 시도한다. 이에 집단상담자로서의 역할은 응집과 생산성을 촉진시키는 행동에 대해 강화하기, 적절한 모델행동 계속하기, 모험을 하려는 집단원의 자발성을 지지하고 일상생활에서의 실행을 독려하기, 변화를 일으키는 치료적 요소들을 인식하고 사고, 감정, 행동의 바람직한 변화가 발생하도록 도울 수 있는 방법으로 개입하기, 통찰을 인지적 행동으로 변화시키기, 새로운 기술 수행을 격려하기 등이 있다.

넷째, 마무리 단계에서는 통합과 종결이 이뤄진다. 집단경험을 요약하고 미해결 부분을 협력하여 마무리하고 통합하고 해석하는 시간을 갖는다. 효과적인 집단종결 방법들에는 감정 다루기, 집단경험을 돌아보고 효과 검토하기, 피드백 주고받기, 미해결문제 다루기, 계속해서 학습을 수행하기 등이 있다. 집단상담의 전 과정을 종결할 때는 마지막 모임에서 집단원들이 서로 종합적 평가를 하도록 하고 상담이 끝난 뒤에 각자가 어떤 실제적인 개선노력을 계획하고 있는지 등에 대한 이야기를 나눈다. 이때에 집단상담자는 집단원 간의 상호연락 등 유대감의 유지 노력을 격려할 필요가 있다.

‖ 학습목표 ‖

1. 교육행정의 개념과 원리를 이해한다.
2. 교육행정의 이론적 발달과정과 그 특징을 이해한다.
3. 조직의 유형과 우리나라 행정조직을 이해한다.
4. 학교경영 및 학급경영의 개념과 경영과정을 이해한다.

11 CHAPTER 교육행정

Ⅰ. **교육행정의 이해**

1. 교육행정의 개념
2. 교육행정의 원리

Ⅱ. **교육행정의 이론적 발달**

1. 과학적 관리론
2. 인간관계론
3. 행동과학론
4. 체제론

Ⅲ. **교육행정의 조직**

1. 조직의 유형과 구조
2. 우리나라의 교육행정조직

Ⅳ. **학교경영과 학급경영**

1. 학교경영
2. 학급경영

I 교육행정의 이해

1. 교육행정의 개념

교육행정이라는 용어는 교육이라는 개념과 행정이라는 개념이 결합되어 구성된 것으로 교육과 행정이라는 두 가지 관점에서 접근할 필요가 있다.

행정을 조직의 공동목표를 달성하기 위한 협동적 단체행동으로 본다면, 교육행정은 행정행위의 한 부분으로 사회적·공공적·조직적 활동으로서의 교육에 관하여 목표를 설정하고 그 목표를 달성하기 위해 행하는 모든 조직적 활동이라고 할 수 있다. 이를 좀 더 포괄적인 개념으로 접근하면, 교육행정이란 사회적·공공적·조직적 활동으로서의 교육을 대상으로 하여 공동의 목표를 설정하고, 그 목표를 달성하기 위한 인적, 물적 기타 지원조건의 정비 확립, 목표달성을 위한 계획 결정, 집행과 지도, 통제와 평가를 포함하는 일련의 활동을 지칭한다. 또한 교육조직 체제 내에서의 집단적 협동행위를 위하여 효과적으로 지원하는 것을 본질로 하는 작용이라고 정의할 수 있다(김종철, 1982). 이에 따라 교육행정의 범주에는 교육 프로그램, 인적 및 물적 자원이나 조건을 구비하는 수단적 행위 등 교육과 관련된 모든 것이 포함된다고 할 수 있다. 아울러 이러한 각종 자원들을 종합적으로 총괄하고 조직화하며, 관리 및 감독하는 모든 활동을 교육행정이라고 할 수 있다.

이를테면, 학생들에게 교육을 실시하려면 먼저 학교를 지어야 하고, 교실을 만들고, 자격을 갖춘 선생님을 배치하고, 학년별로 정해진 교육과정이 필요하고, 적절한 교재와 교구를 제공하여 교육목표에 따라 교육이 이루어지도록 환경을 조성하는 것이 필요하다. 설정된 교육목표에 따라 교수-학습 활동이 잘 이루어질 수 있도록 돕는 활동이 교육행정이라고 할 수 있다. 즉 교육목표 달성을 위해 인적·물적·재정적 자원을 확보하여 지원하는 활동이 바로 교육행정이라고 할 수 있다.

교육행정은 교육의 목적을 달성하기 위하여 다양한 방법으로 조건을 마련한다는 점에서 일반 행정과 차별화되는 특수한 성격을 가지고 있다(강갑원 외, 2010).

첫째, 봉사적 성격이다. 교육의 목적을 달성하는 데 필요한 인적, 물적 자원을 확보하여 각 요소가 필요한 곳에 적절하게 지원하는 역할을 수행한다.

둘째, 민주적·중립적 성격을 지닌다. 교육을 통하여 올바른 민주시민을 길러낼 수 있도록 교육제도, 교육내용, 교육조직 등이 민주적인 방법으로 운영되어야 함을 뜻한다.

셋째, 전문적 성격이다. 지식 정보화 사회 및 평생학습 사회 등과 같이 사회는 매우 복잡해지고 있다. 따라서 교육행정가나 교육지도자는 끊임없이 노력하여 전문성을 갖추어야 한다.

넷째, 교육행정의 특수성이다. 바람직한 인간을 길러내기 위해서는 장기간에 걸쳐 계획하고 실행에 옮겨야 한다. 교육행정 역시 장기간에 걸쳐 치밀하고 빈틈없는 준비 후에 추진해야 한다. 따라서 교육을 지원하는 교육행정의 역할은 교육의 특수한 측면을 고려하여 운영되어야 한다는 것이다.

2. 교육행정의 원리

교육행정을 수행하는 데 있어 직무를 맡은 사람들이 어떻게 실천해야 하는지 원리를 분명하게 알아야 한다. 이를 위해 직무 자체가 필요로 하는 몇 가지 기본원리를 파악하여야 한다. 그 이유는 교육행정을 계획하고 실행함에 있어 행정상의 여러 문제나 과제를 처리하고 해결하는 데 판단기준이 되기 때문이다.

교육행정의 기본원리는 법규상의 기본원리와 운영상의 기본원리로 나누어 살펴볼 수 있다.

1) 법규상의 기본원리

(1) 합법성의 원리

합법성의 원리는 모든 교육행정 활동은 합법적으로 제정된 법령, 규칙, 조례 등에 따라야 하는 적합성을 가져야 한다는 것을 의미한다. 즉, 모든 교육행정 활동에 대한 사항은 미리 헌법, 법률, 명령, 조례 등의 법규로 정해 놓고 이들 법이 정하는 범위 내에서 행해지는 것을 원칙으로 행정의 집행이 이루어져야 한다는 것이다. 우리나라의 교육행정은 「대한민국헌법」을 비롯하여 「교육기본법」, 「초·중등교육법」, 「고등교육법」, 「교육공무원법」, 「지방교육자치에 관한 법률」 등으로 법률로 정하고 그것을 기초로 하는 대통령령, 총리령, 교육부령 및 훈령 등 각종 명령에 의거하여 집행하고 있다.

(2) 자주성 존중의 원리

자주성 존중의 원리는 교육 본래의 목적에 따라 그 기능을 다하도록 운영되기 위하여 일반 행정과는 분리·독립되고 정치적으로 중립성을 유지해야 한다는 원리이다. 즉, 교육의 독자성과 자주성을 존중하려는 원리로 국·공립학교에서의 특정한 종교교육의 금지, 어떠한 정치 세력이나 당파의 이익을 위한 수단으로 이용되지 않도록 학교의 자율성을 보장하며, 교원의 정치적 중립성 보장 등은 교육의 자주성을 확보하기 위한 조치라 할 수 있다.

(3) 기회균등의 원리

기회균등의 원리는 민주주의 기본원리로 특히 교육행정에 있어서 중요시되는 원리라 할 수 있다. 「대한민국헌법」 제31조 1항에 의하면 "모든 국민은 능력에 따라 균등하게 교육을 받을 권리를 가진다."고 규정하고 있다. 이러한 권리를 보장하기 위해 제31조 2항과 3항에서는 "모든 국민은 그 보호하는 자녀에게 적어도 초등교육과 법률이 정하는 교육을 받게 할 의무를 가지고 의무교육은 무상으로 한다."고 규정하고 있다. 아울러 「교육기본법」 제3조에는 "모든 국민은 평생에 걸쳐 학습하고, 능력과 적성에 따라 교육받을 권리를 가진다."는 국민의 평생학습권을 규정하고, 같은 법 제4조 1항에서도 "모든 국민은 성별, 종교, 신념, 사회적 신분, 경제적 지위 또는 신체적 조건 등을 이유로 교육에 있어서 차별받지 아니한다."고 교육기회의 균등보장과 차별금지를 규정하고 있다. 이와 같이 헌법과 교육법에 명시된 법조문의 기본정신은 국민 모두에게 교육의 기회를 균등하게 보장하기 위한 것이다.

(4) 지방분권의 원리

지방분권의 원리는 지역의 실정에 맞는 교육정책을 수립하고 실시하기 위하여 중앙정부의 지시와 통제를 지양해야 한다는 것이다. 이를 위한 구체적 방법으로 지방자치제도를 채택하여 지방자치단체는 공선제를 통한 교육자치제 실시 및 공청회를 통해서 지역주민의 의사를 반영하고, 그 지역의 실정에 맞는 교육내용, 목표, 방법을 채택할 수 있도록 하고 있다. 이는 교육의 전문성, 자주성, 정치중립성을 보장하는 원리를 지방행정 수준에서 실현하려는 노력이라 할 수 있다.

2) 운영상의 기본원리

(1) 타당성의 원리

타당성의 원리는 교육행정의 활동은 바람직한 교육계획을 세우고 이를 운영함에 타당한 방법으로 수행되어야 한다는 원리이다. 즉 교육행정은 그 자체의 목적보다는 수단적 활동으로 교육활동을 위해 조건을 정비하고 지원하여 성과를 거두는 데 목적이 있으며, 이에 따라 모든 교육행정의 행위는 이러한 목적과 합당하도록 이루어져야 한다는 것이다. 따라서 교육행정은 항상 올바른 교육목표를 세우고 목표달성에 필요한 교육정책 및 교육계획 등 하위목표가 타당성을 유지할 수 있도록 수립되어야 한다.

(2) 민주성의 원리

민주성의 원리는 교육행정을 수행하는 데 있어 독단과 편견을 배제하고 교육정책 수립과정이나 집행과정에서 국민의 의사를 반영하는 동시에 의사결정과정에 적절하게 참여시켜야 한다는 것을 의미한다. 즉 교육정책의 수립과정에 있어서 지역민이나 학부모들의 요구와 의사를 반영하게 하고, 결정된 교육정책의 수행과정에 있어서도 권한 위임을 통하여 다수가 교육정책의 집행과정에 참여할 수 있도록 하는 것을 말한다. 이를 위해 교육행정기관의 장은 정책자문회나 각종 심의회를 두어 시책의 결정과정에 있어 의견을 수렴하고 합리적인 의사결정이 이루어질 수 있도록 사무를 처리하는 것 등이 민주성의 원리라 할 수 있다.

(3) 효율성의 원리

효율성의 원리는 최소한의 자원을 투입하여 최대한의 성과를 얻는 것을 말하는 것으로 교육활동에 최소한의 사람, 재정, 물적 자원을 투입하여 최대의 교육적 성과를 달성하는 것이다. 이는 최소의 경비와 노력으로 최대의 효과를 올릴 수 있도록 하는 경제성의 원리라 할 수 있다. 그러나 교육행정은 일반경제 원칙과는 달리 장기적인 기간을 통해 교육의 성과가 나타나기 때문에 지나치게 경제성의 원리를 강조할 경우 교육의 본질을 손상시킬 수도 있다. 그러므로 교육행정에서 효율성을 추구하는 것도 중요하지만 사회적 약자들의 교육적 권익을 경시하지 않도록 해야 한다.

(4) 안정성의 원리

안정성의 원리는 국민적 합의과정을 거쳐 수립되고 시행되는 교육정책은 특별한 문제가 없는 한 정권이 변경되더라도 일관성과 지속성이 유지되어야 한다는 원리이다. 특히 교육정책이나 제도의 빈번한 개혁이나 변경은 행정의 낭비를 초래하고 효율성을 저하시킬 수 있기 때문에 지속적이고 일관성 있는 집행이 보장

될 필요가 있다는 것이다. 또한, 교육은 기본적으로 전통적 민족 문화의 보전과 계승이 강조되어야 하므로 자라나는 세대들에게 그것들을 전달해야 한다. 민족 문화의 보전과 계승은 전통성을 통해 사회규범에 적응하게 하는 사회화 기능을 담당하기 때문에 안정성의 원리는 중요하다 할 수 있다.

(5) 적응성의 원리

적응성의 원리는 안정성의 원리에 상반되는 개념으로 빠르게 변화하는 환경에 맞추어 교육의 구조나 운영방식에도 신축성 있게 대응하여야 하는 것을 의미한다. 즉, 교육행정도 시대적·환경적 발전과 환경변화에 따라 민감하게 반응·대응해 나감으로써 조화적 관계와 능률적 성과를 계속 확보해 나가는 것을 말한다. 이는 교육정책의 계획이나 집행과정에서 획일적인 통제를 지양하고 지역적·사회적 환경에 적응할 수 있는 발전적인 정책방안을 마련해야 한다.

(6) 균형성의 원리

균형성의 원리는 균형적인 판단을 의미한다. 교육행정관련 정책의 수립과 그 집행과정에 있어서 일의 중요한 부분과 중요하지 않은 부분을 구별하여 우선순위를 밝혀 인적·물적 자원 등의 공정한 분배가 이루어져야 한다는 원리이다. 행정의 실제에 있어서 타당성과 민주성, 타당성과 효율성, 적응성과 안정성, 효율성과 민주성 등의 여러 가지 원리가 상충 또는 모순될 때 이를 적절하게 조화시키는 것이 중요하다.

Ⅱ 교육행정의 이론적 발달

교육행정은 주로 미국을 중심으로 발달하였으며, 학문적 연구로서의 시작은 20세기 초부터 집중적으로 시작되었다고 할 수 있다.

교육행정학의 이론적 흐름을 살펴보면, 1910년대의 조직의 능률과 합리성을 강조하는 과학적 관리론으로부터 시작하여 이후 1930년대의 인간의 심리적·사회적 속성을 강조하는 인간관계론, 1950년대의 인간의 행동을 과학적으로 탐구하려는 행동과학론, 1960년대의 문제를 조직의 전체적인 입장에서 파악하려는 체제론으로 발달하여 왔다. 각각의 이론들을 간략하게 살펴보면 다음과 같다.

1. 과학적 관리론

1) 과학적 관리론의 특징

과학적 관리론은 1900년대 초 미국의 산업화에 따른 기업운영의 합리화, 과학화, 효율화 운동으로 시작되었다. 타일러(Taylor)에 의해 창시되었으며, 인간 및 조직에 대한 관리를 체계적으로 하려는 데에서 시도되었다. 생산과정의 과학화를 통해 능률과 생산성의 극대화를 추구한다. 과학적 관리론이 추구하였던 핵심 원리는 인간을 효율적인 기계와 같이 프로그램화할 수 있으며, 노동자는 경제적 요인과 연결되면 직무동기가 유발된다고 가정하였다.

타일러가 제시한 과학적 관리를 위한 원리를 살펴보면 다음과 같다(주삼환 외, 2015).

첫째, 시간 및 동작연구를 통하여 작업수행에 필요한 표준동작을 제시한다. 숙련된 작업자들이 기본 동작을 수행하는 데 드는 시간을 분석하여 이를 기준으로 표준시간과 표준동작을 설정한다.

둘째, 표준화된 조건을 설정하여 노동자들이 가장 빠르고 편하게 일할 수 있는 표준화된 작업환경을 조정하고 따르게 한다.

셋째, 1일 표준 작업량을 제시한다. 시간 및 동작 연구를 통하여 모든 노동자에게 명확하게 규정한 하루 작업량을 정하고, 이를 기준으로 임금을 책정하거나 상여금을 지급한다.

넷째, 차별적 성과급 제도를 도입한다. 직무에 대한 동기를 부여하기 위해 표준작업량을 정해 놓고, 표준의 도달 및 초과에 따라 성과급을 지급하는 제도를 적용한다.

다섯째, 관리자와 수행자의 직무를 분리한다. 공장에서 전체적인 기획이나 생산 설계를 담당하는 사람과 실제 생산을 담당하는 사람을 분리한다.

여섯째, 기능적 관리제의 도입으로 실무지식과 숙련도를 기준으로 각 부서의 현장 책임자를 두어 공장 안에서 작업원을 관리하며, 시범을 보이고 구체적이고 능률적인 작업 방법을 제시한다.

이러한 과학적 관리의 원리들은 시간연구와 동작연구, 분업화를 통해 생산성을 개선하고 조직관리의 능률화, 과학화, 합리화에 크게 기여하였음에도 불구하고, 조직의 공동목표를 달성하기 위하여 인간의 심리·정서적 요인을 무시한 채 인간을 단순히 기계적·수동적·비인간적 도구로 취급하였다는 비판을 받고 있다.

2) 교육행정에의 적용

타일러의 과학적 관리론을 교육행정에 직접적으로 적용한 사람은 보비트(Bobbitt)이다. 그는 「도시학교제도에의 과학적 관리법의 적용」이라는 논문에서 학교관리와 교육행정에 과학적 관리론을 적용할 것을 주장하였다. 그는 학교에서 과학적 체계에 근거하여 의사결정이 이루어져야 하며, 설정된 목표의 기준에 따라 수행해야 할 과업과 급여를 결정해야 하고, 교사에 대한 구체적 지시와 교수방법의 결정, 교사를 선발하고 훈련시키는 일련의 과정, 시설 선정 등에도 적용하여야 한다고 강조하였다. 보비트가 제시한 과학적 관리의 적용 원칙은 다음과 같다.

첫째, 가능한 모든 시간에 모든 시설을 활용한다.

둘째, 교직원의 작업능률을 최대로 끌어올려 교직원의 수를 최소로 감축한다.

셋째, 교육에서 낭비되는 것을 최대한 제거한다.

넷째, 교원에게 행정업무를 맡기지 않고 학생을 가르치는 일에 전력하게 한다(김정한 외, 2006).

이러한 원리를 적용한 학교행정이 주는 시사점을 살펴보면, 학년별 준비사항과 지식에는 차이가 있으므로 과학적인 수업순서를 규정하는 일, 영어, 수학, 국어, 행정가 등으로 직무별로 교사를 범주화하는 일, 학교행정의 수행을 위해 교육감, 교장, 교감, 교사 순의 명령체계를 수립하는 일, 교사의 근무시간, 학교업무 등에 대한 규정, 교수-학습지도와 행정적 업무에 필요한 자격증에 의한 선발, 교사 1인당 적절한 학생 수의 배분 등을 해야 한다는 것이다(강갑원 외, 2010).

2. 인간관계론

1) 인간관계론의 특징

과학적 관리론은 조직 관리와 행정의 과학화 및 능률화를 가져왔지만 조직과 인간을 지나치게 부품화, 기계화함으로써 인간 고유의 사회·심리적 요소를 간과하는 데서 오는 여러 가지 문제들이 발견되었다.

과학적 관리론에서 인간을 보는 입장과는 달리 인간관계론은 인간의 정서와 감정적 요인 등을 중시하는 이론이다. 즉 인간은 금전적 보상보다도 인정과 존중과 같은 심리적 욕구가 더 중요하며, 자신의 가치를 인정받고, 조직 내에서 서로 협력하며, 안정된 동료적 관계를 가질 때 작업능률이 상승한다고 보았다(김정한 외, 2006).

인간관계론을 행정에 접목시킨 학자는 플렛(Follett)이다. 플렛은 행정에 심리학적 관점을 도입하여 조직원리에서 인간적 측면을 강조하였다. 모든 조직 관리의 기본 문제는 역동적이고 조화로운 인간관계를 형성하고 유지하는 데 있다고 보았으며, 조화로운 인간관계는 노동자들 스스로가 협동하고 과업에 집중하도록 한다는 것이다. 또한 개인과 사회적 작업집단 간의 협력을 조성·발전시키고 유지하는 것의 중요성을 강조하였으며, 이와 같은 인간적 측면을 강조한 사상은 호손(Hawthorne) 연구의 계기를 마련하였다.

호손 연구는 하버드대학의 교수인 산업심리학자 메이요(Mayo)와 사회심리학자 로스리스버거(Roethlisberger)가 서부전기회사의 호손공장에서 8년(1924~1932)에 걸쳐 실시한 실험연구이다. 그들은 작업장의 물리적인 환경조건과 생산성 간의 상관관계를 밝히기 위한 목적에서 연구를 시작하였다. 그들은 조명, 작업시간, 휴식시간, 성과급 등 여러 가지 작업조건과 보상제도 변경에 따라 생산성이 어떻게 변화하는지를 연구하였다. 연구는 조명실험, 계전기 조립실험, 면접실험, 배전기 권선작업 관찰실 실험 등으로 진행되었으며, 조사결과 작업수행에서 작업자들이 공식적인 직무명세나 역할규정을 따르지 않는다는 것을 발견하였다. 또한, 그들은 생산성 간의 관계에서 공식적 조직 못지않게 비공식적 조직이 영향을 미친다는 것을 밝혔으며, 종업원들의 행동은 집단적 감정을 따르고 있음을 알았다. 그리고 연구를 통해 얻은 결론을 다음과 같이 제시하였다.

첫째, 작업환경에서 사회적·심리적 조건이 중요함을 밝혀냈다. 호손 실험연구는 조직체에 있어서 경제적 유인이 유일한 동기요인이 아니라 집단 응집력, 사기, 소속감, 인정 등과 같은 사회적 관계에서 심리적 조건의 변화가 생산성 증가에 중요한 동기요인임을 밝혀냈다.

둘째, 집단 내 존재하는 비공식 조직의 중요성이다. 업무능률은 개인의 능력보다는 사회적 능력에 의해 결정되고, 생산의 수준은 비공식 조직에서 구성원들 간에 합의된 사회규범에 더 영향을 받으며, 비공식적 조직과 경영자 간에는 상호관계가 있으며, 공식적 조직의 지도자 못지않게 비공식 조직의 지도자도 중요하다.

셋째, 노동자들은 적극적으로 행동하는 능동적인 존재라는 것이다. 개인은 조직 안에서 기계의 톱니바퀴와 같은 존재가 아니라 적극적으로 활동하는 인간이고, 경영자의 독단적인 결정으로부터 자신을 보호하기 위해 비공식 조직을 활용한다.

인간관계론은 조직을 폐쇄체제로 보았기 때문에 조직과 환경 간의 관계를 명확하게 연구하지 못하였다는 점과 조직 내의 인간적 측면만을 지나치게 강조하여 전체 조직의 맥락이 소홀히 취급된 점 등의 비판이 있다. 하지만 인간관계론은 조직의 생산성을 향상시킴에 있어 인간의 심리적 조건이 중요하다는 것을 인식시켰다. 또한 심리적인 측면과 관계가 깊은 비공식 조직과 생산성과의 관계를 알리는 데 공헌하였다.

2) 교육행정에서의 적용

인간관계론이 교육행정에 미친 영향은 다음과 같다(김정한 외, 2006).

첫째, 교사의 만족감을 중시하게 되었다. 학교조직을 관리하는 데 있어 심리적 측면에 관심을 가지고 교사가 만족감을 가질 수 있도록 노력하였다. 교사가 만족감을 가지게 되면 더욱 열심히 교수활동을 하게 되므로 교사들과 개인적 감정과 부드러운 관계성을 형성하는 데 주력하였다.

둘째, 민주적 지도성이 필요하게 되었다. 구성원의 주체성과 자율성이 인정되어 자발적 동기부여를 위한 민주적 행정관리가 요청되었다.

셋째, 의사소통이 중요하게 되었다. 학교조직에서 구성원들의 자발적 협동과 사회적 관계 및 심리적 조건을 충족시키기 위하여 상·하·횡적인 다양한 방법으로의 의사소통이 중요시되었다.

넷째, 행정기능의 수단화를 강조하게 되었다. 교육행정은 교수-학습의 제반 활동을 돕는 수단이므로 정부의 감독과 통제에서 벗어나 자유롭고 창의적인 교육을 전개해야 한다는 인식이 자리 잡게 되었다.

다섯째, 자생 집단의 중요성을 인식하게 되었다. 조직 내 비공식적 자생 집단의 기능과 비중을 인식하게 되었다.

3. 행동과학론

1) 행동과학론의 특징

행동과학론은 조직의 생산성을 높이기 위하여 조직 내의 인간행동을 심리학, 사회학, 행정학, 경영학, 인류학 등의 행동과학의 관점으로 바라봄으로써 행정학 발전의 새로운 계기를 마련하였다. 따라서 행동과학론은 과학적 관리론과 인간 관계론의 장점을 통합하고 단점을 극복하기 위한 이론이다. 초기 행정과학론을 정립시킨 학자는 바너드(Barnard)와 사이몬(Simon)이다.

바너드는 뉴저지의 벨 전화회사의(Bell Telephone Company) 사장으로서의 조직관리 경험을 토대로 『경영자의 역할』이라는 저술을 발표하였다. 그는 저술을 통해 조직을 사회적 협동체로 보고, 모든 조직은 달성해야 할 공통의 목적을 지니고 자발적으로 행동하려는 의지와 의사소통의 체계가 있어야 한다고 주장하였다. 그는 조직을 구조적 개념과 역동적 개념으로 분류하고, 구조적 개념에는 개인과 협동적 체제, 공식적 조직 그리고 비공식 조직을 포함시켰으며 역동적 개념에는 협력, 자유의지, 의사소통, 권위, 의사결정 과정, 그리고 역동적 균형을 포함시켰다(주삼환 외, 2015). 또한, 공식적 조직 내에서 비공식 조직이 형성되는 것에 주목하였으며, 비공식 조직은 집단의 결속과 개개인의 통합, 공식적 조직 내에서의 원활한 의사소통의 기능을 함으로써 조직의 목표달성에 기여할 수 있다고 보았다. 특히 조직 관리의 측면으로 의사결정의 중요성을 강조하여 행동과학의 기초를 정립하였다.

사이몬은 바너드의 평등한 인간관계, 의사결정, 의사소통, 권력과 권위 등의 개념을 더욱 발전시켰다. 그는 조직과 관리의 중심은 합리적 의사결정 과정에 있다고 보고 조직 구성원들 간에 합리적 의사결정이 어떻게 이루어지는가에 관심을 두었다. 따라서 합리적 의사결정 과정이 곧 행정이라고 보고, 행정가는 합리적 결정을 위해 정보를 수집·처리하고 대안을 찾는 능력에 한정되어 있기 때문에 특정 상황에서의 최선의 선택에 만족해야 한다고 생각하였다. 그러므로 만족스러운 범위 내에서 보다 객관적이고 효율적인 의사결정을 하기 위해서 조직은 의사결정 과정에서 최적의 합리성만을 추구하는 경제적 인간형보다는 제한된 합리성을 추구하는 행정적 인간형이 필요하다고 주장하였다.

행동과학론은 경험 위주의 행정에서 학문중심의 연구로 전환시켰으며, 이론의 중요성을 인정하게 되어 교육행정 분야에서 새로운 이론이 정립되었고, 이러한 이론들은 행정의 현상을 파악하는 데 공헌하였으나, 논리성과 이론적인 면을 강조함으로써 이론과 실제가 분리되어 형식논리에 빠지기 쉽다는 비판이 있다.

2) 교육행정에서의 적용

바너드와 사이몬의 이론은 이후 사회과학자와 행동과학자들이 교육행정학을 다른 사회과학처럼 이론중심의 학문으로 발전시키는 이론화 운동으로 전개되었다. 이러한 이론화 경향을 신운동이라 하였는데 이 운동을 전개했던 학자들이 강조한 공통점은 다음과 같다.

첫째, 교육행정을 연구함에 있어 이론의 역할이 중요함을 인정하고 이론에 근거한 가설 연역적 연구방법을 통해 가설의 진위를 검증하는 과정이 필요하다고 하였다.

둘째, 교육행정을 일반 행정이나 기업 행정 등과 다르게 보는 편협한 관점을 버려야 한다. 즉 행정은 행정 자체로서 연구되어야 한다.

셋째, 교육행정도 사회체제 속에서 일어나는 사회화 과정이므로 교육기관에서 조직의 목표를 효과적으로 달성하기 위한 접근법은 과학적이고 체계적인 연구방법을 선택해야 한다.

4. 체제론

1) 체제론의 특징

1920년대의 과학적 관리론은 조직의 능률만을 중시하여 인간을 기계적 존재로 보았고, 1930년대의 인간관계론은 외부 환경보다는 인간의 심리적 측면을 강조하여 조직의 생산성을 이해하려 하였다. 이후 행동과학론은 조직의 현상을 논리성과 이론적인 면을 강조하여 조직 내의 다양한 요소들과의 상호관련성을 밝히기에는 역부족이었다. 이러한 한계성을 보완하고자 1960년대부터 등장한 이론이 체제론이다. 체제론은 학교조직을 이해하기 위한 방법으로 계량적, 분석적 도구와 기법의 활용을 통해 학교교육의 혁신을 모색하였다. 현재는 교육조직의 관리와 운영을 계획하고 실천하는 데 광범위하게 활용되고 있다.

체제의 의미는 학자들에 따라 다양하게 규정하고 있으나, 일반적으로 어떤 요소들의 집합체로 조직의 공동의 목적을 달성하기 위하여 상호작용하는 여러 부분 간의 총체라고 할 수 있다. 체제는 다음과 같은 특성을 가지고 있다.

첫째, 체제의 각 구성 요소는 상위체제 안에 하위체제를 가진다.

둘째, 체제는 서로 상호작용하는 체제의 구성 요소가 있으며, 환경→투입→과정→산출→환류의 구조를 가진다. 환경으로부터 투입을 받아 자체의 상호작용을 거친 후 환경으로 산출물을 배출하고 그 결과를 다시 체제로 환류시킨다. 투입은 체제의 밖에서 안으로 들어오는 모든 물적 자원을 말하고, 산출은 체제 밖으로 생산해 내는 모든 정보를 말하며, 과정은 체제가 목적 달성을 위해 다양한 자원을 활용하여 산출로 전환시키는 과정을 말한다. 환경은 체제의 투입과 산출에 관계되어 있고 피드백(feedback)을 통해 체제와 영향을 주고받는 인접한 모든 것을 말한다. 투입, 과정, 산출, 환경이라는 개념으로 구성된 체제이론의 기본모형을 [그림 11-1]처럼 나타낼 수 있다.

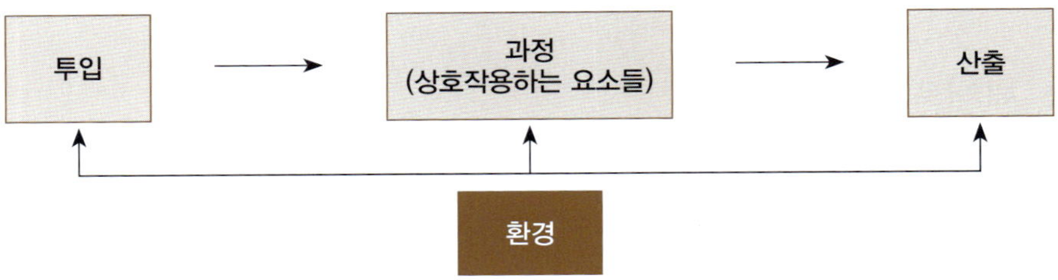

[그림 11-1] **체제이론의 기본모형**

출처: 한공우 · 임창원(2006). 교육행정 및 교육경영. p. 73. 태영출판사.

셋째, 체제는 환경과 상호작용하는 방식에 따라 개방체제와 폐쇄체제로 나눌 수 있으며, 어떤 체제가 환경과 비교적 자유로운 상호작용을 할 때 개방체제(open system)라 하고, 그렇지 못한 체제를 폐쇄체제(closed system)라고 한다. 개방체제는 조직이 환경과 상호 영향을 주고받으며 환경에 의존하는 것으로 본다. 따라서 학교 조직은 교직원, 학생, 재정과 같은 환경으로부터 자원을 투입받아

교육을 통한 변화과정을 거쳐 교육받은 학생이 배출되는 사회체제이므로 개방체제라 할 수 있다. 개방체제로서의 학교조직을 체제이론의 기본모형으로 설명하면, 학교의 여러 요소 중 교실, 책, 교수, 교육자료, 학생은 투입요소라 할 수 있다. 그리고 학생들은 교육과정을 거쳐 개인의 성장과 변화라는 산출물로 나타나게 된다.

2) 교육행정의 적용

남정걸(2009)은 체제의 기본모형을 교육행정 체제에 적용하여 학교 조직에서 교육활동을 투입-과정-산출의 개방체제로 보고 투입에는 행정을, 과정에는 학교교육을, 산출에는 학생의 학습성과로 제시하였다.

① 투입(행정): 교육목적, 교육목표, 인적 자원, 물적 자원, 재정, 장학

② 과정(학교교육): 계획, 조직구조(교무분장조직, 운영조직, 학습조직), 과업(교수-학습), 평가

③ 산출(학생의 학습성과): 지식 · 기능 · 태도 · 인지적 · 정의적 · 신체적 · 도덕적 변화, 가정 · 사회 · 국가에 대한 기여도 증진

Ⅲ 교육행정의 조직

1. 조직의 유형과 구조

조직은 공동의 목표를 달성하기 위하여 둘 이상의 구성원들이 규칙과 규정에 따라 서로의 역할을 분담하여 상호협력하는 체제이다(주삼환 외, 2015).

조직에는 학교, 회사, 교회, 행정관청, 군대, 기업 등 여러 형태가 있으며, 이러한 조직들이 모여 조직화된 사회를 이루고 있다. 교육행정도 구성원 간에 상호 협력, 통제, 조정을 통하여 목표를 달성해 나가고 있는 조직이라 볼 수 있다.

1) 조직의 유형

조직의 유형은 조직의 기능, 조직의 수혜자, 조직의 권력행사에 의해 분류된다(김정한 외, 2006).

(1) 조직의 기능에 따른 분류

파슨즈(Parsons)는 조직의 사회적 기능을 중심으로 네 가지로 분류하였다.

① 조직의 목표 및 사회적 기능을 중심으로 사회유지를 위해 필요한 재화나 용역 등을 생산하는 경제적 생산조직(production organization)

② 사회를 통하여 부여된 가치적 목표를 획득할 수 있도록 하는 정치·목표 지향적 조직(political-goal organization)

③ 사회의 갈등을 해결하고 구성원들의 동기유발과 활동을 통합하는 통합적 조직(integrative organization)

④ 사회 내 문화를 유지하고 교육, 표현 등의 행동을 통하여 전달하는 유형유지 조직(pattern maintenance organization)

(2) 조직의 수혜자에 따른 분류

블라우(Blau)와 스코트(Scott)는 조직을 통하여 누가 제일 많은 혜택을 입느냐에 초점을 두고 네 가지로 분류하였다.

① 정당, 노조, 농협, 수협 등 구성원이 일차적인 수혜자가 되는 호혜조직(mutual benefit association)

② 조직의 소유자, 경영자가 일차적 혜택이 되는 사업조직(business concerns)

③ 사회복지기관, 학교, 병원 등 조직의 클라이언트가 일차적인 수혜자가 되는 봉사조직(service organization)
④ 정부기관, 경찰서, 소방서 등 일반 대중이 일차적인 수혜자 되는 공공조직(commonwealth organization)

(3) 조직의 권력행사에 따른 분류

에치오니(Etzioni)는 권력과 그 권력에 대한 부하직원이 조직에 참여하는 정도를 결부시켜 조직을 분류하였다.

① 복종의 수단으로 물리적 힘을 가하여 구성원들을 통제하는 강제적 조직(coercive organization)
② 물질적 자원을 조작하여 임금, 특별수당 등 보수를 통제의 수단으로 하는 공리적 조직(utilitarian organization)
③ 교회, 대학 등과 같이 상징적 보상이나 이념을 내세우는 규범적 조직(normative organization)

2) 조직의 구조

조직의 구조는 목표달성을 위해 만들어진 조직의 틀로 조직에서 과업을 맡고 있는 개인 또는 집단이 어떻게 연결되어 있느냐에 따라 조직구조(organizational structure)가 달라진다. 이러한 조직구조를 연결 그림으로 그려 놓은 것이 바로 조직도(organization chart)이다.

(1) 공식 조직(formal organization)과 비공식 조직(informal organization)

공식 조직은 조직도나 기구표상에 나타나는 조직이다. 이는 인위적으로 제도화된 규정에 의하여 조직이 추구하는 공동의 목표가 있고 목표 달성을 위한 명확한 역할이 주어져 있으며, 공식적인 의사소통의 통로와 권한이 배분되어 있다.

또한 공식화된 직무, 책임, 권한을 중심으로 인원을 배치하여 집단을 나누고, 권한의 계통과 기능적 분업에 따라 조직의 목표를 효과적으로 달성하기 위해 제도화된 조직의 체계를 갖게 된다.

비공식 조직은 공식 조직 내에서 구성원들 간의 소속감과 정서적 유대감 등에 의해 자연발생적으로 형성된 집단이다. 비공식 조직은 공식 조직 내에서 충족되지 못한 여러 가지 심리·사회적 욕구를 충족시켜 주고 집단 내에서 발생할 수 있는 불평과 불만을 해소하는 데 도움을 주는 등 공식 조직의 기능을 보완한다.

(2) 계선조직(line organization)과 막료조직(staff organization)

계선조직은 수직으로 내려간 라인으로 최고 관리자의 명령과 의사가 상부에서 하부로 직선적으로 전달된다. 이러한 직선적 명령 전달 방식은 각 단계에 따른 책임자의 권한이 명백하고 의사결정이 신속하게 이루어진다는 장점이 있는 반면, 최고결정권자의 업무량이 과중하게 될 수 있으며, 전문가의 지식이 활용되지 못해 독단적 의사결정이 이루어져 조직의 경직화를 초래할 수 있다. 학교조직을 예로 들면, 학교의 교장→교감→주임교사→일반교사의 라인을 들 수 있다.

막료조직은 수평적으로 퍼져 있는 라인으로 계선조직이 목표에 도달할 수 있도록 지원·보조적 역할을 하는 조직이다. 즉, 막료조직의 역할은 계선조직의 의사결정과 업무추진에 필요한 정보수집, 아이디어 제공, 인사, 조사, 연구 등을 수행한다. 하지만 지나치게 막료조직을 활용할 경우 업무진행이 늦고, 조직의 재원을 낭비할 수 있다.

(3) 집권화 조직(centralized organization)과 분권화 조직(decentralized organization)

집권화 조직은 조직의 권한과 의사결정권이 상부조직에 집중되어 있는 형태의 조직을 말한다. 공통된 목표의 수립과 신속한 업무 처리가 용이하며, 부서 간에 업무 조정 및 행정기능의 중복을 피할 수 있다는 장점이 있는 반면, 지나친 집권화는 구성원 개별의 특수성을 고려하지 못하여 획일적이고 형식적인 행정운영이 될 수 있다.

분권화 조직은 하부조직에서 보다 많은 의사결정이 이루어지고 권한이 분산되어 있는 형태의 조직을 말한다. 분권화 조직은 구성원들의 자발적 참여로 책임감과 창의력이 발휘되고, 이에 따른 만족감을 통하여 조직의 성과를 올릴 수 있다는 장점이 있는 반면, 통제의 일관성이 상실되어 부서 간 갈등을 초래할 수 있으며, 업무가 중복될 수 있다는 단점이 있다.

2. 우리나라의 교육행정조직

1) 중앙교육 행정조직

중앙교육 행정조직은 통제력과 지휘·감독이나 행정적 결정권 등 권한과 책임이 중앙에 집중되는 것을 말한다. 우리나라는 중앙교육 행정조직으로 교육부가 역할을 수행하며, 최고관리, 중간관리, 사무관리 조직의 체계로 구성되어 있다. 그러나 교육행정에 관한 행정권은 대통령을 정점으로 하여 국무회의를 거쳐 교육부에 이르는 행정체계를 통하여 행사되고 있으므로 대통령과 국무회의를 중앙행정조직에 포함하는 것이 타당하다.

대통령은 정부의 수반으로서 교육행정을 포함한 모든 국가행정권의 정점에 위치하고 있다. 대통령령 발포 및 주요 교육공무원 임면권, 국무회의 의장권 등의 교육행정에 관한 권한을 가진다.

교육부 장관은 인적 자원 개발정책, 학교교육, 평생교육, 학술에 관한 사무를 관장한다. 또한 중앙교육 행정조직의 수장으로 교육정책의 수립과 제반 시책에 관하여 실질적인 의사결정의 책임을 가지고 있으며, 교육행정 전반에 관하여 조정과 통제를 한다. 현재 우리나라 중앙교육 행정조직인 교육부는 2018년 7월 1일 기준으로 3실 4국 10관 49과(담당관)체제로 되어 있다[그림 11-2].

2) 지방교육 행정조직

지방교육 행정조직은 민주주의 이상을 실현하는 방법으로 그 지역 주민에 의하여 교육문제가 결정되면, 법적 능력을 가진 공공단체가 지방의 공공사업에 대해 독립적으로 권한을 행사하는 것을 말한다. 우리나라의 지방교육 행정조직은 지방교육 자치제도를 채택하고 있다. 여기에 해당하는 행정조직은 시·도 교육청, 시·군·구 교육청의 체계를 이루고 있다. 교육 자치제도를 특징으로 하고 지방 실정에 맞는 교육을 하기 위한 지방분권화의 원리, 주민 대표를 통해 교육정책을 결정하는 주민자치의 원리, 교육활동의 특수성과 전문성을 보장하기 위하여 일반행정으로부터의 분리, 교육 전문가에 의해 관리와 운영이 되는 전문적 관리의 원리에 의해 지배된다. 심의의결기관으로 교육위원회가 있으며, 집행기관으로 교육감을 두고 있다.

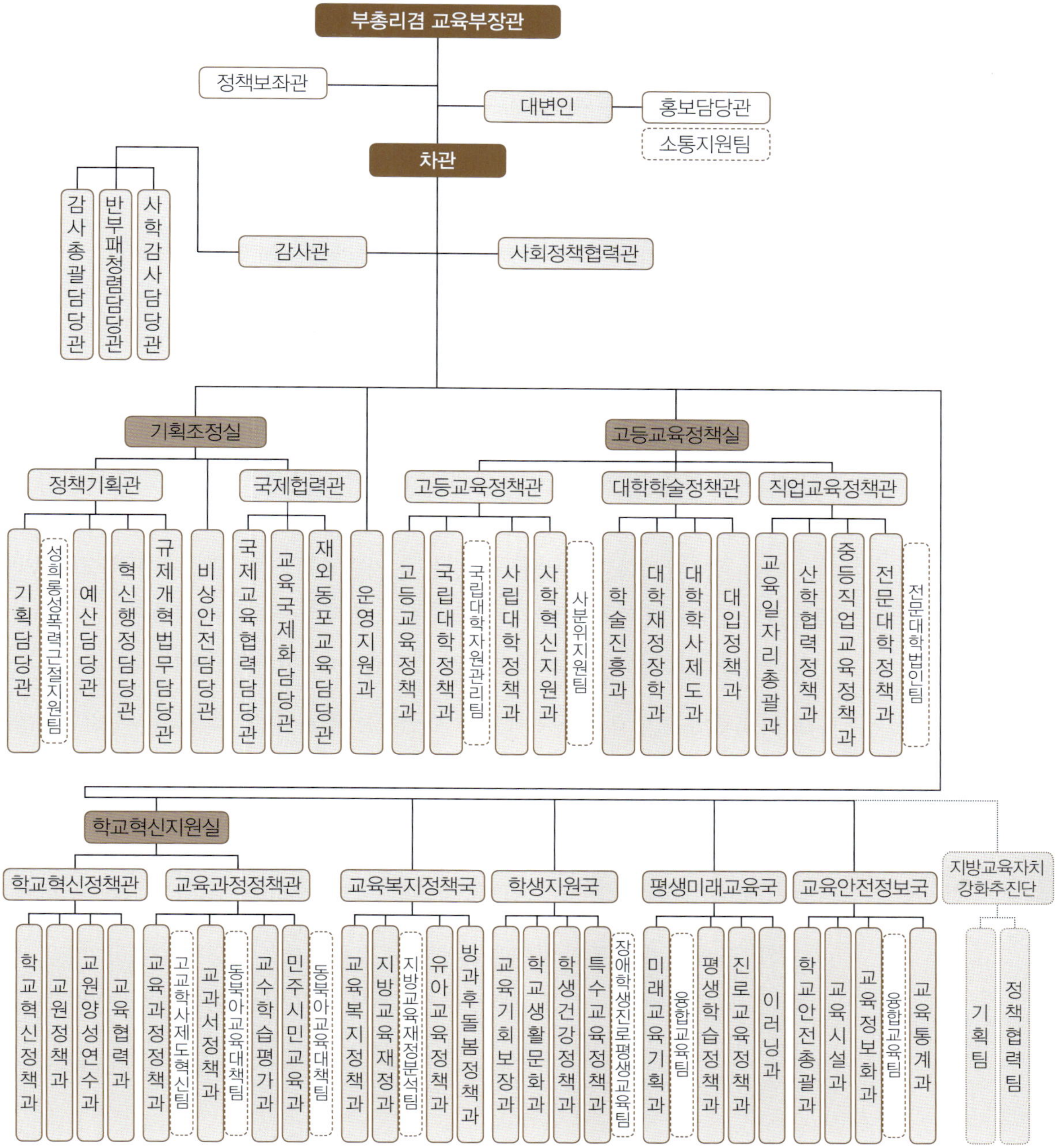

[그림 11-2] 교육부 조직체계('18. 7. 1.)

Ⅳ 학교경영과 학급경영

1. 학교경영

1) 학교경영의 개념과 영역

학교경영이란 교육행정이 실천되는 기본 기관인 단위학교의 경영을 말한다. 즉 단위교육기관인 초·중등학교에서 교육목표를 설정하고, 설정된 교육목표를 달성할 수 있도록 인적·물적·재정적 자원을 확보하고 목표달성을 극대화할 수 있도록 계획·운영·평가 등을 포함하는 일련의 활동이라고 할 수 있다(김종철 외, 1991). 즉, 단위학교에서의 교육활동을 지원하기 위한 활동이며, 학교교육의 목적달성에 필요한 자원을 효과적으로 배분·통제하는 활동과정이다.

학교경영을 활동적 측면으로 살펴보면 다음과 같다(손영환·신수균, 2011).

① 학교경영은 학교교육의 목적을 추구하는 활동이다. 학교교육의 일반적 목표는 학생들이 교육을 통해 그들의 성장과 발달을 도모하는 데 있으며, 이는 학교의 존재 이유가 되는 교육목적을 성취하는 것이다.

② 학교경영은 교육자원을 확보하고 배분하고 활용하는 활동이다. 교육자원은 교육목적을 달성하기 위한 활동에 투입되는 것으로 인적 자원과 물적 자원, 금전적 자원 등의 자원을 확보하고 효율적으로 활용하는 활동이다.

③ 학교경영은 계획, 조직, 지도, 조정, 통제 등의 일련의 과정을 수행하는 활동이다.

학교경영의 교수와 학습을 조장하는 역할을 하는 것이라고 한다면, 학교경영이 성공적으로 이루어지기 위해서는 학교경영의 활동 내용, 대상, 범위 등이 구체적으로 구분될 필요가 있다. 학교경영의 영역을 구체적으로 살펴보면 다음과 같다(최종진 외, 2016).

① 교육목표의 설정이다. 법규적 요인과 교육부의 방침 등 행정요건을 기준으로 학교가 위치하고 있는 지역사회의 특성을 고려하여 학생의 발달단계에 따라 합당한 교육목표를 설정해야 한다.

② 교육과정의 운영이다. 교육목표를 달성하기 위한 운영에 관한 사항으로 교육기간, 방법, 내용, 시간 편성 등에 대한 내용이다.

③ 학생의 관리이다. 입학과 퇴학, 재학, 의무취학을 위한 모든 문제, 생활지도, 학생복지 등의 학생관리 영역이다.

④ 교직원의 인사관리이다. 규정에 의한 교직원의 채용, 능력개발, 사기앙양 문제 등 교직원과 관련된 영역이다.

⑤ 경영조직의 편성이다. 합리적으로 학교를 운영하기 위하여 직원회, 교무부장, 기획위원 등의 조직을 구성하여 각 조직 간의 원활한 소통이 되도록 조정한다.

⑥ 시설 및 재정의 관리이다. 학교 내 교사, 교지, 운동장 등의 시설이나 교재·교구의 정비를 실제교육에 알맞도록 정비하고, 학교 운영에 필요한 경리의 교육과 제반회계 등 교육실정에 맞도록 합리화하여 수행한다.

⑦ 교내장학이다. 교사의 교수기술 향상과 개선, 학급 및 학년 경영의 합리화를 위한 전문적·보조적 활동으로 수업장학, 임상장학 등이 이루어진다.

⑧ 사무관리이다. 학교경영 활동을 수행하는 과정에서 다루어지는 행정사항의 기록과 장부의 작성, 보관, 공문서의 처리이다.

⑨ 학교와 지역사회 관계이다. 학교와 지역사회와의 관계가 원만히 이루어지도록 하는 활동이다.

2) 학교경영의 과정

학교경영의 과정은 교육목표를 합리적으로 달성하는 과정에서 어떤 절차에 따라 수행되는가를 의미하는 것으로 계획, 조직, 지시, 조정, 평가의 활동과정이 순환적으로 전개된다고 할 수 있다(가신현 외, 2014; 최종진 외, 2016).

(1) 계획

계획은 학교교육활동에서 가장 중요하게 다루어져야 할 과정으로 교육목표의 설정, 학교경영 목표 및 방침 설정, 활동계획 수립 등이 주요 내용이 된다.

(2) 조직

조직은 교육의 목표를 효율적으로 달성하기 위하여 관리 기구를 구성하고 자원을 배정하는 것이다. 교과 담임제, 학급 담임제, 팀티칭, 특별활동 조직, 생활지도 조직 등이 있다.

(3) 지시

지시는 교사들로 하여금 교육목표를 달성하기 위하여 교수-학습지도, 학급경영, 생활지도 등의 제 업무에 자발적으로 노력하도록 하는 것이다.

(4) 조정

조정은 교직원의 역할과 노력, 각 부서의 활동과 자원을 학교교육목표 달성에 이바지하도록 조화롭게 통합하는 것이다. 즉 조정활동은 교육목표를 달성시키기 위해 학교조직원들의 역할 갈등을 최소화하여 사기를 진작시키고 조직의 목표와 개인의 목표를 조화롭게 하여 조직의 업무수행 능률을 향상시키는 활동이다.

(5) 평가

평가는 설정된 교육목표와 비교하여 학교경영 업무의 수행과정 및 그 결과를 분석하고 검토하여 과정의 합리성과 결과의 효율성을 알아보는 활동이다.

2. 학급경영

1) 학급경영의 개념과 영역

학급은 단위학교에서 교육의 목표를 달성하는 가장 기본적인 단위이다. 학생에게는 교수-학습 과정을 통하여 인격형성과 지식습득의 기본이 되는 현장이며, 교사에게는 학생들을 대상으로 교육이 이루어지는 교육실천의 현장이다. 또한 학급은 담임교사의 지도 아래 공통의 교육적인 과업을 수행하는 동일 학년의 학생 집단이라는 특수성을 가지고 있다. 따라서 교사가 학급을 운영하는 방법을 주 내용으로 하는 학급경영은 학교교육의 성과와 질이 결정되는 중요한 경영활동이다. 이러한 학급의 성격을 바탕으로 학급경영의 정의를 살펴보면 다음과 같다(박세훈 외, 2008; 손영환 · 신수균, 2011).

첫째, 질서유지로서의 학급경영으로 학급의 질서를 유지하기 위해 교사가 학급에서 행하는 모든 활동을 학급경영으로 보는 관점이다. 즉 문제행동을 예방하기 위한 훈육이나 선도활동 등 생활지도와 관련된 수행활동, 그리고 학급상황에 따라 요구되는 행동을 수행하도록 하는 일 등이 여기에 속한다.

둘째, 조건 정비로서의 학급경영으로 학생들이 교육목적을 달성하기 위해 학급담임이 인적 · 환경적 요소들을 조직하고 정비하여 수업환경을 조성하는 제반 활동을 말한다.

셋째, 교육경영으로서의 학급경영으로 학급조직이 다른 조직을 경영하는 방식과 유사한 경영기능을 수행한다고 보는 관점이다. 다만 학급은 교육조직이므로 교육조직의 특성이 경영에 반영되어야 한다.

이와 같은 학급경영의 정의를 종합하면, 학급경영은 담임교사가 교육과정을 가지고 해당학급의 교육목표를 효과적으로 달성하기 위한 통합적인 관점으로 교실에서 이루어 가는 학급 제반 업무와 활동이라 할 수 있다. 결국, 학급경영은 학급에서 담임교사가 교육목표의 달성을 위하여 교육활동을 계획, 조직, 실행하는 일련의 활동을 의미하며, 교수-학습과 생활지도가 효율적으로 이루어질 수 있도록 돕는 교육지원활동이라 할 수 있다.

학급경영의 영역은 교실 내에서 수업과 경영을 분리하여 학급경영을 파악하려는 입장과 학급에서 이루어지는 모든 활동을 학습경영으로 파악하려는 입장이 있다. 그러나 현재의 경향은 이를 구분하지 않고 학급활동의 전체를 경영의 대상으로 보는 것이 일반적이다. 구체적인 학급경영의 영역과 주요 활동은 다음과 같다(주삼환 외, 2015).

① 교수-학습 영역으로 교과지도, 특수아동지도, 가정학습지도
② 둘째, 특별활동 영역에는 학급활동, 클럽활동, 단체활동, 학교행사 조직
③ 교실환경 영역은 교실환경 게시, 학습시설 및 비품의 유지관리, 청소지도
④ 학급사무 영역으로 학생부기록, 각종 장부 관리, 가정통신문 관리, 성적 관리, 각종 잡무 관리
⑤ 대외관계 영역으로 학부모 면담, 가정방문, 지역사회자원 활용, 봉사활동

2) 학급경영의 과정

학급경영은 일반적으로 계획, 실행, 평가의 3단계의 과정을 걸쳐 실시되고 있다.

(1) 계획단계

계획단계에서는 학급활동에 대해 앞으로 무엇을 어떻게 추진해 나갈 것인가에 대한 설계이다. 대체적으로 기초조사, 학급교육목표의 설정, 학급경영목표의 설

정, 학급경영방침의 설정, 학급활동계획의 설정, 학급경영평가계획의 설정, 학급경영안의 작성 등이 있다.

(2) 실행단계

실행단계에서는 경영계획을 실천에 옮기는 활동으로 수업지도, 특별활동지도, 생활지도, 환경관리, 사무관리, 지역사회 관리가 있다.

(3) 평가단계

평가단계에서는 경영활동이 학급목표 및 경영목표에 어느 정도 도달되었는지, 그 결과는 어떠한지를 판단하는 활동이다.

‖ 학습목표 ‖

1. 평생교육의 의미와 개념을 이해한다.
2. 평생교육의 특성 및 필요성을 이해한다.
3. 평생교육의 형태, 과제 및 실현방안을 이해한다.

12

CHAPTER

평생교육

I 평생교육의 의미와 개념

평생교육은 프랑스어로 'L'education permanente'이며, 스페인어로는 'education permanente'로 영구교육 또는 항구교육을 의미한다.

평생교육이라는 용어는 매우 광범위한 영역을 포함하고 있다. 물론 이 개념이 개별 인격의 모든 측면의 발달을 포함하지는 않는다고 할 수 있지만, 과거 전통적인 사회교육의 개념에 포함되지 않았던 새로운 활동과 연구영역에 적용될 수도 있다. 따라서 '평생교육'을 단순히 새로운 형태의 교육적 영역으로 확대해석하거나 직업훈련으로 이해하는 것은 문제가 있다.

1. 평생교육의 의미

'평생교육(life-long education)'이란 글자 그대로 평생에 걸친 교육과 학습을 의미한다고 할 수 있다. 1965년 유네스코(UNESCO)의 '성인교육추진국제위원회'의 랑그랑(Paul Lengrand)이 구상한 개념으로, 그는 『평생교육입문』이라는 저서를 통해 평생교육의 정의를 제시하였다.

평생교육의 개념은 생(life), 평생(life-long), 교육(education)의 3요소로 구성되어 있다(Dave, 1976). 생이라 함은 한 생명체가 살아 움직임을 뜻하며 인생의 생명체는 갈망과 희망이 있으며, 그것은 성취동기를 높이고 자아를 실현하기 위하여 활동하게 되는데 이것이 곧 성장의 과정이다. 인간은 동물과는 달리 질적인 성장을 한다. 즉 인간은 자연적 접촉뿐만 아니라 사회문화적 환경에 살면서 지적, 정서적, 신체적, 도덕적 성장도 함께 이루어 간다. 이와 같은 생과 성장의 과정이 바로 교육 그 자체이며 평생교육의 이론적 근거가 된다. 따라서 평생교육은 '인간 삶의 질 개선'이라는 이념적 추구를 위해 태교에서부터 시작하여 유아교육, 아동교육, 청년교육, 성인교육, 성인후기교육, 노인교육으로 수직적인 통합 교육과 취학 전 교육, 사회교육, 학교교육 등 수평적인 통합 교육을 총칭하는 개념이다. 즉 개인의 잠재능력의 최대한 신장과 사회발전에 참여하는 능력의 개발을 목적으로 하는 교육이라고 할 수 있다.

평생교육의 개념이 국제적인 용어로 알려진 것은 1972년 동경에서 개최된 제3차 세계성인교육회의 이후부터이며, 그 이후 우리나라에서도 1973년 춘천에서 평생교육발전 세미나를 개최하여 평생교육의 개념 정립과 더불어 우리나라 평생교육의 방향을 협의하였다. 그 후 1982년에는 「사회교육법」이 공포되면서 평생교육이 중요하게 인식되었고, 1999년에 「평생교육법」이 제정되어 2000년 3월에 시행령이 공포되었다. 「대한민국헌법」 제31조 5항에는 "국가는 평생교육을 진흥해야 한다."고 규정함으로써 교육체제의 기본이념으로 삼고 있다(강갑원 외, 2005).

평생교육의 개념에는 다음과 같은 의미가 내포되어 있다(박영진 외, 2012).

① 평생교육 개념에는 교육의 이념이 내포되어 있다.
② 평생교육의 목표는 계속적 자아실현과 사회발전의 능력 신장에 두고 있다.
③ 평생교육은 모든 교육을 포괄하는 상위개념으로 파악하려는 견해가 있다.
④ 평생교육은 교육의 통합개념으로 본다(수평적 통합, 수직적 통합).
⑤ 평생교육은 새로운 교육의 통합 체제를 의미한다.
⑥ 평생교육의 개념에는 국민에 대한 교육권 보장이 내포되어 있다.
⑦ 평생교육의 강조는 교육개혁사업의 촉진으로 보아야 할 것이다.

2. 평생교육의 유사한 개념의 정의

평생교육은 종종 생애교육, 성인교육, 비형식교육, 계속교육, 회귀교육 그리고 순환교육과 혼용되어 사용되고 있다. 하지만 이들 용어들은 개념상 다음과 같은 차이가 있다.

첫째, 생애교육(carreer education)이란 개인이 생활의 일부나 생활수단으로 일을 배우고 일에 종사하기 위하여 준비할 수 있는 경험으로 개개인 모두가 일을 중심으로 한 사회의 가치관에 익숙해지고 이러한 가치관이 인격체제에 통합되어, 일이 개인에게 보람있고 만족할 수 있도록 생활화하는 데 도움을 주는 학교와 지역사회 간 노력의 총체로 정의할 수 있다.

둘째, 성인교육(adult education)은 교육 대상을 분류 준거로 한 용어로, 성인을 대상으로 하는 모든 형태의 교육활동을 총칭한다. 즉 교육의 대상은 성인이며 교육 방식은 형식, 비형식, 무형식 교육이 모두 포함될 수 있다는 점에서 사회교육과는 다르며, 평생교육의 개념 중 성인기 이후의 활동만이 이에 해당된다.

셋째, 비형식교육(informal education)은 교육의 방식에 따른 구분으로서 교육의 대상에 대한 규정은 내포되어 있지 않은 우연적 학습으로 사회교육과 가장 유사하다고 보는 개념이다. 형식적 교육은 모든 수준의 공·사립학교를 포함한 교육제도 내에서의 교육을 말하며, 무형식교육은 개인의 일상생활 과정이나 친구들과의 대화, TV 시청, 잡지 등을 경험하면서 일어나는 무계획적 경험에 기초한 우연히 일어나는 학습이다.

넷째, 계속교육(continuing education)이란, 일정한 단계의 학교교육을 마친 자가 가정이나 사회생활을 하다가 다시 학업을 병행하기 위하여 교육의 장으로 돌아오는 형태를 가리킨다. 주로 성인이 학교에서 갖는 2차적 교육기회를 의미하는데 비형식적 교육과의 차이는 교육의 대상이 주로 성인이고 교육의 방식이 학교교육이라는 점이다.

다섯째, 회귀교육(recurrent education)은 순환교육 또는 재교육이라고도 하며 성인교육이나 계속교육과 비슷한 의미로 교육의 기회를 인생의 전 생애 단계에 걸쳐 균형적으로 재분배하여 학교교육과 직업생활을 반복적으로 병행하는 교육형태를 의미한다. 회귀교육의 대상은 직업을 가진 성인에게 교육을 받게 함으로써 노동시장의 변화에 따른 직업적 재적응과 생산성 제고 등 교육의 계속성과 통합성을 강조한다.

다른 개념들과 차이점은 평생교육과 직업이 순환적·주기적으로 반복되는 형태를 취한다는 점, 직업진로와 관련하여 교육 주기를 설계한다는 점이다(강갑원 외, 2005).

Ⅱ 평생교육의 특성

Dave(1984)는 평생교육의 특성에 대해 현재 사용하고 있는 표현과 진술에 대한 개념을 다음과 같이 설명하고 있다.

첫째, 평생교육의 개념에서 포함하고 있는 기본 요소로 삶, 평생, 교육에 부여된 의미와 그 해석을 평생교육의 범위와 의미로 본다. 따라서 삶과 평생, 교육에 대한 상호관계로 평생교육을 진술하고 있다.

둘째, 교육을 어느 단기적인 학문의 기간으로 규정짓지 않고 평생을 통하여 계속되는 과정으로 보고 있다. 이는 평생교육을 성인교육으로 국한짓기도 하는데, 모든 교육을 총망라하고 통합적으로 보는 견해이다.

셋째, 평생교육은 형식, 비형식 교육을 나누지 않고 계획적인 학습과 부수적인 학습을 모두 포함한다.

넷째, 평생교육에 있어서 가장 결정적인 역할을 하는 시작의 장소로 가정을 꼽고 있으며, 개인의 전 생애에 걸쳐 계속된다. 또한, 교육이 전문적이며 일반적 영역에서 행사되며 지역사회는 아동이 그 사회에 처음 접촉하는 시간부터 중요한 역할을 한다.

다섯째, 평생교육은 수직적, 수평적 차원에서 계속성과 적합성이 추구되는데 이는 인생의 모든 단계에 적용되어야 한다.

여섯째, 평생교육은 성격상 보편적이고 교육의 민주화를 표방한다.

일곱째, 평생교육은 융통성과 다양성의 특징을 가지고 있는데 이에 따라 학습에 있어서도 자료, 매체활용 등 새로운 발전을 허용하는 역동적인 접근방법이 필요하다.

여덟째, 평생교육은 교육을 받는 유형이나 형태에 있어서 선택을 허용하며 넓은 요인을 포함하도록 일반, 전문의 유형을 서로 관련되도록 상호작용하는 것을 중요시한다.

아홉째, 평생교육은 교정적 기능을 가지며 평생을 통해 삶의 질을 향상·유지시키는 것이 목적이다. 또한, 모든 교육의 조직원리에 포함시키며 교육의 전체체계를 마련해 주는 것이 필요하다(박영진·장성화, 2016).

Ⅲ 평생교육론의 기원과 전개

1. 평생교육론의 사회적 배경

모든 이론과 개념이 그러하듯이 평생교육이라는 개념도 어느 날 갑자기 탄생된 것은 아니다. 고대 원시공동체사회, 노예제사회, 봉건사회에서 교육은 지위와 계급에 따라 사사로이 이루어지는 일로서 어디까지나 사적(private)인 활동이었다.

그러나, 현대산업사회로 넘어오면서는 부여된 지위(ascribed status)보다는 획득된 지위(achieved status)가 강조되면서, 교육이 새로운 시민산업사회를 만드는 중요한 공적 기제로 자리 잡게 되었을 뿐 아니라 시민계급의 지위를 획득할 수 있는 공정한 수단이 되었다. 이에 따라 능력에 따라 교육기회가 부여되는 능력사회의 가치가 반영되었고, 시민계급은 그들의 이념을 보편화하는 수단으로서 국가

공교육체제를 구상해 내었으며, 학교교육의 대명사인 입학시험과 선발은 근대 시민계급으로 당당히 들어가는 유일한 진입로로 작용하기 시작하였다.

평생교육론은 이러한 민주사회를 바탕으로 탄생하였다. 여기에서 민주사회란 기회뿐만 아니라 분배의 정의가 실현된 사회를 말하며 이러한 사회에서 교육은 그 필요에 따라 누구나 받을 수 있어야 한다. 자신의 지위나 소속 혹은 능력에 따라 차별적으로 대우받아서는 안 된다는 가치가 전제되어 있는 것이다. 예컨대, 뛰어난 능력의 소유자와 일반 보통 사람이 동일하게 일류대학에 들어가야 한다고 주장할 수는 없지만, 적어도 이들 모두에게 필요한 교육기회는 보장되어야 한다고 보는 것이다. 이제는 교육을 능력에 따라 받는 것이 아니라 필요에 따라 받는 시대로 진입하고 있고 교육의 핵심 쟁점은 공정한 선발이 중요하며 대중교육으로의 개방으로 전환되어 가고 있는 것이다. 이미 초등·중등교육은 의무교육이라는 이름하에 보편교육으로서 자리 잡고 있으며, 앞으로 대학을 포함한 고등교육도 더 이상 능력주의 사회에서의 엘리트 양성기관이 아니라 민주시민에게 필요한 능력을 필요에 따라 제공하는 대중 교육기관으로서 자리매김해 가는 추세다. 이렇듯 많은 국가에서 교육은 능력주의(meritocracy)에 의해 운용되기보다는 민주주의(democracy)에 의해 운용되는 교육제도로 변화하고 있다. 이러한 단계에 도달한 교육적 체제는 더 이상 사회적 효용성이라는 필요에 의해 운용되는 것이 아니라 학습자의 요구와 필요에 의해 운용되는 것으로 변모하게 되었다. 더불어 이를 만족시킬 수 있는 다양한 개방형 평생교육 시스템을 구축해 가고 있다(성태제 외, 2010).

2. 평생교육론의 진화과정

교육이 요람에서 무덤까지 이루어져야 할 삶의 양식이라고 이해하는 관점 자체는 사실상 교육행위의 출발점과 함께 시작될 만큼 오래된 것이었다. 롱워스(Longworth, 2003)가 지적한 것처럼 평생교육이라고 불릴 만한 교육활동 및 아이디어는 이미 플라톤의 기술 가운데도 나타나 있으며, 동양에서는 유가(儒家)의 교육활동 및 기타 다양한 수도계(修道係)의 활동 자체가 평생에 걸친 교육을 전제로 하고 있었다. 이러한 것들도 평생교육론의 한 부분으로 보는 관점을 고전적 평생교육론이라고 부를 수 있다. 그러나 이들의 사상 속에 내재된 사상은 대체적으로 개인 혹은 소수 선택된 집단의 평생에 걸친 학습 내지는 교육을 강조한 것이었으며(권두승, 1996), 현재의 평생교육론과는 구별되는 것으로 보아야 한다.

평생교육론 형성의 보다 직접적인 계기는 주로 학교 밖 교육으로 특징지을 수 있는 사회교육, 성인교육 또는 비형식교육의 성장에서 찾을 수 있다. 이러한 학교 밖 교육들은 그동안 학교교육에 한계 지어져 있던 교육의 영역을 전 사회적 및 전 생애적으로 확장하는 중심체적 역할을 담당했다는 점에서 평생교육의 씨앗을 뿌린 매우 중요한 성장이라고 할 수 있다. 19세기 말부터 유럽에서 본격적으로 실천된 성인교육은 그 대상이 아동 및 청소년이 아닌 성인이며 그 성인들은 대개 청소년기에 학교교육의 혜택으로부터 소외된 주변 집단이었다. 이러한 성인교육은 비판적 성향의 민중교육(popular education)으로 차별적으로 전개되기도 한다. 이에 대비하여 우리나라에서는 주로 사회교육(social education)이라는 개념이 성인교육의 의미로 사용되었다. 여기서의 사회교육은 중등학교에서의 교과목인 사회과교육과는 구분되는 이른바 학교가 아닌 사회에서 수행되는 교육이라는 의미를 가진 것이었다.

한편, 평생교육론의 형성은 학교 자체의 비판적 재구조화 논의와도 관련이 있다. 1960년대에 학교에 대한 급진적 비판론 및 탈학교론 등은 학교 자체에 대한 근본적 개혁을 촉발하였으며, 이러한 논의는 새로운 대중문화와 진보적 정치의식 그리고 아나키즘을 동반한 신세대의 저항 등과 맞물리면서 전통적이고 권위주의적인 학교체제에 정면으로 도전하기 시작하였다. 그 가운데 일리치(Illich)는 탈학교사회(deschooling society)를 통해 전통적 학교교육 체제를 혁명적으로 변화시킴으로써 평생교육 체제로 전환하도록 하는 데 가장 심대한 영향력을 미쳤다. 프레리(Freire)의 의식화(conscientization) 논의는 기득권 계급의 학교가 독점

했던 교육담론의 장을 민중에 의한 사회변혁의 장으로 확대시키는 데 크게 공헌하였다. 이러한 비판론은 기존의 교육담론이 학교의 벽을 넘어서게 하는 기능을 하였다.

평생교육의 논의를 본격화하는 데에는 유네스코의 역할이 매우 컸다. 유네스코는 태생부터 문해운동 등 성인 기초교육 분야에 힘을 기울였다. 1945년 유네스코 창립준비회의에서 당시 사무총장 대리를 맡았던 지먼(Zimmem)은 "교육 분야에서 유네스코가 설정해야 할 방향은 많은 사람들이 빈곤과 무지 속에 살고 있는 나라들을 도와주는 일로서 구체적으로는 세계 여러 나라의 성인 비문해자를 교육하는 일이다."라고 말하였다.

덴마크 일시노어에서 개최된 1949년 제1차 유네스코 국제성인교육회의는 주로 전쟁 이후 유럽 재건을 위한 성인교육의 역할에 초점이 맞추어졌으며, 1960년 제2차 캐나다 몬트리올 회의는 제3세계 재건을 위한 북미-유럽 선진국들의 역할이 주요 쟁점이 되었다. 1970년 제3차 일본도쿄 대회에서의 가장 중요하고도 포괄적인 결론은 통합적 평생교육 체제 속에서 성인교육의 지위를 확립시킨 일이다. 이 대회의 보고서에는 '통합적 평생교육 체제(integrated lifelong education system)'라는 개념이 공식적으로 사용되었으며, 평생교육 체제의 가장 큰 수혜자를 교육의 혜택을 받지 못한 잊혀진 민중으로 규정하였다. 1985년 프랑스 파리회의에서 개최된 제4차 회의에서는 국제성인교육협회(ICAE)가 작성·제안한 학습권(the right to learn)을 만장일치로 채택하고 본회의에서 선언하였다. 이러한 일련의 흐름 속에서 랑그랑(Lengrand), 다베(Dave), 겔피(Gelpi), 포르(Faure) 등 유네스코의 평생교육 지향성을 리드했던 평생교육 사상가들이 출현하게 된다.

한편, 신자유주의적 입장에서 OECD 등은 유네스코의 평생교육 운동과 때를 맞추어 순환교육(recurrent education)이라는 개념을 슬로건화하기 시작하였다. 순환교육의 태동 역시 1960년대의 교육 격동기 및 급진적 탈학교론, 학교교육에 대한 비판 등을 염두에 두면서 교육제도의 틀을 바꾸지 않으면 안된다는 문제의식에서 출발한 것으로서, 유네스코와 마찬가지로 교육제도 안에 숨어 있는 수많은 장애물과 장벽들 그리고 차별들을 탄력적으로 극복할 수 있는 교육개혁 모형을 제시한 것이었다. OECD의 순환교육은 정규학교를 졸업하고 직업을 가진 성인들에게 직업과 관계되는 새로운 지식과 기술을 교육하는 것으로 산업사회의 직업기술 갱신을 위한 교육을 의미한다. 그러나 순환교육은 계속교육과는 개념상 약간의 차이가 있다. 계속교육이 학교교육에 대한 계속성, 즉 학교교육 이후의 교육활동이라는 덧셈적 의미를 가진다면, 순환교육은 기존의 국가 주도의 종점모형(front-end model), 즉 교육은 시작이 있고 또한 끝이 있다는 이해틀에 대한 본격적인 구조조정을 의미하는 것이다. OECD는 1990년대로 넘어오면서 정규교육 시스템의 유연화로서의 순환교육이라는 용어를 폐기하고 본격적으로 평생학습이라는 용어를 사용한다. 그 분기점이 된 것은 1996년에 발표된 모든 이를 위한 평생학습(Lifelong Learning for All)이라는 문건이다(유네스코, 1997).

이후 지식경제의 확산과 신자유주의 물결 속에서 노동문제에 관한 핵심 주제는 고용 상태를 유지할 수 있는 고용 가능성(employability)을 확보할 것인가로 전환되었다. 여기서의 중심 주제는 어떻게 유연한 일자리와 유연한 고용이 만들어내는 사회적 불안정성과 기존의 튼튼한 사회 안전망이 틈새 없이 서로 결합할 수 있는 새로운 사회체제가 가능할 것인가라는 질문으로 나타나게 되었다. 이러한 문제에 대해 OECD가 찾아낸 대답이 바로 학습사회(learning society)였다.

학습사회는 모든 구성원의 계속적인 학습이 생활의 주축을 이루는 사회를 일컫는다. 허친스(R. M. Hutchins)가 지적한 바에 의하면 앞으로서의 사회는 과학적 지식 기술 등이 지금보다 훨씬 빠른 속도로 변화할 것이므로 모든 사람들이 사회의 급속한 변화에 적응하기 위해서는 끊임없이 학습할 것이 요구된다는 것을 의미한다.

Ⅳ 평생교육의 영역

평생교육의 영역은 학자에 따라 다양하게 주장되고 있다. 1960년대에는 놀스(Knowles)가 성인을 위한 고등교육, 노인교육, 지역사회 개발교육, 창조적 예술교육, 경제교육, 성인을 위한 기초교육과 문자교육, 공중건강교육, 가정 및 가족생활교육, 인간관계 및 지도자 양성교육, 성인 교양교육, 공공문제 교육, 레크리에이션 교육, 과학교육, 직업교육의 열네 가지 영역을 제시하였다.

권건일과 김인아(1996)는 성인을 중심으로 한 평생교육의 내용을 문해 및 기초교육, 국민의식계발교육, 직업기술교육, 준학교 형태의 교육, 교양증진 및 여가선용교육의 다섯 개 영역으로 구분하였다.

2007년 개정된 평생교육법은 "평생교육이란 학교의 정규교육과정을 제외한 학력보완교육, 성인 문자해득교육, 직업능력 향상교육, 인문교양교육, 문화예술교육, 시민참여교육 등을 포함하는 모든 형태의 조직적인 교육활동을 말한다."라고 정의하였으며, 이 정의에 기초해 국가평생교육진흥원은 평생교육 6대 영역을 기초문해교육, 학력보완교육, 직업능력교육, 문화예술교육, 인문교양교육, 시민참여교육으로 제시하고 있다(성태제 외, 2012).

1. 기초문해교육

기초문해교육은 한글을 읽고 쓸 수 있도록 하는 문해능력과 생활 속에서 직면한 문제를 해결하며 주어진 과업을 수행할 수 있는 문해 활용능력을 개발하고 초등학력을 인증받을 수 있도록 지원하는 평생교육이다. 문해는 단순히 글을 읽고 쓰는 능력만을 의미하는 것이 아니라 변화하는 상황에 대응할 수 있는 문제해결력, 새로운 지식과 정보를 창출할 수 있는 능력 등을 포함하는 것이라 할 수 있다.

기초문해교육의 영역은 비문해자가 한글을 읽고 쓸 수 있도록 체계적으로 지도하는 문자해독 프로그램, 문자해독 이후 이를 응용하여 생활에서 부딪히는 문제를 해결하고 주어진 과업을 수행할 수 있는 활용능력을 개발하도록 지원하는 기초생활기술 프로그램, 초등학력인증 문해교육기관에서 개설한 평생학습계좌 프로그램으로 나뉜다.

2. 학력보완교육

학력보완교육은 「초 · 중등교육법」과 「고등교육법」에 따라 학력인정을 받기 위해 필요한 이수단위 및 학점 취득과 관련된 평생교육을 의미한다. 학력보완교육에는 중입 · 고입 · 대입 검정고시 강좌를 비롯해 독학사 강좌, 학점은행제 강좌, 시간제등록 강좌, 대학의 비학점 강좌 등이 포함된다.

3. 직업능력교육

직업능력교육은 직업 준비 및 직무역량 개발을 목적으로 하는 교육이다. 직업생활에 필요한 자격과 조건을 체계적으로 준비하고 주어진 직무와 역할을 효과적으로 수행할 수 있도록 지원하는 평생교육을 말한다. 직업능력교육은 직업준비 프로그램, 자격인증 프로그램, 현직 직무역량 프로그램으로 분류된다.

직업준비 프로그램은 특정 직업의 인력 양성과정, 창업 관련과정, 취업준비과정, 재취업 정보교육 등을 포함한다. 자격인증 프로그램은 외국어 자격인증과정, 각종 자격증 취득과정, 지도사 양성과정 등 전문적인 지식, 기술, 기능이 일정한 수준에 도달해 소정의 자격을 인증받을 수 있도록 지원하는 프로그램이다. 현직 직무역량 프로그램은 직업 세계에서 필요로 하는 공통 직무 연수, 직업 분야별로 요구되는 특정 역량을 다루는 전문 직업연수 등을 예로 들 수 있다.

4. 문화예술교육

문화예술교육은 상상력과 창의력을 촉진하고 창작활동에 필요한 기능을 익힐 수 있도록 지원하거나, 생활 속에서 문화예술을 향유할 수 있는 능력을 개발하는 평생교육이다. 문화예술교육에는 레저생활 스포츠 프로그램, 생활문화예술 프로그램, 문화예술향상 프로그램이 있다.

레저생활 스포츠 프로그램은 각종 체육 관련 강좌로 체력 증진과 여가 선용을 위해 일상생활에서 지속적으로 행하는 체육활동 및 전문적 스포츠 관련 프로그램이다. 생활문화예술 프로그램은 사진 강좌, 생활 공예 강좌, 노래교실, 풍선아트, 천연염색 등 문화예술을 생활 속에 접목시켜 삶의 질을 향상시키고 향유할 수 있도록 지원하는 프로그램이다. 문화예술 향상 프로그램은 음악, 무용, 미술, 연극, 영화 등 다양한 분야에서 예술적 가치가 있는 작품을 완성할 수 있도록 체계적으로 지도하는 교육 프로그램이다.

5. 인문교양교육

인문교양교육은 인문교육과 교양교육을 결합한 용어이다. 인문교양교육은 전문적인 능력보다는 전인적인 성품과 소양을 계발하고 배움 자체를 즐길 수 있는 신체적·정신적 건강을 겸비하는 것을 지원하는 평생교육을 의미한다.

인문교양교육에는 건강심성 프로그램, 기능적 소양 프로그램, 인문학적 교양 프로그램이 있다. 건강심성 프로그램은 상담치료, 생활의료, 보건, 종교, 식생활 등 현대사회에서 심리적 안정과 신체건강에 필요한 활동과 체험을 체계적으로 지원하고 인증한다. 기능적 소양 프로그램은 유아양육 상식, 청소년이해, 부모역할, 좋은 아버지 되기 등 사회적 역할을 잘 수행하도록 돕는 프로그램이다. 인문학적 교양 프로그램은 문학, 과학, 철학, 역사 등 전인적 품성과 지혜를 갖추도록 돕는 강좌 및 이와 연관된 체험활동을 지원하는 프로그램이다.

6. 시민참여교육

시민참여교육은 사회적 책무성과 공익성 활용을 목적으로 민주시민으로서 갖추어야 할 자질과 역량을 개발하며, 사회통합 및 공동체 형성과 관련된 시민들의 참여를 촉진하고 지원하는 평생교육을 의미한다.

시민참여교육 프로그램으로는 시민책무성 프로그램, 시민리더역량 프로그램, 시민참여활동 프로그램 등 현대 시민으로 갖추어야 할 사회적 책무성을 개발하는 데 주안점을 둔다. 시민리더역량 프로그램은 국가 및 지역사회의 공익적 사업을 효과적으로 추진할 수 있는 시민들의 자질과 역량을 개발한다. 지역리더 양성과정, 평생학습리더 양성과정, 비영리기구 지도자과정 등을 들 수 있다. 시민참여활동 프로그램은 지역사회 조직 및 공익적 사업에 대한 개인적·집단적 참여를 촉진하며, 평생학습 참여기회를 지원한다. 학습동아리 교육, 평생교육 자원봉사 교육, 환경실천교육 등이 이에 해당한다.

V 평생교육의 필요성과 형태

1. 평생교육의 필요성

평생교육의 주창자인 랑그랑(Lengrand)은 평생교육을 자극하는 현대의 도전으로 다음과 같은 내용을 제시하고 있다(송병순 외, 2000).

첫째, 과학적 지식과 기술의 발달이다. 현대사회의 급격한 변동에 따른 산업구조의 변화와 인간의 가치갈등, 인간소외, 기술의 변화와 혁신, 청소년 문제 등은 학교교육만으로 대처하기 어렵다.

둘째, 인구의 증대와 산업구조가 1차, 2차, 3차, 4차 산업으로 이동해 가면서 지식산업이라 부르는 4차 산업의 비중이 증대되고 있는 급속한 사회변화 때문이다. 평균수명 연장에 따른 노인인구 증가와 노령화 사회로의 진입, 정년제도의 변화, 가족구조의 변화, 노인여가시간의 증대 등 새로운 사회현상이 대두되면서 이에 따른 실버교육으로써 평생교육의 필요성이 부각되고 있다.

셋째, 민주화를 위한 정치적 도전이다. 인간이 주체적 존재로 살아가기 위해서 끊임없는 자기성장과 자아실현이 필요하다. 이러한 자아실현의 과정은 필연적으로 계속적인 자기개발과 성취를 위한 평생학습을 필요로 한다.

넷째, 매스컴의 발달과 정보의 급증이다. 과학기술의 지속적인 발전과 그로 인한 직업세계의 변화는 필연적으로 평생에 걸친 전문직업인으로서의 계속교육과 평생학습을 요청하고 있다.

다섯째, 경제적 수준의 향상과 여가의 증대이다. 사회구성원의 삶의 기본권으로서 교육권과 학습권을 보장하고 교육기회불균등 현상을 해소하기 위해서는 대안적인 교육체제로서의 새로운 평생교육체제가 필요하다.

여섯째, 생활양식과 인간관계의 균형상실이다. 학교교육의 한계성과 문제를 극복하기 위한 평생교육의 필요성이 대두된다. 지금까지 교육은 학교가 거의 독점해 왔다. 그러나 현대사회에 있어 학교는 평생에 걸친 교육의 보장과 지원에 한계가 있다. 또한 여가시간의 증대로 평생교육이 필요하다. 과거와는 달리 근무시간의 단축과 생활수준 향상 등의 여가시간을 선용하려는 새로운 요구가 증대되면서 이 또한 평생교육을 촉발시키는 요인으로 등장하고 있다.

2. 평생교육의 형태

열린학습 사회가 평생교육의 이념적 지향이라고 할 수 있으며, 교육개혁의 구축이 체제의 구축이라고 할 수 있다. 평생교육의 형태는 다음과 같은 내용으로 나눌 수 있다.

1) 학점은행제

학점은행제는 「학점 인정 등에 관한 법률」에 의거하여 개인이 학교 안에서뿐만 아니라 학교 밖에서 실시하고 있는 다양한 학습경험 및 자격을 학점으로 인정하고, 학점이 누적되어 기준을 충족하면 전문대학 또는 대학교에 준하는 학위를 취득하게 함으로써 궁극적으로 열린 교육사회를 구현하기 위해 교육개혁의 일환으로 도입된 제도이다. 즉 학교교육 이외의 다양한 학습경험을 제도적으로 인정 기준 및 절차에 따라 평가하여 학점이나 학위, 학력 또는 국가 자격 등과 같은 사회적으로 공인된 교육결과로 인정하려는 제도이다. 또, 교육의 근본적인 문제를 해결할 수 있는 획기적 변화를 담당하게 될 것이라는 점에서 그 교육적 의의를 찾을 수 있다.

〈표 12-1〉 **학점은행제의 학점 인정 대상**

- 평가 인정 학습과목: 대학부설 평생교육원, 학원 직업전문학교, 각종 평생교육시설 등의 교육기관에서 개설한 학습과정에 대하여 대학에 상응하는 질적 수준을 갖추었는지를 평가하여 학점으로 인정
- 학점 인정 대상학교: 중퇴 또는 졸업한 대학에서 이수한 학점을 인정. 단, 졸업한 4년제 대학에서 이수한 학점은 인정받을 수 없음
- 시간제 등록: 대학(산업대학, 전문대학, 원격대학 포함)에서 학칙에 의거하여 입학생 외 일반인이 수업을 이수할 수 있음
- 자격: 국가자격과 국가의 공인을 받은 민간자격 중 대학의 학점과 동등하게 인정될 수 있는 수준을 지닌 자격에 대하여 학점으로 인정
- 독학학위제: 독학자에게 학사학위 취득 기회를 부여
- 중요무형문화재: 문화재청장이 지정한 중요무형문화재 보유자 및 그 문하생의 전수교육에 대한 경험을 학점으로 인정

출처: 국가평생교육진흥원 학점은행 홈페이지.

2) 시간제 등록제

시간제 등록제는 전일제 학생(full-time student) 외에 추가로 학생들을 모집하여 교육을 제공하는 제도로 선진국 대학에 보편적으로 활용되고 있다. 또, 학습

자 개인 사정에 따라 대학에 시간제로 등록할 수 있는 제도로 직장과 학업을 병행할 수 있다.

수업료는 신청 학점 수에 따라 부과되기 때문에 학비가 부족하여 중도에 학업을 포기하는 학생들을 보호할 수 있으며, 대학교육의 기회를 상실한 성인들에게 대학 교육의 기회를 다시 제공할 수 있다는 특징을 지닌다.

3) 신대학제

신대학제는 새로운 형태의 2~4년제 생산기술 고등교육기관으로 근로자들이 직업현장을 떠나지 않고도 계속 교육을 받을 수 있도록 설계한 새로운 유형의 고등직업교육기관이다. 주로 현장중심, 프로그램 연계체제로 운영한다. 이 제도는 4년간의 고등교육 수준의 생업기술 전문교육의 기회를 제공함으로써, 기업에게는 정보화 사회가 요구하는 수준 높은 양질의 인력을 공급할 수 있다. 또한, 산업체 취업자들을 대상으로 교육이 가능하며 산업현장이 주된 학습장이 되고, 현장의 요구를 최대한 반영하여 멀티미디어 정보기술과 원격교육 방식을 활용한다.

4) 원격사회 교육제

원격사회 교육제는 성인들로 하여금 시공간의 제약에서 탈피하여 자유롭고 편리하게 평생교육의 기회에 접근하도록 한다. 특히, 어떤 공간에서 집합제로 교육이 이루어지는 것이 아니므로 개별화된 자기학습방식을 통해서 학습자중심의 학습 가능성을 높일 수 있으며, 필요한 학습을 선택적으로 들을 수 있으므로 경제적 효율성의 측면에서 비용절감 효과가 있다. 또한, 개개인이 필요한 교육을 선별하여 재차 교육이 이루어질 수 있으므로 교육격차 해소를 통한 교육의 질 제고 등의 기능을 수행할 수 있다.

5) 독학학위 취득제

독학학위 취득제는 「독학에 의한 학위취득에 관한 법률 시행령」 제2조에 따라 학습자가 자기주도학습을 통해 학습한 것이 학사학위 취득 수준을 충족하는지를 시험으로 평가하여 학위를 수여하는 제도이다. 대학에 진학할 수 있는 자격을 갖추었지만 경제적, 시간적 제약으로 대학에 진학할 수 없는 사람에게 자기학습을 통해 대학 학위를 취득하게 하려는 목적을 갖고 있다. 학업과 일을 병행해서 할 수 있으며 기한이 제한되지 않아 개인이 설정한 기간을 활용하여 필요한 학위를 취득할 수 있다는 장점이 있다.

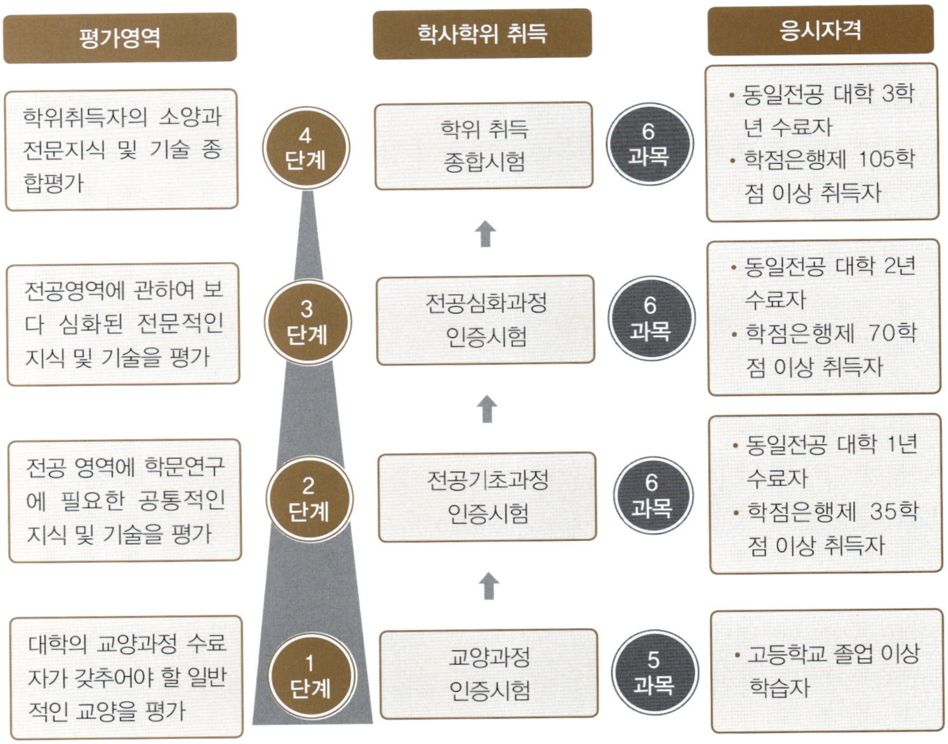

[그림 12-1] **독학학위제의 학위취득과정**

출처: 국가평생교육진흥원(2013). 평생교육백서, p. 85. 휴먼컬처아리랑.

VI 평생교육의 과제와 실현방안

1. 평생교육의 과제

1) 학습하는 사회건설

사회구성원 전체가 학습할 수 있는 사회를 건설해야 함은 더 이상 설명할 필요가 없다. 즉 우리 사회를 책 권하는 사회로 만들어야 하며, 이를 위하여 기성세대부터 책을 가까이 하는 습관을 가져야 아동, 청소년들도 평생학습의 사회건설에 동참하게 될 것이다(안병환, 2012).

2) 소외계층에 대한 교육기회의 균등

여러 가지 사정으로 교육의 혜택을 받지 못한 소외계층에게 평생교육의 기회가 확대되어야 한다. 특히 사회경제적 이유나 신체적 장애 등으로 정규 학교교육의 기회를 받지 못하는 사람들이나 중도에 탈락한 사람들에게 교육의 기회를 균등하게 주어야 한다. 이런 관점은 평생교육이 모든 인간을 대상으로 하며 삶의 질을 향상시키는 것이 궁극적인 목적이기 때문이다.

3) 재취업교육의 강화

개인적인 사정으로 직장을 그만두게 된 사람들에게 일정한 기간 동안의 교육을 통해 새로운 직장에 재취업할 수 있는 평생교육 프로그램이 강화되어야 한다. 최근의 구조조정으로 인한 중년층의 실업자 문제는 심각한 수준이다. 형식적인 교육이 아니라 시간이 다소 걸리더라도 재취업하여 새로운 삶을 살아갈 수 있도록 해야 한다. 이 문제는 정부 차원에서 적극적으로 추진해야 하며 중앙정부와 관련기관 및 대학들이 긴밀한 협력체제를 유지하여 엄격하게 관리하고 교육하면 높은 효과가 있을 것으로 기대된다.

4) 노인 인구에 대한 교육 강화

우리 사회도 이미 고령화 사회로 접어들었다. 은퇴 후의 삶을 보람 있게 보낼 수 있는 다양한 평생교육 프로그램이 개발되어야 한다. 즉 노인들이 실제로 필요로 하는 건강관리, 금전관리, 유산 처리 방법 등을 일상생활에 적용할 수 있는 교육이 요청된다. 따라서 정부는 노인관련 단체 그리고 대학들이 공동으로 참여하는 평생교육 프로그램 개발팀을 구성하여 운영해야 할 것이다.

2. 평생교육의 실현방안

지식기반국가의 교육체제는 급변하는 사회에 대한 대처능력을 갖춘 인력을 필요로 한다. 이는 평생교육체제가 인간의 학습기회를 최적화하여 지식인 육성의 기반확립과 직결되어 있음을 의미한다. 또한 교육의 시기를 아동이나 청소년에게 제한하지 않고 평생을 통해 교육받을 수 있도록 하고, 장소에 대한 제한을 두지 않아야 한다.

교육의 내용도 전통적 지식에 한정하지 않고 개인의 가족생활, 직업생활, 사회생활까지 향상시키는 모든 지식과 기술, 태도의 변화에 관한 모든 것을 포함한다. 이때 적용되는 교육의 내용은 지식을 통제하는 교육체제로부터 지식을 관리하고, 개발하는 학습체제로의 전환이 요구된다.

평생교육은 21세기 지식 정보화 사회에서 성인의 개인생활, 직업생활, 사회생활을 향상시킬 수 있도록 기회를 제공해야 한다. 삶의 모든 장면에서 학습의 기회를 제공하고 개개인의 잠재력을 개발해 나가는 열린학습사회를 요청하고 있다. 열린학습사회를 구축하기 위해서는 우선적으로 교육의 장을 확대하여 다양한 학습기회를 제공해야 하며 지식사회의 평생교육이 각 학습자의 목적을 위해 활용되는 교육체제로 활용되도록 융통성을 부여하는 것이다.

3. 다양한 학습기회를 제공해야 하는 네 가지 이유

1) 교육기회의 불균등

① 학교교육은 제한된 계층, 성, 지역에만 제공되고 있으며, 이것은 모든 사람들에게 교육기회를 부여한다는 평생교육의 이념에 부합하지 않는다.

② 평생교육에서도 실질적으로 중류층의 집단이 많이 참여하며, 고등교육을 이수한 사람일수록 성인교육에 더 많이 참가한다.

③ 여성들은 주로 취미나 여가 관련 프로그램에 참가하며, 남성들은 직무 관련 프로그램에 참가하고 있어 성적 차이가 만들어지고 있다.

④ 교육기회의 불평등을 줄이기 위해서는 교육기회를 가능한 한 많이 제공할 필요가 있다.

2) 학교교육의 한계점

① 학교교육은 주로 지식중심, 이론중심의 내용을 중시한다.

② 생활 속에서 획득되는 실제적인 지식들도 이론적인 지식과 동등한 가치로 인정되어야 한다.

③ 삶과 직접적으로 관련된 내용을 가르치는 성인교육기관의 필요성과 수요가 증가하게 되었다.

④ 학교의 경직된 교육체제-학사운영이 일정한 법에 의해 규정되어 있기 때문에 성인들의 다양한 교육적 요구를 충분히 해결해 줄 수 없다.

⑤ 성인들은 학습 이외의 다른 직업에 종사하고 있는 경우가 대부분이므로 성인들의 요구와 상황에 적절한 융통성 있고 다양한 학습기회가 마련될 필요가 있다.

3) 교육적 요구의 다양화

① 사회가 다원화되어 감에 따라 사람들의 교육적 요구도 다양해지고 있다.

② 현대사회에서는 문화나 예술, 여가 분야 등으로 부가가치를 창출할 수 있는 분야가 확대되어 가고 있다.

③ 기존의 정형화된 학교 이외의 다양한 프로그램이 제공되어야 할 필요가 생기게 되었다.

4) 교육인구의 증가

산업구조가 변화함에 따라 새로운 기술을 습득해야 할 필요성이 급증하였으며, 성인들도 자신의 삶을 풍요롭게 하기 위해 평생교육을 통념으로 받아들이고 있다. 현대사회에 접어들수록 새로운 형태의 직장의 출현과 정보기술의 보편화는 평생교육의 필요성을 가중시키고 있다.

또한, 체계화된 평생교육은 성인들이 직업에 성공적으로 종사하도록 하는 데 큰 역할을 하고 있는데, 국가는 다양한 교육기회를 제공해야 할 의무를 가지고 있다.

참고문헌

국내문헌

가신현 · 김병모 외 13인(2014). 학교중심의 교육행정 및 교육경영. 서울: 박영story.

강갑원 · 박영진, 안병환 · 이경희(2005). 교육학개론. 서울: 교육과학사.

강갑원 · 박영진 · 안병환 · 이경희(2010). 교육학개론. 서울: 교육과학사.

강대석(1997). 서양철학과 비판정신. 경기: 학문사.

강영삼 · 이성흠 · 김진영 · 조상철(2007). 교육학개론. 서울: 교육과학사.

곽기상(2004). 교육의 심리적 기초. 경기: 형설출판사.

교육부(2014). 초·중등학교교육과정. 서울: 교육부

구광현 · 가영희 · 이규영(2006). 교육심리학. 서울: 동문사.

구정화(2009). 학교 토론수업의 이해와 실천. 경기: 교육과학사.

국가평생교육진흥원(2013). 평생교육백서. 서울: 휴먼컬처아리랑.

국사편찬위원회(2003). 한국사 26. 서울: 탐구당.

권건일 · 김인아(1996). 사회교육의 이해. 서울: 양서원.

권건일 · 송경애(2006). 교육학개론. 서울: 양서원.

권두승(1996). 미국의 평생학습법에 관한 일 연구. 교육학연구, 34(5), 331-352.

금명자 · 장미경 · 양미진 · 이문희(2004). 청소년 또래상담. 서울: 한국청소년상담원.

기순신(2006). 교사론. 서울: 학지사.

길형석 · 손충기(2007). 교육과정과 교육평가. 서울: 동문사.

김계현 · 김동일 · 김봉환 · 김창대 · 김혜숙(2009). 학교상담과 생활지도. 서울: 학지사.

김달효(2006). 교육학개론. 서울: 시그마프레스.

김대현, 김석우(1999). 교육과정 및 교육평가. 서울: 학지사.

김대현 · 김석우(2011). 교육과정 및 교육평가. 서울: 학지사.

김대현 · 김석우 · 김영환 · 김성섭 · 김회용 · 박수홍 · 박창언 · 안경식 · 유순화 · 이동형 · 이병준 · 이상수 · 주철안 · 한대동 · 홍차남(2015). 교육과 교육학. 서울: 학지사.

김병희 · 김형구 · 배재학 · 이기용 · 이영애(2012). 교육학개론. 서울: 공동체.

김봉환 · 정철영 · 김병석(2006). 학교진로상담. 서울: 학지사.

김부식(1145). 삼국사기(三國史記). 허성도 역(2004). (표점 교감본) 삼국사기(三國史記). 서울: 한국사 사료연구소.

김순택(1989). 현대수업원론. 서울: 교육과학사.

김인식 · 최호성 · 서재복 · 최병옥(2001). 인간교육의 이해. 서울: 교육과학사.

김인회(2002). 교육사·교육철학 강의. 서울: 문음사.

김재춘(2001). 교육과정과 교육평가. 서울: 교육과학사.

김정한 · 박종흡 · 우상기(2006). 교육행정 및 학교경영. 서울: 형설출판사.

김종서(2001). 평생교육개론(수정판). 서울: 교육과학사.

김종철(1982). 교육행정의 이론과 정책. 서울: 교육과학사.

김종철·진동섭·허병기(1991). 학교·학급경영론. 서울: 한국방송통신대학교 출판부.
김지은(2013). 교육학개론. 서울: 동문사.
김진한(2007). 교사를 위한 교육학. 서울: 학지사.
김진한(2011). 교사를 위한 교육학. 서울: 학지사.
김진화(2006). 평생교육방법 및 실천론. 서울: 서현사.
김진환(2004). 교육방법 및 교육공학. 서울: 학지사.
김철주·정재엽(2011). 교육방법 및 교육공학. 경기: 서현사.
김춘경·이수연·이윤주·정중진·최웅용(2010). 상담의 이론과 실제. 서울: 학지사.
김태호(2004). 학생생활지도와 상담. 서울: 학지사.
김회용(2006). 교사의 자질. 교육철학회. 2006년 교육철학회 연차학술대회 자료집. 101-118.
김희수·최정선·홍성훈(2014). 이해하기 쉽게 쓴 교육학개론. 서울: 동문사.
김희수·최정선·홍성훈(2017). 이해하기 쉽게 쓴 교육학개론. 서울: 동문사.
김희태·정석환(2017). 유아교육철학 및 교육사. 서울: 방송통신대학교.
남궁용권·김남근·김노연(2005). 알기쉬운 교육학개론. 경기: 양서원.
남정걸(2006). 교육행정 및 교육경영. 서울: 교육과학사.
노상우(1998). 교육의 역사와 사상. 서울: 교육과학사.
노안영·강영신(2003). 성격심리학. 서울: 학지사.
노영희·홍현진(2011). 교육관련 국제기구 지식정보원. 경기: 한국학술정보.
류동훈(2004). 교사론. 서울: 창지사.
문선모(2010). 교육심리학의 이해. 서울: 양서원.
문은식·박선환·정미경(2007). 교육심리학. 서울: 공동체.
박도순 외(2007). 교육평가: 이해와 적용. 서울: 교육과학사.
박성수·김창대·이숙영(2017). 상담심리학. 서울: 한국방송통신대학교출판부.
박세훈·권인탁·고명석·유평수·정재균(2008). 교육행정 및 교육경영. 서울: 학지사.
박승찬·노성숙(2013). 철학의 멘토, 멘토의 철학. 서울: 가톨릭대학교출판부.
박영만·송민영(2006). 통합교육과정과 전인교육-21세기 홀리스틱 교육의 패러다임. 서울: 학지사.
박영진(2015). 교육철학 및 교육사. 경기: 정민사.
박영진·장성화(2012). 최신교육학의 이해. 서울: 동문사.
박영진·장성화(2016). 최신교육학의 이해. 서울: 동문사.
백영균·박주성·한승록·김정겸·최명숙·변호승·박정환·강신천(2003). 교육방법 및 교육공학. 서울: 학지사.
백영균·박주성·한승록·김정겸·최명숙·변호승·박정환·강신천·김보경(2012). 유비쿼터스 시대의 교육방법 및 교육공학. 서울: 학지사.
변경계·김영환·손미(2007). 교육방법 및 교육공학. 서울: 학지사.
서긍(1123). 고려도경(高麗圖經). 민족문화추진회 역(2005). 경기: 서해문집.
서현아·최승화·오성숙·유민임·안지성·허수윤(2016). 멀티미디어 교수매체. 서울: 공동체.

성태제(2002). 현대교육평가. 서울: 학지사.

성태제(2014). 교육평가의 기초. 서울: 학지사.

성태제·강대중·강이철·곽덕주·김계현·김천기·김혜숙·봉미미·유재봉·이윤미·이윤식·임웅·홍후조(2012). 최신 교육학개론. 서울: 학지사.

성태제·강대중·강이철·곽덕주·김계현·김천기·김혜숙·봉미미·유재봉·이윤미·이윤식·임웅·홍후조(2015). 최신 교육학개론. 서울: 학지사.

성태제·강대중·강이철·곽덕주·김계현·김천기·김혜숙·봉미미·유재봉·이윤미·이윤식·임웅·홍후조(2016). 최신 교육학개론. 서울: 학지사.

성태제·강대중·강이철·곽덕주·김계현·김천기·김혜숙·봉미미·유재봉·이윤미·이윤식·임웅·홍후조(2012). 최신 교육학개론. 서울: 학지사.

성태제·장이철·곽덕주·김계현·김천기·김혜숙·봉미미·유재봉·이윤미·이윤식·임웅·한승희·홍후조(2010). 최신 교육학개론. 서울: 학지사.

성태제 외(2007). 최신 교육학개론. 서울: 학지사.

성태제 외(2009). 최신 교육학개론. 서울: 학지사.

손영환·신수균(2011). 교육행정 및 교육경영. 서울: 동문사.

손은주·추성경·임희수(2014). 교육방법 및 교육공학. 경기: 교육과학사.

송미섭·나동환·주현준(2010). 교육행정 및 교육경영. 서울: 형설출판사.

송병순·이영호(2000). 평생교육의 이론과 실제. 서울:원미사.

신득렬·이병승·우영효·김회용(2004). 쉽게 풀어 쓴 교육철학 및 교육사. 경기: 양서원.

신명희·강소연·김은경·김정민·노원경·박성은·서은희·원영실·황은영(2010). 교육심리학(2판). 서울: 학지사.

신봉호·안길훈·전상준·조영옥·조남미(2015). 교육학개론. 서울: 동문사.

신봉호·안길훈·전상준·조영옥·조남미(2016). 교육학개론. 서울: 동문사.

신재흡(2012). 교육방법 및 교육공학의 이론과 실제. 서울: 동문사.

신현석·안선회(2011). 학습사회의 교육행정 및 교육경영. 서울: 학지사.

신현준(2009). 아동상담의 실제. 서울: 집문당.

안병환(2012). 교육사회학의 이해. 서울: 공동체.

양용칠·조용기·이원희·유승구·한일조·정일환·권대훈·이종원(1999). 교육의 종합적 이해. 서울: 교육과학사.

양용칠·조용기·이원희·유승구·한일조·정일환·권대훈·이종원(2001). 교육의 종합적 이해. 서울: 교육과학사.

오성삼(2011). 핵심 교육학개론. 경기도: 양서원.

오영재·박행모(1997). 교육학의 이해. 서울: 양서원.

오천석(1994). 교육철학 신강. 서울: 교학연구사.

위영희·장현숙·전숙영·정윤주·진미경·한미현·한유진(2016). 아동상담의 이해. 서울: 학지사.

유승구(2011). 교사를 위한 교육심리학. 서울: 공동체.

유승우 · 임형택 · 권충훈 · 이성주 · 이순덕 · 전희정(2010). 교육방법 및 교육공학. 서울: 양서원.

유재봉(2004). 정범모의 교육개념에 대한 비판적 논의. 신앙과 학문, 9(2), 217-240.

유재봉 · 임정연(2005). 피터스의 교육개념에 대한 비판적 논의. 신앙과 학문, 10(1), 109-125.

유준수(1989). 西歐의 思考方式과 批判精神. 서울: 경문사.

유진이(2013). 청소년 심리 및 상담. 서울: 양서원.

윤광보 · 김용욱 · 최병옥(2011). 교육방법과 교육공학의 이해. 서울: 양서원.

이돈희(1983). 교육철학개론. 서울: 교육과학사.

이돈희(1984). 교육학의 학문적 성격: 규범적 접근방법을 중심으로. 교육개발, 30, 5-10.

이성진(2000). 교육심리학서설. 서울: 교육과학사.

이성흠 외(2009). 교육방법 및 교육공학: 의사소통, 교수설계, 그리고 매체 활용. 경기: 교육과학사.

이용남 · 강만철 · 김계현 · 방선욱 · 송인섭 · 이신동 · 이재신 · 최진승(2012). 신교육심리학. 서울: 학지사.

이원호 · 한상규 · 정영홍 · 목영해(1993). 교육학개론. 서울: 문음사.

이이화(2003). 한국사 이야기 16. 경기: 한길사.

이장호 · 정남운 · 조성호(2001). 상담심리학의 기초. 서울: 학문사.

이종재 · 정태범 · 권상혁 · 노종희 · 정진환 · 정영수 · 서정화 · 이군현(2006). 교사론. 서울: 교육과학사.

이찬교 · 최정숙(2000). 교육의 이해. 서울: 한국방송통신대학교.

이향숙 · 박성옥 · 정영성 · 류진아 · 황미영 · 이기영 · 서명원 · 강은주(2011). 아동상담: 이론과 기법. 서울: 양서원.

이현림(2000). 교육학의 이해. 서울: 원미사.

이현림(2005). 새교육학개론. 서울: 원미사.

이현림 · 정낙찬 · 조규락 · 김형구 · 김영숙(2005). 새교육학개론. 서울: 원미사.

이형득(2003). 집단상담. 서울: 중앙적성출판사.

이형행(2007). 교육학개론. 경기: 양서원.

이형행(2013). 교육학개론. 경기: 양서원.

일연(1285). 삼국유사(三國遺事). 김원중 역(2008). 서울: 민음사.

임진호 · 김형주(2006). 유비쿼터스 시대의 학제개편 방향 및 시사점 연구. 서울: 한국교육학술정보원.

장상호(1984). 교육학의 학문적 성격: 경험 과학적 접근방법을 중심으로. 교육개발, 30, 11-16.

장진호(1987). 평생교육과 사회교육. 서울: 대은출판사.

전태련(2007). 함께하는 교육학. 서울: 마이쌤.

정명숙 · 박영신 · 이현진 · 김경미 역(2010). Usha Goswami 저. 인지발달. 서울: 시그마프레스.

정명화(2009). 예비교사를 위한 교육학의 이해. 경기: 공동체.

정범모(2000). 교육과 교육학. 서울: 배영사.

정범모 · 박영식(2001). 지식기반사회의 교육이념과 교육정책. 서울: 교육인적자원부 교육정책연구2000-특-28.

정종진(2010). 교육평가 이론과 실제. 서울: 양서원.

정호표(2002). 현대교육철학. 서울: 교육과학사.

정황순 · 박현숙 · 이종섭 · 임현수 · 장지선(2015). 교육학개론. 서울: 태영출판사.

조성일 · 신재흡 · 최혜영(2006). 교육방법 및 교육공학의 이론과 실제. 서울: 동문사.

조진표(2005). 현명한 부모는 아이의 10년 후를 설계한다. 서울: 예담출판사.

주삼환 · 천세영 · 김택균 · 신붕섭 · 이석열 · 김용남 · 이미라 · 이선호· 정일화 · 김미정 · 조성만(2015). 교육행정 및 교육경영. 서울: 학지사.

진위교(1994). 교육방법, 교육공학. 서울: 정민사.

진위교(1986). 현대수업의 원리. 서울: 정민사.

천성문 · 김남희 · 김정남 · 박미선 · 박원모 · 배정우 · 조정선 · 한미경(2004). 중고등학생을 위한 집단상담프로그램. 서울: 학지사.

최자영, 최혜영(2003). 고대그리스 정치사 사료: 아테네 스파프타 테바이 정치제도. 서울: 신서원.

최종진 · 심은석 · 박균달 · 박경수 · 조호식 · 노희선(2016). 현대 교육행정 및 교육경영. 서울: 양서원.

한공우 · 임창원(2006). 교육행정 및 교육경영. 서울: 태영출판사.

한국교육사연구회(1982). 한국교육사연구의 새 방향. 서울: 집문당.

한국교육사학회(2005). 한국교육사 연구의 현황과 과제(조선시대-일제강점기). 한국교육사학회연차 학술대회 자료집.

한국역사연구회 고대사분과(2004). 고대로부터의 통신. 서울: 푸른역사.

한방교 · 윤길근(2007). 교육의 이해. 서울: 동문사.

한상길 · 김응래 · 박선환 · 박숙희 · 정미경 · 조금주(2014). 교육학개론. 서울: 공동체.

한석실 · 이경민(2005). 유아의 지능과 창의성 간의 관계 분석. 아동학회지, 26(2), 75-89.

허재영(2016). 조선교육령과 교육정책변화자료. 서울: 경진.

홍기칠(2012). 교육방법 및 교육공학. 경기: 공동체.

황정규(1998). 학교학습과 교육평가. 서울: 교육과학사.

황정규(2005). 학교학습과 교육평가. 서울: 교육과학사.

황정규(2010). 인간의 지능. 서울: 학지사.

외국문헌

Adler, A.(1979). *Superiority and social interest*. NY: Norton & Company.

Bandura, A.(1977). *Social learning theory(2nd ed)*. Englewood Cliffs, NJ: Prentice-Hall.

Buber, M.(1923). Ich und Du. 표재명 역(1989). 나와 너. 서울: 문예출판사.

Burke, P. J., Christensen, J. C., & Fessler, R.(1984). *Teacher career stages: Implications for staff development* (Fastback No. 214). Bloomington, IN: Phi Delta Kappa Educational Foundation.

Corey, M. S., & Corey, G.(1997). Theory and practice of group counseling. 김명권 · 김창대 · 박애선 · 전종국 · 천성문 역(2001). 집단상담: 이론과실제. 서울: 시그마프레스.

Cronbach, L. J.(1984). *Essentials of psychological testing(4th Ed)*. NY: Haper & Row.

Dave, R. H.(1984). *Lifelong Education and School Curriculum*. 전북대학교 부설 사회교육연구소 역. 서울: 정민사.

Dewey, J.(1916). Democracy and education: An introduction to the philosophy of education. NY: Macmillan. 이홍우 역(1989). 민주주의와 교육. 서울: 교육과학사.

Dewey, J.(1938). Experience and education. NY: The Mcmillan Company. 엄태동 역(2001). 존 듀이의 경험과 교육. 서울: 원미사.

Dewey, J.(1944). *Democracy and education*. NY: The Free Press.

Ellis, A.(1970). *The essence of rational: A comprehensive approach to treatment*. NY: Institute for Rational Living.

Findley. W. G.(1963). Purpose of school testing programs and their efficient development. In W. G. Findley(Ed). *Sixty second yearbook of the national society for the study of education*. Chicago: University of Chicago Press.

Freud, S.(1949). *An outline of psychoanalysis*. NY: Norton & Company, Inc.

Gagne, R., Briggs. L., & Wager, W.(1992). *Principles of instructional design(4th ed)*. Fort Worth, TX: HB, College Publishers.

Gagne, R. M.(1979). *Principles of instructional design*. NY: Holt, Rinehart and Winston.

Gagne, R. M.(1985). *The conditions of learning(4th ed)*. NY: Holt, Rinehart & Winston.

Gagne, R. M.(1974). *Essentials of Learning for Instruction*. Hins dale: Dryden Press.

Guilford, J. P.(1967). *The nature of human intelligence*. NY: McGraw-Hill.

Gysbers, N. C., & Henderson, P.(2006). *Developin and managing: Your school guidance and counseling program (Fourth Edition)*. Alexandria(Virginia): American Counseling Association.

Kant, I.(1803). Eine Vorlesung Ueber Paedagogik. 조관성 역(2001). 칸트의 교육학 강의: 교사와 부모를 위한 칸트의 교육론. 서울: 철학과현실사.

Kenny, A.(2008). *Philosophy in the modern world*. Oxford: Oxford University Press.

Kneller, G.(1964). *Introduction to the philosophy of education*. NY: John Wiley & Sons.

Kneller, G.(1971). Introduction to the philosophy of education. NY: John Wiley & Sons. 정희숙 역(1990). 교육철학이란 무엇인가?. 서울: 서광사.

Lengrand, P. J.(1988). *An Introduction to Lifelong Education*. London: Croom Helm Ltd.

Longworth, N.(2003). *Making lifelong learning work: Learning cities for a learning century*. London: Kogan Page.

Morgan, C. T., King. R. A. & Robinson, W. M.(1979). *Introduction to Psychology(6th ed)*. NY: Hill.

Murray, H. A.(1938). Explorations in Personality. NY: Oxford University Press.

O'Conner, D. J.(1975). *An introduction to philosophy of education*. London: Routledge & Kegan Paul.

O'Connnor, D. J.(1973). The nature and scope of education theory(1). In G. Langford & D. J. O'Connor(Ed). *New essays in the philosophy of education*. London: Routledge & Kegan Paul.

Pavlov, I. P.(1927). *Conditioned reflexes*(G. V. Anrep, Trans.). London: Oxford University Press.

Peters, R. S.(1966). Ethics and education. London: George Allen & Unwin Ltd. 이홍우 역(1980). 윤리학과 교육. 서울: 교육과학사.

Peters, R. S.(1972). Education and the educated man. In R. F. Dearden, P. H. Hirst, & R. S. Peters(ed). *Education and the development of reason*. London: Routledge & Kegan Paul.

Peters, R. S.(1977). Ambiguities in liberal education and the problems of its content. In K. A. Strike & E. Kegan(ed). *Ethics and education policy*. London: Routledge & Kegan Paul.

Rogers, C. R.(1961). *On becoming a person: A therapist's view of psychotherapy*. Boston: Houghton Mifflin.

Ruth Weltmann Begun. Social Skills Lessons & Activities. 응용발달심리연구센터 역(2003). 바로 사용할 수 있는 사회적 기술향상 프로그램. 서울: 시그마프레스.

Schneider, B.(2002). Social capital: A ubiquitous emerging conception. In D. L. Levinson, P. W. Cookson, Jr., & A. R. Sadovnik(Ed). *Education and sociology: An encyclopedia*(545–550). NY: Routledge Falmer.

Scriven, M.(1967b). The methodology of Evaluation, in: R. Tyler, R. Gagné & M. Scriven(Ed), Perspectives on Curricular Evaluation, AERA Monograph Series on Curriculum Evaluation, 1.

Scriven, M.(1967). The methodology of evaluation. In R. F. Stake(Ed). Curriculum Stake(Ed), *Curriculum evaluation: American Educational Research Association monograph series on evaluation*, NO. 1(39–83). Chicago: Rand McNally.

Seels, B., & Richey, R., C.(1994). *Instructional technology: The definition and domains of the field*. NY: Basic Books.

Shertzer, B., & Stone, S. C.(1981). *Fundamentals of counseling*. Boston Houghton Mifflin CO.

Skinner, B. F.(1953). *Science and human behavior*. NY: Macmillan.

Smith, R. M.(1982). *Learning how to learn: Applied theory for Adults*. NJ: Cambridge Adult Education.

Snowman, J., & Biehler, R.(2003). *Psychology applied to teaching(10th ed)*. Boston: Houghton Mifflin.

Stufflebeam, D. L.(1971). *Educational evaluation and decision making*. IL: Peacock.

Thomas, R. M.(2000). *Ancient Greece: From Prehistoric to Hellenistic Times*. New Haven: Yale University Press.

Thorndike, E. L.(1918). The nature, purposes, and general methods of measurement of educational products. *The seventeenth yearbook of the National Society for the Study of Education*. IL: Public School Publishing Company.

Tight, M.(1996). *Key concepts in adult and continuing education*. London and New York: Routledge.

Traxler, A. E., & North, R. D.(1966). *Techniques of guidance*. NY: Harper & Row.

Tyler, R. W.(1942). General statement on evaluation. *Journal of Educational Research*, *35*, 492–501.

Tyler, R. W.(1949). *Basic principles of curriculum and instruction*. Chicago: University of Chicago Press.

UNESCO(1997). *5th International conference on adult education*. Paris: Auther.

저자소개

조규판

University of Alabama Ph. D.(교육심리측정 전공)

현 동아대학교 교육학과 교수

홍애순

동아대학교 대학원 교육학 박사(교육심리 전공)

전 부산여자대학교 유아교육과 겸임교수

현 동명대학교 진로개발센터 객원교수

송윤정

동아대학교 대학원 교육학 박사(교육심리 전공)

전 동아대학교 교육학과 외래교수

현 동명대학교 진로개발센터 객원교수

우수희

동아대학교 대학원 교육학 박사(교육심리 전공)

전 동부산대학교 유아교육과 교수

현 김해대학교 유아교육과 교수

길상

동아대학교 대학원 교육학 박사(교육심리 전공)

전 동아대학교 교육학과 외래교수

현 중국 회북(淮北)사범대학교 교육학과 교수

교육학개론

초판 1쇄 인쇄 2018년 8월 28일
초판 1쇄 발행 2018년 8월 31일

지 은 이 | 조규판 · 홍애순 · 송윤정 · 우수희 · 길상
펴 낸 이 | 김기섭
편 집 인 | 이초롱
펴 낸 곳 | 창지사 www.changjisa.com
08589 서울시 금천구 가산디지털 1로 83 파트너스타워 1차 9층
전화 (02)719-2211~3
팩스 (02)701-9386
등 록 | 1977년 4월 28일 · 제1-421호

ISBN 978-89-426-1119-5 (93370)

값 20,000원

이 도서의 국립중앙도서관 출판예정도서목록(CIP)은 서지정보유통 지원시스템 홈페이지(http://seoji.nl.go.kr)와 국가자료공동목록시스템(http://www.nl.go.kr/kolisnet)에서 이용하실 수 있습니다(CIP제어번호: CIP2018027590).